Friedhelm Rathjen · Triplin' Dublin

Friedhelm Rathjen

Triplin' Dublin

Nach- und Überträge zu James Joyce und Samuel Beckett

EDITION ReJOYCE

2015

„– Ich bin der Diener zweier Herren, sagte Stephen [...] – Und noch ein dritter, sagte Stephen, ist da, der mich für Gelegenheitsarbeiten braucht.“ – James Joyce, *Ulysses*

EDITION ReJOYCE
Bd. 57

Bibliografische Information Der Deutschen Bibliothek:

Die Deutsche Bibliothek verzeichnet diese Publikation in der Deutschen Nationalbibliografie; detaillierte bibliografische Daten sind im Internet über <http://dnb.ddb.de> abrufbar.

EDITION ReJOYCE Südwesthörn 2015
rejoyce@gmx.de
Satz, Titelfoto und Umschlaggestaltung: Friedhelm Rathjen
Herstellung: Books on Demand GmbH, Norderstedt
ISBN 978-3-00-048466-7

Inhalt

Vorbemerkung

Ergänzend zum 2012 erschienenen Band *Doublin' Dublin*[1] versammelt *Triplin' Dublin* alte und neue Beiträge zu Joyce und Beckett, die entweder in den dezidiert diesen beiden Autoren gewidmeten bisherigen Bänden der Edition ReJoyce[2] gar keine Berücksichtigung gefunden haben oder bislang nur in englischsprachiger Fassung[3] vorliegen. Passend zum im Titel beider Bände anklingenden Doppelungs- und Verdreifachungscharakter liegt ein spezielles Schwergewicht der hier vorgelegten Arbeiten auf dem Thema Übersetzung – und auch auf Übersetzungsprozessen im übertragenen Sinne, sei es in Gestalt der Frage, wie sich der Bewußtseinsinhalt einer erzählten Figur in den Außenbericht eines literarischen Erzählers einbauen läßt, sei es anhand des intrikaten Problems, die radikale Marktverweigerung eines öffentlichkeitsscheuen Autors in Strategien verlegerischer Gewinnmaximierung zu übertragen.

F.R.

---

1 Vgl. Friedhelm Rathjen, *Doublin' Dublin. Vorträge und anderes zu James Joyce und Samuel Beckett* (Südwesthörn: Edition ReJoyce 2010).

2 Vgl. Friedhelm Rathjen, *Dritte Wege. Kontexte für Arno Schmidt und James Joyce* (Scheeßel: Edition ReJoyce 2005); ders., *weder noch. Aufsätze zu Samuel Beckett* (Scheeßel: Edition ReJoyce 2005); ders., *Beckett. Eine Einführung ins Werk* (Scheeßel: Edition ReJoyce 2007); ders., *Flußgefließe. Aufsätze zu James Joyce* (Scheeßel: Edition ReJoyce 2008); James Joyce, *Winnegans Fake. Aus dem Spätwerk*, hg. u. üb. v. Friedhelm Rathjen (Südwesthörn: Edition ReJoyce 2012); James Joyce, *Irland auf der Anklagebank. Reportagen aus der irischen Wirklichkeit*, hg. u. üb. v. Friedhelm Rathjen (Südwesthörn: Edition ReJoyce 2013).

3 Alle englischsprachigen Aufsätze und Miszellen liegen gesammelt vor in Friedhelm Rathjen, *Irish Company. Joyce & Beckett and more* (Scheeßel: Edition ReJoyce 2010).

Warum Joyce?

Warum ausgerechnet James Joyce – geht's nicht auch 'ne Nummer kleiner? Sicher geht's das, aber das entspricht nicht meinem Naturell, ich gehe gern aufs Ganze. Beim Radfahren, vorzugsweise durch irische Landschaften, bevorzuge ich große, schwere Übersetzungen, kleine Gänge bringen mich nicht weiter, und in der Literatur halte ich es ebenso. Kurz nach meiner ersten Irlandtour also las ich den *Ulysses*, es war mein Leser-Entrée in die Weltliteratur, seither gibt es für mich keine unlesbar schweren Bücher mehr – alles ist lesbar, vorausgesetzt man erliegt nicht dem Irrglauben, mit Freude und Gewinn lesbar und erlebbar sei nur, was sofort komplett durchschaubar ist. Joyce traf mich mit ebensolcher Wucht wie kurz zuvor sein rätselhaftes Heimatland, lesend und reisend kehre ich immer wieder zurück, verstehe sowohl Irland als auch Joyce mit zunehmender Beschäftigung immer besser, auch wenn ich weiß, daß die begeisternde Eindrücklichkeit des ersten Mals sich nicht wiederholen läßt. Ich beneide alle, die ihre erste Irlandreise oder ihre erste Joyce-Lektüre oder vielleicht gar beides noch vor sich haben, und kann nur dazu raten, sich auf beides so offen und unvoreingenommen wie möglich einzulassen. Die Irlandreise beginnt sinnvollerweise in Dublin, die Joyce-Lektüre beim *Porträt des Künstlers als junger Mann*.

Meine Tätigkeit als Übersetzer hingegen begann mit Abschnitten aus *Finnegans Wake*, dem „unübersetzbarsten" aller Bücher, wie es grammatisch falsch, aber in der Sache durchaus zutreffend gelegentlich heißt. Seither erkenne ich in anderen Büchern keine übersetzerischen Hürden mehr, die zu hoch wären, um übersprungen zu werden; übersetzbar ist alles. Natürlich auch der frühe Joyce, mit dem späten verglichen wirkt er beinahe schlicht und simpel, das erweist sich bei näherem Hinsehen jedoch als Täuschung. Bei Joyce ist jeder Satz, jedes Wort, jeder Ton genau bedacht und auf präzise Wirkung hin angelegt, die Sprache transportiert nicht einfach nur einen Inhalt, sondern in ihrer Gestalt selbst steckt eine Aussage, die den Inhalt in ein bestimmtes Licht rückt und indirekt kommentiert. *Ein Porträt des Künstlers als junger Mann* schildert den Reifeprozeß und die Identitätsfindung des Helden in einer Sprache, die mit dem Heranwachsenden mitwächst, dessen Streben nach Individualisierung präzise begleitet, vom „feinches kleinches Jungchen" der ersten Seite bis zur hochfliegenden Selbststilisierung der letzten Seite, „auf dem Amboß meiner Seele das ungeschaffene Gewissen meines Volkes zu schmieden". Die bewußte und zielgerichtete Absetzbewegung des jungen Helden von allen Verstrickungen und Konventionen spiegelt sich in einer Sprache, die zunehmend auf Distanz zu Floskeln und Klischees geht und sich keiner stilistischen Konvention unterwirft, sondern nur das tut, was der Verfolgung der je eigenen Ziele dienlich ist. Auch der Übersetzer darf sich folglich nicht an die Konventionen seiner Sprache binden, wo Stephen Dedalus die Konventionen seiner Welt übertritt, sondern muß bei jeder Silbe und selbst noch in der Zeichensetzung auf hellhörige Weise sprachbewußt vorgehen. Joyce hatte ein phänomenal gutes Gehör, und das nutzt er schon in seinem ersten Roman. „Schmarotzer war ein komisches Wort", überlegt der noch ganz junge Stephen und erinnert sich dabei an das Geräusch im Abfluß eines Waschbeckens, „das so klang: schmarotz. Bloß lauter." Ein Schmarotzer der Sprache war Joyce, er bediente sich ohne Skrupel bei allem, was er hörte, und ließ auf diesem Nährboden aus allem, was die Sprache hergab, sein eigenes Werk gedeihen.

Darum also Joyce. Alles andere wirkt daneben klein. Joyce ist der Kosmos, der alles bietet.

Ein Roman wird begangen
Mit Leopold Bloom und Stephen Dedalus durch das Dublin von James Joyce

Ein Tag im Leben einer Stadt, durch die eine Unzahl von Leuten spaziert – so könnte man ganz kurz und knapp zusammenfassen, was im *Ulysses* von James Joyce vor sich geht. Das Dublin des Jahres 1904 ließ sich tatsächlich, wiewohl Großstadt, bestens auf den eigenen Füßen durcheilen. Von den Hauptfiguren des *Ulysses* tun dies die beiden männlichen: der junge Möchtegernkünstler Stephen Dedalus und der alternde Anzeigenagent Leopold Bloom. Die dritte Hauptfigur hingegen, Blooms Frau Molly, bleibt an jenem 16. Juni den ganzen Tag im Bett. Ein leichtes ist's natürlich, das nachzumachen – am besten mit einem Buch in der Hand (den *Ulysses* wird man allerdings schwerlich an einem Tag durchgelesen bekommen); wer es sich nicht ganz so bequem machen möchte, kann aber auch heute noch den Spuren Stephens und Blooms folgen. Ein bißchen weniger bequem hat man's vor allem, weil es die Straßenbahn, deren sich die *Ulysses*-Figuren bedienen, lange nicht mehr gibt (die zwei Linien, die seit 2004 unter der Bezeichnung LUAS mit modernen Wagen in Dienst genommen wurden, sind nur ein schwacher Ersatz für das einstmals engmaschige Netz). Der Busverkehr, der an die Stelle des alten Tram-Netzes getreten ist, gibt für Joycesche Spurensucher leider nicht allzu viel her; brauchbarer ist da schon die Stadtbahn *Dublin Area Rapid Transit* (kurz DART), die zwar aus nur einer einzigen Linie besteht, uns aber zuverlässig an den Beginn unserer Joyceschen Stadtwanderung bringt.

Wir fahren gen Süden bis zur Station Sandycove, erreichen in wenigen Minuten die See und können ihn rechter Hand gar nicht übersehen, den Martello-Turm, auf dem der *Ulysses* beginnt: „Stattlich und feist erschien Buck Mulligan am Treppenaustritt, ein Seifenbecken in Händen, auf dem gekreuzt ein Spiegel und Rasiermesser lagen.“ Stattlich und feist wirkt – auf einem Foto, das vor etlichen Jahren in der *Sunday Tribune* erschien – auch Salman Rushdie, wie er auf die Plattform des Turms hinaustritt; stattlich und feist wirkt vor allem der Turm selbst, der zu Beginn des 19. Jahrhunderts als Wehrturm erbaut wurde.

„Billy Pitt hat die Dinger gebaut,“ erklärt Buck Mulligan in der *Ulysses*-Auftaktepisode, „als der Franzmann fuhr zur See.“

Sehr schön geeignet als Startpunkt für unsere Tour ist der Martello-Turm von Sandycove nicht nur, weil hier der Joyce-Roman einsetzt, und auch nicht nur, weil man von der Plattform aus einen famosen Rundblick über jene Stadt hat, die wir erwandern werden – ein idealer Startpunkt ist der Turm auch, weil er heute ein kleines Joyce-Museum beherbergt, das rappelvoll mit

Der Martello-Turm von Sandycove, in dem James Joyce nur fünf Nächte verbrachte, was ihm aber ausreichte, um einen Schauplatz für die literarische Ewigkeit daraus zu machen; hier im Zustand des April 1998.

Die Badestelle „Forty Foot Hole", gelegen direkt neben dem Martello-Turm; am Ende der ersten Ulysses-Episode gibt Stephen hier seine Schwimmangst preis – einer der Punkte, die ihn vom körperbetonten Buck Mulligan unterscheiden.

Memorabilia aller Art ist und auf sehr atmosphärische Weise in die Joycesche Welt einstimmt. (Leider ist das Museum, seitdem die Kommune die öffentliche Förderung aus finanziellen Gründen gestrichen hat und die Betreuung ganz in der Hand von Freiwilligen liegt, selbst in den Sommermonaten nicht immer ohne Voranmeldung zugänglich.)

In dem Turm wohnte Joyce höchstpersönlich vom 9. bis zum 14. September 1904, und zwar als Untermieter des trinkfreudigen Oliver St. John Gogarty, der im Roman zu Buck Mulligan wird. Der Joycesche Aufenthalt endete abrupt, als ein weiterer Gast des Nachts von einem schwarzen Panther träumte und mit dem Revolver um sich ballerte. Gogarty fand das ungeheuer juxig und beteiligte sich am Spaß, indem er auf ein paar Pfannen über Joycens Bett schoß. Joyce war in Todesängsten und fand das Ganze gar nicht zum Lachen.

Gar nicht zum Lachen dürfte Joyce auch die paar Wochen gefunden haben, die er im Mai und Juni 1904 als Hilfslehrer an der privaten Clifton School in Dalkey absolvierte. Nach allem, was man weiß, war Joyce ein ebenso ungeeigneter Lehrer wie Stephen Dedalus, den wir im zweiten *Ulysses*-Kapitel dort als Mathematiklehrer und im gezwungenen Gespräch mit dem gönnerhaften Rektor erleben. Das Schulgebäude steht noch, und zwar in der Dalkey Avenue 63; wie Stephen können wir vom Martello-Turm aus in einem kurzen Fußmarsch dort hingelangen. Freilich ist das Gebäude heute wieder in privatem Gebrauch, so daß wir es nur von außen bewundern können.

In der dritten *Ulysses*-Episode geht Stephen am Strand von Sandymount spazieren. Wahrscheinlich ist er mit dem Zug auf der heutigen DART-Strecke von der Station Dalkey bis zur Station Lansdowne Road gefahren und dann von dort an den Strand gegangen, weil er vor dem beabsichtigten mittäglichen Treffen mit Buck Mulligan noch Zeit zu vertun hatte. Der Strandspaziergang, wie Stephen ihn durchführte, ist uns leider nicht mehr möglich, da der betreffende Küstenabschnitt inzwischen mit Erde aufgefüllt und bebaut ist. Um wenigstens die Atmosphäre der „Proteus"-Episode einfangen zu können, verlassen wir deshalb die DART schon an der Merrion Station; von hier aus können wir mit einem gut halbstündigen Marsch das, was vom Sandymount Strand noch übrig ist, abschlendern und jenem Meeresrauschen nachhorchen, das niemand so genau mitstenographiert hat wie James Joyce: „Horch: eine vierwortige Wellensprache: ssiissuu, hrss, rssiiiss, uuuss. Heftiger Atem der Wasser inmitten von Seeschlangen, sich bäumenden Rossen, Felsen. In felsigen Näpfen schwappt er: flapp, schwapp, schlopp: gefesselt in Fässern. Und versprüht erlischt seine Sprache. Rieselnd noch fleußt er, weit ausfließend, flutender Schaumpfuhl, Blume, sich entfaltend."

Das mit dem „Schaumpfuhl" ist übrigens nur zu zutreffend, denn der Strand ist zumindest heute scheußlich verdreckt – wasserdichtes Schuhwerk ist sehr zu empfehlen. Vielleicht heben wir besser den Blick: quer über die

Dublin Bay hinweg sehen wir den Hügel der Halbinsel Howth, auf dem unsere Tour enden wird, wie einen gestrandeten Wal im Wasser liegen.

Dort, wo der Strand heute endet, beginnt die Beach Road, und wir befinden uns an jener Stelle, an der nicht nur Stephen seinen Spaziergang beginnt, sondern an der später am Tag auch Leopold Bloom am Strand hockt. Er erholt sich von den Strapazen des Tages und findet wonnigliche Ablenkung von seinen Sorgen: Ein halbwüchsiges Mädchen, Gerty MacDowell, läßt sich von Bloom unter den Rock schauen, als sie sich streckt, um das Feuerwerk des Basars der nahen Kirche *Star of the Sea* zu betrachten – und da explodiert auch beim erregten Bloom ein Feuerwerk: „es war ein seufzendes O! und alles schrieb O! und O! in Verzückung und es ergoß sich daraus ein Strom goldregnender Haarfäden und sie schimmerten auseinander und ah! da warens auf einmal lauter grünliche tauige Sterne die niederfielen mit güldenen, O so lebendig! O so sanft, süß, sanft!"

Doch wir haben vorgegriffen, denn das spielt sich erst am frühen Abend ab. Durch die Leahy's Terrace (an deren Einmündung zur Sandymount Road besagte *Star of the Sea Church* heute noch ragt) und die Newbridge Avenue (bei deren Nummer 9 später, im sechsten Kapitel, der Begräbniszug des Paddy Dignam beginnt) erreichen wir die DART-Station Lansdowne Road; von dort fahren wir entweder (wenn wir zu Blooms Haus in der Eccles Street wollen) zur Connolly Station oder (wenn wir Blooms Wanderungen mit den „Lotusessern" aufnehmen wollen) bloß bis zur Tara Street Station. Es wird Zeit, daß wir mit Bloom den Tag noch einmal beginnen.

Nachdem die ersten drei *Ulysses*-Episoden, die Kapitel der sogenannten „Telemachie", sich ganz Stephen Dedalus gewidmet und seine Verrichtungen von acht Uhr bis etwa halb zwölf gezeigt haben, springt der Ulysses für die vierte Episode zur achten Morgenstunde zurück und schwenkt zum 38jährigen Leopold Bloom über. Er wohnt mit seiner Frau Molly im Gebiet nördlich der Liffey, in der Eccles Street 7 (gut 20 Minuten von der Connolly Station), von wo aus er seinen ersten Morgengang zum Schlachter Dlugacz in der Upper Dorset Street unternimmt. In dieser Gegend kann man sich heute noch einen Eindruck von dem Baustil jener Häuser, von denen Bloom eines bewohnte, machen, und je nach Geschmack mag man Freude dran haben, daß der Pub von Larry O'Rourke (der Bloom veranlaßt, zu sinnieren: „Wäre ein ganz schönes Geduldsspiel, quer durch Dublin, ohne an einer Kneipe vorbei") heute *James Joyce Lounge* heißt – doch wer genauere Spuren des Ulysses aufnehmen will, muß enttäuscht werden. Das Bloomsche Wohnhaus wurde in den siebziger Jahren endgültig zerstört (die berühmte Eingangstür, bis 1994 im Bailey Restaurant in der Duke Street verwahrt, hat im James Joyce Centre in der North Great George's Street ihren dauerhaften Platz gefunden), und Dlugacz' Schlachterei ist einer der ganz wenigen fiktiven Läden des *Ulysses*.

Überspringen wir deswegen die Episode und nehmen Blooms Wanderungen mit der fünften, der „Lotusesser"-Episode auf. Von der Tara Street

Station aus folgen wir dem Lauf der Liffey ostwärts entlang der Kaimauer, ganz wie Bloom. „An Ladekränen entlang dem Sir John Rogerson's Quay schritt Mr. Bloom gesetzt dahin, vorbei an der Windmill Lane, an Leask's Leinsamenmühle, am Telegraphenamt. [...] Und vorüber am Seemannsheim. Er wandte sich ab von den Morgengeräuschen des Kaigeländes und ging durch die Linie Street." Das heißt, Bloom ist rechts abgebogen; und an der nächsten Ecke biegt er wieder rechts ab in die Hanover Street, dann nach 300 Metern links in die Lombard Street East. Bloom macht also Umwege, vielleicht, weil er sich nicht sicher fühlt: Er will zum Postamt Westland Row, um dort den postlagernden Brief einer zweideutigen Korrespondenzpartnerin abzuholen, die sich Martha Clifford nennt (das muß nicht ihr wahrer Name sein, denn auch Bloom schreibt ihr unter dem Pseudonym Henry Flower). Das Postamt, das nicht mehr existiert, befand sich unter den Bahnschienen und ist heute Teil der Station Westland Row; lediglich die Fassade ist noch vorhanden.

Als Bloom wieder aus dem Postamt heraus ist, geht er die Lombard Street East bis zur nächsten Ecke zurück, wo er unverhofft auf seinen Bekannten M'Coy trifft: „Also das möcht ich doch wissen: ob er mir nachspioniert?" Er bleibt einen Augenblick stehen, biegt dann rechts in die Brunswick Street (heute Pearse Street) ein und gleich wieder rechts in die Cumberland Street South, in deren Dunkel er Marthas Brief liest und anschließend zerreißt. Durch die „offene Hintertür" (die heute leider verschlossen ist, wenn nicht gerade ein Gottesdienst stattfindet) tritt er in die Kirche *All Hallows* ein, verläßt sie dann nach vorn zur Westland Row, auf der er sich nach links wendet. (Wir werden soviel Glück nicht haben und gehen die Cumberland Street South bis zum Ende und dann rechts zum Lincoln Place – oder schalten hier gleich einen Abstecher durch die Denzille Lane zum noch existierenden, wenn auch stark umgebauten National Maternity Hospital in der Holles Street ein, wo die 14. Episode spielen wird.) Am Lincoln Place tritt Bloom in die Drogerie von Sweny ein, um ein Rezept für seine Frau Molly einzulösen und sich eine Zitronenseife zu kaufen. „Ah ja, wie letztesmal. Sweny am Lincoln Place. Drogisten ziehen selten um", denkt sich Bloom und hat mehr als recht – die Drogerie fungierte bis ins 21. Jahrhundert hinein als solche, stand dann nur kurz leer und wird heute unter dem alten Namen Sweny fortgeführt, wenn nun auch leider nicht mehr als Drogerie, sondern als Laden für Joyce-Memorabilia. Hartgesottene Joyceaner kaufen sich hier unbedingt eine Zitronenseife, auch wenn das nicht mehr die Marke von 1904 ist.

Eine knappe Stunde später, zu Beginn der sechsten, der „Hades"-Episode, steigt Bloom in eine Kutsche des Trauerzugs von Patrick Dignam ein, und zwar vor Nummer 9 in der Newbridge Avenue, durch die wir auf dem Weg vom Sandymount Strand bereits gekommen sind. Der Zug geht quer durch die Stadt bis zum Glasnevin-Friedhof weit in Dublins Norden – zu Fuß ist das natürlich nicht machbar, und wenn wir die Strecke verfolgen wollen, müssen wir schon ein Taxi nehmen oder uns auf das Wagnis einlassen, selbst ein Fahrzeug durch das Dubliner Verkehrschaos zu steuern. In jedem Fall ist Blooms Route nicht ganz einzuhalten, da ein paar Straßen inzwischen als Einbahnstraßen in die falsche Richtung verlaufen. Wer sich dennoch zum Friedhof durchschlägt, sollte sich den Weg zur Grabstelle Xf-7 weisen lassen: Dort liegt die Mutter von Joyce begraben, deren Beerdigung der einzige Anlaß ist, bei dem Joyce selbst Studienmaterial für die „Hades"-Episode gesammelt haben kann.

Wir Fußgänger lassen den Beerdigungszug besser aus und stellen auch die Episode 7, die in den Redaktionsräumen des *Freeman's Journal* spielt, noch etwas zurück. Um in die Mitte des achten Kapitels zu springen, gehen wir vom Drogisten Sweny am Gelände des Trinity College entlang durch die Nassau Street bis zur Einmündung der Grafton Street und wenden uns nach links in die Fußgängerzone dieser Haupteinkaufsstraße hinein. Das Flair der Geschäfte hier hat leider nicht mehr viel von Joyceschen Zeiten an sich; um so mehr lohnt es sich, den Blick aufs Pflaster zu richten: Zur Feier der an topographischen Details besonders reichen achten Episode hat die Dubliner Stadtverwaltung Blooms Weg mit Tafeln markiert, die kurze Zitate tragen und in das Pflaster eingelassen sind.

Diese Tafeln und Blooms Gang führen uns durch die Grafton Street in die Duke Street, und hier offenbart sich, warum diese Episode nach den „Lästrygonen" – homerischen Menschenfressern – benannt ist. Bloom will in Burtons Restaurant (18 Duke Street) eintreten und schreckt angewidert zurück: „Es würgte ihm die Gurgel. [...] Messer und Gabel, um alles vor sich zu vertilgen, der alte Knabe dort prokelt sich in den Zahnstummeln rum. Leichtes Hochwürgen, voll, Wiederkäuen. [...] Futtert den Stewsaft weg mit Stippbrocken Brot. Lecks doch vom Teller, Mensch! Bloß hier raus."

Bloom sucht das Weite. „Nehm lieber im Davy Byrne einen Happen zu mir." Er geht eine paar Schritte zurück zum Lokal von Davy Byrne (21 Duke Street), das heute noch existiert, wenn auch leider stark umgebaut. Wer Zeit (oder Hunger) hat, sollte dennoch eintreten, denn an der Wand hängt ein Porträt von Joyce.

Nachdem Bloom ein Glas Burgunder und ein Gorgonzola-Sandwich vertilgt und sich mit ein paar Bekannten unterhalten hat, macht er sich wieder auf den Weg, und zwar durch die Dawson Street und die Molesworth Street. Als er auf die Kildare Street tritt, will er sich nach links Richtung Nationalbibliothek wenden, doch da trifft ihn ein Schock: „Strohhut im Sonnenschein. Lohfarbene Schuhe. Umgeschlagene Hosen. Das ist doch. Das ist doch." Bloom sieht Blazes Boylan, von dem er weiß, daß er der Liebhaber seiner Frau ist. „Sein Herz poppte weich. Nach rechts. Das Museum. Göttinnnen. Er schwenkte nach rechts." Bloom macht kehrt und rettet sich ins Nationalmuseum, in dessen Foyer er bei der Gelegenheit eine Frage klären will, die ihm zuvor in den Sinn gekommen ist: ob nämlich die nackten Göttinnen dort über untere Körperöffnungen verfügen. Leider sind die betreffenden Statuen nach der irischen Unabhängigkeit von prüder staatlicher Seite entfernt worden, so daß wir heute nichts mehr nachprüfen können.

In der neunten Episode, „Scylla und Charybdis", sind wir dann doch in der Nationalbibliothek gleich nebenan und treffen Stephen Dedalus wieder, der vor einem Kreis von Dubliner Literaten seine recht eigenwillige Theorie über Shakespeares *Hamlet* ausbreitet. Erst am Ende erscheint Bloom auf der Bildfläche, um eine Provinzzeitung einzusehen, der er eine bestimmte Anzeige entnehmen möchte – er kommt aber nicht direkt mit Stephen in Berührung.

Der Besuch der Nationalbibliothek lohnt sich für uns allemal, denn der Lesesaal sieht noch genauso aus wie zu Zeiten des *Ulysses*. In dem Raum, in dem die *Hamlet*-Diskussion stattfindet, kann man heute Leseausweise beantragen und Fotokopien in Auftrag geben; außerdem ist dort eine Ehrentafel zur Erinnerung an den Bibliothekar Thomas Lyster zu sehen, der an der Diskussion im Joyceschen Roman teilnimmt.

Für Joyce-Freunde ist die Nationalbibliothek aber noch aus einem anderen Grund von Bedeutung. Während der Zeit des Zweiten Weltkriegs wurde ihr von Joyces Sekretär Paul Léon eine Fülle von Briefen und anderen Dokumenten zugeleitet, die erst 1991 – nach Ablauf einer 50jährigen Sperrfrist – zugänglich gemacht wurden. Auch dies allerdings nur zum Teil, denn dem Dichterenkel Stephen Joyce, einem Biederling von gigantischer Humorlosigkeit, der bei jeder Gelegenheit die Ehre der Familie in Gefahr sieht, wurde auf Weisung des damaligen irischen Premierministers ein Teil des Materials zur Vernichtung übergeben, und ein weiterer Teil wurde mit einer erneuten Sperrfrist versehen, die erst im Jahre 2050 endet. Immerhin 2000 der von Léon geretteten Dokumente sind aber nun in der Nationalbibliothek der Forschung zugänglich, ebenso wie diverse rare Joyce-Manuskripte, die die Bibliothek in den letzten zwei Jahrzehnten im Rahmen spektakulärer Zukäufe erwerben konnte.

Das zehnte Kapitel des *Ulysses* ist die Odyssee in der Odyssee: wiederum in 19 Teilkapitel unterteilt, präsentiert es eine Vielzahl von Figuren an den unterschiedlichsten Stellen der Stadt bei den unterschiedlichsten Verrichtungen. Wir haben nicht die geringste Chance, alle Schauplätze aufzusuchen, also halten wir uns wieder an Bloom, der als Auge des Wirbelsturms fungiert. Ihn treffen wir genau in der Mitte, im zehnten Teilkapitel dieser zehnten Episode, wie er in einem Buchkarren kramt.

Auf dem Weg dorthin holen wir praktischerweise ein paar Schauplätze nach, die wir übersprungen haben. Dafür kehren wir von der Nationalbibliothek an die Ecke Nassau Street / Grafton Street zurück, von der aus wir die zweite Hälfte der „Lästrygonen"-Episode abgewandert sind. Nun ist die noch fehlende erste Hälfte dran, und zwar rückwärts; Kurs: Westmoreland Street und O'Donnell Bridge. Auch hier gibt es ins Pflaster eingelassene *Ulysses*-Tafeln, und gleich die erste, im Kreuzungsbereich Westmoreland Street /

College Corner, ist von besonderer Durchschlagskraft. Sie bezieht sich auf das Denkmal für Thomas Moore, den Autor des berühmten Gedichts vom „Treffpunkt der Wasser", und die Bedürfnisanstalt gleich daneben. Bloom geht „unter Tommy Moores spitzbübischem Finger her über die Straße. Ganz richtig, daß die ihn da über einem Pissoir angebracht haben: Treffpunkt der Wasser".

Über die Liffey hinweg gelangen wir in die O'Connell Street, die zu Zeiten des *Ulysses* noch Sackville Street hieß. Die dritte Straße links ist die Prince's Street; in Nummer 4-8 befanden sich 1904 die Büros des *Freeman's Journal*, in dem Bloom angestellt war. Das Gebäude wird inzwischen leider anderweitig genutzt, so daß wir auf die Atmosphäre der Zeitungsredaktion verzichten müssen.

In der „Aelos"-Episode tritt Bloom von der Prince's Street ein, verläßt das Gebäude auf der anderen Seite zur Abbey Street (da wir schlecht durchs Gebäude gehen können, müssen wir einmal um den Block herum) und geht hinunter zur William's Row (heute Bachelor's Walk) an der Liffey, wo er im Auktionärshaus von Dillon (Nummer 25; in Billardräume umgewandelt) vorspricht.

Von dort kehrt Bloom zum Redaktionsgebäude zurück, doch wir wandern am Bachelor's Walk weiter Richtung Westen bis zur Ha'penny Bridge, die uns über die Liffey führt. Genau gegenüber der Brücke, am Merchants' Arch, kramt Bloom in Kapitel 10 in den Grabbelkisten eines Buchhändlers mit Leihbücherei. „Ich nehme dies hier. [...] *Süße der Sünde*, sagte er und klopfte drauf. Das ist was Gutes." Den Laden gab es vor nicht allzu langer Zeit noch (nun unter dem Namen Ha'penny Bridge Books), inzwischen ist er wie so vieles in Dublin den veränderten Zeiten zum Opfer gefallen. Als Ersatz bietet sich der Winding Stair Bookshop unweit des gegenüberliegenden Brückenendes an, doch sollte man sich nicht einbilden, hier oder in irgendeinem anderen örtlichen Buchladen *Sweets of Sin* zu finden: Das Feld ist abgegrast in Dublin, was rares Joyce-Material betrifft.

Die nächste Episode, „Sirenen", spielt im Ormond Hotel am Nordufer der Liffey, dessen Gebäude noch existiert, wenn es auch umgebaut wurde, seit 2006 leer steht und nun dem Abriß entgegendämmert: Nummer 8 am Upper Ormond Quay. Der Weg dorthin führt Bloom zunächst den Wellington Quay entlang – „An Bassis gebenedeiten Jungfrauen wanderten Blooms dunkle Augen vorbei." Der religiöse Laden von A. Bassi & Co. stand bis vor nicht allzu langer Zeit noch (Wellington Quay 14), ist aber inzwischen auch Geschichte.

Nach rechts geht's über die Capel Street Bridge, dann gleich wieder links: „Hallo. Wohin so eilig? Was essen? Wollt ich grade auch. Hier rein. Was, Ormond? Was Besseres nicht in ganz Dublin. Tatsächlich? Speiseraum. Da sitzt man prächtig. Sieht, aber wird nicht gesehen." Dies ist in der Tat von Vorteil für Bloom, denn auch Blazes Boylan taucht im Ormond auf; Bloom versucht, ihn zu belauschen, will sich aber nicht entdecken lassen.

Nachdem Boylan verschwunden ist (mit einem Pferdewagen zu Molly!), macht sich auch Bloom wieder auf. Er will zunächst zum nahegelegenen Postamt (Nummer 34 am Upper Ormond Quay) und dann durch Charles Street, Greek Street, Mary's Lane und Green Street zum dortigen Gerichtshof (Nummer 26), den es heute noch gibt und den man inzwischen auch wieder einfacher betreten kann, nachdem für die bis 2010 hier verhandelten Fälle mit besonderen Sicherheitsmaßnahmen (darunter auch Prozesse gegen IRA-Angehörige) anderswo ein neues Gerichtsgebäude errichtet wurde.

Aber auch Bloom kommt in der zwölften Episode im Gericht, wo er sich für fünf Uhr mit zwei Bekannten verabredet hat, zunächst zu nichts, da die beiden noch nicht da sind. Bloom geht in der Little Britain Street ein wenig auf und ab, wird in den dort gelegenen Pub von Barney Kiernan (Nummer 8-10; leider inzwischen abgerissen) gebeten und gerät dort trotz seiner Vorsicht und Zurückhaltung in Streit mit einem einäugigen Nationalisten (dies ist die „Zyklopen"-Episode). Schließlich vertreibt der Nationalist Bloom, der entsetzt flieht: „Und dann sehn wir bloß noch, wie die verdammte Kutsche um die Ecke saust und Old Schafsgesicht obendrauf am fuchteln ist und der verdammte Köter haste was kannste hinterher mit angelegten Ohren, um ihm sämtliche Knochen aus den Fugen zu reißen."

Bloom war zum Gerichtshof gegangen, um den Nachlaß von Paddy Dignam regeln zu helfen, und nun fährt er zum Hause der Dignams und leistet dort Beistand – doch das wird im Verlauf des *Ulysses* ausgespart. In „Nausikaa", der dreizehnten Episode, treffen wir Bloom am Strand von Sandymount – den Schauplatz haben wir bereits inspiziert.

Auch den Schauplatz der vierzehnten Episode, die Gebärklinik in der Holles Street – „Deshil Holles Eamus. [...] Hopsa, ein Jungeinjung, hopsa!" –, sollten wir tunlichst schon auf dem Weg zu Drogist Sweny besucht haben, wenn sie uns interessiert, denn nun ist sie uns allzu abgelegen. In das Krankenhaus treibt Bloom wieder seine Menschenfreundlichkeit, denn er hat Mitleid mit der armen Mina Purefoy, die mit einer schweren Geburt zu tun hat. Während sie in den Wehen liegt (und Joyce das Wachstum der englischen Sprache von den Anfängen bis zum modernen Slang nachahmt), trifft Bloom auf einen Haufen zechender Medizinstudenten, darunter Buck Mulligan und auch Stephen Dedalus, dessen sich Bloom annehmen zu müssen meint. Als die Gruppe aufbricht, folgt Bloom deshalb diskret. Sie gehen zunächst (nach einem Abstecher in einen nicht mehr existierenden Pub) zur Bahnstation Westland Row (heute Pearse Street Station) fahren dann zwei Stationen weiter zur Amiens Street Station (heute Connolly Station) und machen sich auf ins Bordellviertel. Dort wollen wir ihre Spuren wieder aufnehmen.

Von jener Stelle in der Little Britain Street, an der Bloom aus dem verschwundenen Pub von Barney Kiernan geflohen ist, gehen wir bis zur nächsten Durchgangsstraße, der Capel Street; wir biegen rechts ab und bei nächster Gelegenheit links in die Mary Street. Wir brauchen jetzt immer nur geradeaus

Links die Drogerie Sweny im Zustand des Jahres 1998, als sie tatsächlich noch Drogerie war und man dort eine Zitronenseife kaufen konnte, wie Bloom dies tut; rechts der Eingang zur Nationalbibliothek.

Die Schlachterei Olhausen und das North Star Hotel, die Bloom in der „Circe"-Episode passiert – beim Schlachter schlüpft er sogar noch rasch hinein, was nach der Schließung heute leider nicht mehr möglich ist. Auch diese Fotos entstanden im April 1998.

zu gehen, über die O'Connell Street und die Gardiner Street hinaus, bis unsere Straße (inzwischen sind wir in der Talbot Street) von der Corporation Street (zu Joyces Zeiten hieß sie Mabbot Street) gekreuzt wird. Die Ecke linker Hand ist die Stelle, an der die fünfzehnte *Ulysses*-Episode, „Circe", einsetzt: „Mabbot Street, Eingang zur Nachtstadt, vor dem sich ein ungepflasterter Straßenbahnausweichplatz mit skelettigen Geleisen, roten und grünen Irrlichtern und Gefahrensignalen erstreckt. Reihen kulissenhafter Häuser mit klaffenden Türen. Vereinzelt Laternen mit blassen regenbogenbunten Lichtfächern." Heruntergekommen ist die Gegend heute noch, auch wenn die meisten Gebäude neueren Datums sind.

Die Bezeichnung „Nachtstadt" für die Bordellgegend ist Joycesche Erfindung; allgemein nannte man die Gegend Monto, abgeleitet von Montgomery Street, die heute umbenannt ist in Foley Street – wie überhaupt fast alle Straßen hier neue Namen tragen, wohl um die Erinnerung an das unschickliche Gewerbe zu tilgen. 1925, drei Jahre nach der irischen Unabhängigkeit, wurden die Bordelle von der Polizei gestürmt und geschlossen, die Prostituierten festgenommen. Die offizielle Begründung, die Bordelle seien nur für die britischen Besatzungstruppen dagewesen und nunmehr entbehrlich, war in sich gewiß logisch, aber wohl doch unrealistisch.

Einer der schärfsten Kritiker der Schließung der Bordelle war übrigens Oliver St. John Gogarty, der 1904 mit Joyce hier herumgezogen war und dem künftigen *Ulysses*-Autor einen allerliebsten Limerick auf den Leib dichtete.

Es ist da ein Mann, Jimmy Joycechen,
Der macht nur ganz selten ein Päuschen.
Er geht in den Puff
Und pfeift sich was druff,
Die Nutten sind schier aus dem Häuschen.

Einige der Prostituierten aus diesen Straßen brachten es zu einiger Berühmtheit in der inoffiziellen Folklore, so etwa Becky Cooper, die Gegenstand manchen Lobgedichts war und zwar nicht bei Joyce, wohl aber im lyrischen Werk von Samuel Beckett auftaucht.

Bloom kommt, Stephen und dessen Saufkumpanen auf den Fersen, die Talbot Street aus der uns entgegengesetzten Richtung herab und verschwindet kurz „im Laden des Schweinemetzgers Olhausen, unter den eben niedergehenden Rolläden. Wenige Augenblicke später taucht er unter der Jalousie wieder auf, der pustende Poldy, der blasende Bloohoom. In jeder Hand trägt er ein Paket; das eine enthält einen lauwarmen Schweinefuß, das andere einen kalten Schafsfuß, mit Pfeffer bestreut". Schlachter Olhausen hat mehr als ein Jahrhundert lang seinen Standort erhalten können: Nummer 72 in der Talbot Street. Ende 2012 allerdings mußte auch Olhausen schließen.

Bloom biegt in die heutige Corporation Street ein und von dort rechts in die Tyrone Street (heute Railway Street), wo sich in Nummer 82 (von Joyce in 81 umnumeriert) das Bordell von Bella Cohen befand – es ist heute naturgemäß nicht mehr zu finden. Hier, bei Bella Cohen, spielt der größte Teil der „Circe"-Episode, angedickt mit Wahnvorstellungen und visualisierten Traumbruchstücken – eine 150seitige Walpurgisnacht aus Sprache. Kurz vor ein Uhr nachts kommt Stephen aus dem Bordell herausgestürmt, läuft die heutige Railway Street Richtung Westen entlang und wird an der Ecke der Beaver Street im Streit mit zwei englischen Soldaten niedergeschlagen. Es kann niemanden geraten werden, an dieser Straßenecke lange herumzulungern, es sei denn, man möchte Stephens Schicksal selbst erleiden – dies ist zu später Stunde immer noch keine sonderlich sichere Gegend.

Aber Stephen hat seinen Samariter, eben Bloom, der ihn aufliest und im sechzehnten Kapitel, der „Eumäus"-Episode, mit ihm zur Kutscherkneipe unter den Bahngleisen am Beresford Place geht, die leider nicht mehr existiert. Die Wegstrecke: Beaver Street, am Ende links und gleich wieder rechts in die Amiens Street, vor dem heutigen Busbahnhof rechts in die Store Street und gleich wieder links zum Beresford Place. „So gingen sie denn bei Mullet und dem Signal House, das sie rasch erreichten, schräg hinüber und schritten rüstig weiter aus, in Richtung auf den Bahnhof Amiens Street zu, wobei Mr. Bloom jedoch durch den Umstand behindert war, daß einer seiner hinteren Hosenknöpfe, um ein altehrwürdiges Sprichwort zu variieren, den Weg aller Knöpfe gegangen war, obschon er, nachdem der das Mißgeschick in gründlicher Weise geistig durchdacht hatte, dasselbe nicht weiter tragisch nahm."

Der erwähnte Pub von Mullet existiert heute noch (Nummer 45 in der Amiens Street), ebenso wie die im Text auftauchende städtische Leichenhalle (Nummer 2-4); noch vorhanden ist das North Star Hotel (Nummer 26-30), und das erwähnte Signal House heißt inzwischen Cleary's Pub (Nummer 36).

Nach dem orgiastischen „Circe"-Kapitel ist die „Eumäus"-Episode ganz und gar Erschlaffung; Joyce hat es in einem gewollt hölzernen, langatmigen Stil geschrieben, und ebenso langatmig sind die durchsichtigen Lügengeschichten, die Stephen und Bloom in der Kutscherkneipe von einem Seemann namens Murphy aufgetischt bekommen. In Ermangelung der Kutscherkneipe geben wir uns unserer eigenen Erschlaffung am besten auf den Bänken rund um das benachbarte Zollhaus hin, bevor wir uns überlegen, wohin wir als nächsten spazieren.

Falls wir uns die Enttäuschung über das verschwundene Wohnhaus Blooms nicht ersparen wollen, können wir, wie die beiden Helden es spätnachts tun, zur Eccles Street aufbrechen. Den Weg beschreibt die siebzehnte *Ulysses*-Episode, „Ithaka", ganz penibel: „Gemeinsam in normalem Spazierschritt vom Beresford Place aufgebrochen, gingen sie in der genannten Reihenfolge durch die untere und mittlere Gardiner Street und über den Mountjoy Square West: dann, in verlangsamtem Schritt, indem sie sich beide nach links wandten, über den Gardiner's Place aus Unachtsamkeit bis zur entfernteren Ecke Temple Street North: dann, in verlangsamtem Schritt, mit

Unterbrechungen des Anhaltens, rechts gewandt, durch die Temple Street North bis zum Hardwicke Place. Als sie sich diesem, disparat, genähert hatten, überquerten sie beide in entspanntem Spazierschritt den Rundplatz vor der George's Church, und zwar diametral, da die Sehne des Kreises stets kürzer ist als der zugehörige Kreisbogen." Stephen wird sich von Bloom mit einem Kakao bewirten lassen, doch das Angebot eines Schlafplatzes wird er ausschlagen: Es geht schon auf drei Uhr, als er in die Nacht hinaustritt und mit unbekanntem Ziel verschwindet.

Der beste Vorteil des nächtlichen Weges von Bloom und Stephen für uns ist, daß er nah an der North Great George's Street vorbeiführt, zu der ein Abstecher in der Tat lohnt: Dort in der Nummer 35 hat nicht nur die *Ulysses*-Nebenfigur Denis J. Maginni einen Tanzsaal gemietet, sondern dort befindet sich seit den 1990er Jahren das schöne James Joyce Cultural Centre, begründet vom inzwischen verstorbenen Ken Monaghan, einem Neffen von Joyce. Monaghan war ein so herzensfreundlicher Mensch, daß man ihm seine Verwandtschaft gar nicht glauben wollte (zumal dann nicht, wenn man den Joyce-Enkel Stephen kennt), was natürlich ein Grund mehr ist, diesem Haus einen Besuch abzustatten – für den man sich freilich Zeit mitbringen sollte, so daß wir diesen Stadtgang auf einen eigenen Tag verschieben. Im Gegensatz zu Stephen und Bloom begeben wir uns vom Beresford Place zur nächstgelegenen DART-Station, der Tara Street Station, und fahren so weit es geht nach Norden, dem denkbar schönsten Ausklang der *Ulysses*-Wanderung entgegen.

Die letzte *Ulysses*-Episode, „Penelope", ist ein einziger riesiger innerer Monolog der einschlafenden Molly Bloom. Ihre Gedanken schweifen auf eine Weise umher, mit der wir schon beim Lesen kaum schritthalten können; von ihrem Mann kommt sie auf Blazes Boylan und auf frühere Liebhaber, denkt zurück an Begebenheiten in und um Dublin, aber auch in Gibraltar, wo sie aufwuchs – doch am Ende kehrt sie zu Bloorn zurück und zu einer romantischen Szene, die sich auf dem Hügel von Howth abspielte: „die Sonne die scheint für dich allein hat er damals gesagt an dem Tag wo wir unter den Rhododendren lagen oben auf Howth in dem grauen Tweedanzug und mit dem Strohhut an dem Tag wo ich ihn so weit kriegte daß er mir den Antrag gemacht hat ja zuerst hab ich ihm ein bißchen von dem Mohnkuchen aus meinem Mund gegeben und es war ein Schaltjahr wie jetzt ja vor 16 Jahren mein Gott nach dem langen Kuß ist mir fast die Luft ausgegangen" – und so weiter ohne Punkt und Komma.

Die DART-Strecke endet am Hafen der Halbinsel Howth. Von dort ist es nicht weit bis zu den Gärten von Howth Castle, die noch heute einen mehr als üppigen Rhododendronbestand aufweisen – nirgendwo außerhalb des Himalayas und Chinas gibt es, einen größeren. Dies ist der ideale Ort, um das Ende des *Ulysses* zu lesen, die Bejahung des Lebens: „ja wie er mich geküßt hat unter der maurischen Mauer und ich hab gedacht na schön er so gut wie jeder andere und hab ihn mit den Augen gebeten er soll doch noch mal fragen ja und dann hat er mich gefragt ob ich will ja sag ja meine Bergblume und ich hab ihm zuerst die Arme um den Hals gelegt und ihn zu mir niedergezogen daß er meine Brüste fühlen konnte wie sie dufteten ja und das Herz ging ihm wie verrückt und ich hab ja gesagt ja ich will Ja."

Vom Ben of Howth, dem höchsten Punkt der Halbinsel, geht der Blick weit über die Bucht von Dublin bis hinüber nach Sandycove, wo unsere Stadtwanderung begann. Von hier oben haben wir den ganzen Stadtraum im Blick; von hier oben können wir aber auch einen Blick voran werfen auf den letzten Roman von James Joyce, das vertrackte *Finnegans Wake* mit den Anfangszeilen, die dem Lauf der Liffey folgen: „Flußgefließe, schleunigst Ev' und Adam passiert, vom Strandgestreun zum Buchtgebeug, führt uns im commundiösen Wickelwirken des Rezirkulierens zurück zur Burg von Howth con Entourage."

Aber *Finnegans Wake* läßt sich nicht mehr auf den Straßen Dublins verfolgen, sondern nur noch – und auch das unter Schwierigkeiten – im Lesesessel. *Finnegans Wake* spielt nicht mehr in der Topographie der Außenwelt, sondern ganz im Kopf eines Träumers, in dem sich die Orte und die Zeiten und die Themen vermengen. Hier enden alle Möglichkeiten des Nachwanderns, und den fruchtbaren Irrglauben, Literatur ließe sich problemlos zum Reiseführer degradieren, müssen wir endgültig aufgeben.

*

Die Stadtwanderung auf den Spuren der Joyceschen Helden, wie sie hier entworfen wurde, summiert sich auf insgesamt etwa 20 Kilometer reiner Fußdistanz; hinzu kommen die Strecken mit der DART-Bahn und natürlich die Pausen für Besichtigungen, zum Essen und Trinken oder einfach zum Ausruhen. Einen kompletten Tag sollte man sich doch dafür Zeit nehmen.

Zwei detaillierte Führer zu den Stätten des *Ulysses* (beide allerdings schon älteren Datums und deshalb heute nur noch mit Einschränkung zu benutzen) liegen in Buchform vor: Jack McCarthy with Danis Rose, *Joyce's Dublin. A Walking Guide to Ulysses* (Dublin: Wolfhound Press 1988). – Robert Nicholson, *The Ulysses Guide. Tours through Joyce's Dublin* (London: Methuen 1988, letzte Neuausgabe Dublin: New Island 2002).

Von mehreren existierenden Bildbänden zum Thema ist einer auch in deutscher Sprache erschienen: Alain Le Garsmeur / Bernard McCabe, *James Joyce: Irland* (München: Nymphenburger 1994).

Einen Führer zu den von Joyce selbst bewohnten Häusern schrieb Vivien Igoe, *James Joyce's Dublin Houses* (London: Mandarin 1990); letzte Neuausgabe unter dem Titel *James Joyce's Dublin Houses & Nora Barnacle's Galway* (Dublin: Lilliput Press 2007).

Die erzähltechnische Handhabung des ‚interior monologue' in der „Telemachus"-Episode des *Ulysses*

Vorbemerkung

Versuche, den Begriff ‚interior monologue' zu definieren, zeugen nicht selten von erschreckender Hilflosigkeit, und zwar nicht nur in Konversationslexika[1], sondern auch in literarischen Nachschlagewerken und speziellen Fachaufsätzen. So tritt dem Terminus ‚interior monologue' häufig die Bezeichnung ‚Bewußtseinsstrom' zur Seite, ohne daß das Verhältnis beider Begriffe zueinander hinreichend geklärt wird.[2] Daneben ist die Tendenz festzustellen, daß eine Vielzahl unterschiedlicher Erscheinungen als ‚interior monologue' bezeichnet wird. So taucht bisweilen gar ein „indirekter innerer Monolog"[3] auf. Vor allem aber wird das sporadische Auftreten unvermittelter Bewußtseinswiedergabe, wie es in der „Telemachus"-Episode[4] zu beobachten ist, im allgemeinen terminologisch nicht vom Monologroman getrennt.[5] Aufgrund dieser Schwierigkeiten soll in der vorliegenden Arbeit zunächst eine kurze erzähltheoretische Einordnung des Phänomens ‚interior monologue', wie es

---

1 Vgl. *dtv-Lexikon. Ein Konversationslexikon in 20 Bänden* (München: dtv 1980), Bd. 9, S. 158 (Stichwort: ‚innerer Monolog'): „in Romanen und Erzählungen werden unausgesprochene Gedanken, Assoziationen, Ahnungen der Person in Form der indirekten [sic!] Rede wiedergegeben."

2 Vgl. Gero von Wilpert, *Sachwörterbuch der Literatur* (Stuttgart: Kröner [6]1979), S. 371 (Stichwort: ‚innerer Monolog') und S. 793 (Stichwort: ‚Stream of consciousness'). Wilperts Definitionen lassen etwaige gemeinte Unterschiede zwischen den beiden Begriffen allenfalls erahnen.

3 Vgl. beispielhaft Doris Stephan, „Der Roman des Bewußtseinsstroms und seine Spielarten", in *Der Deutschunterricht* 14. (1962), S. 24-38, hier S. 32-34. Stephan versteht unter ‚indirektem inneren Monolog' eine Technik, die Bewußtsein im Wortlaut wiedergibt, dabei aber die ursprünglich erste in die dritte Person und das Präsens ins Präteritum überträgt. In der vorliegenden Arbeit soll eine solche Technik als ‚erlebte Rede' bezeichnet werden, während der Terminus ‚interior monologue' ausschließlich der Wiedergabe unter Wahrung des auf die Reflektorfigur bezogenen ‚ich' und des auf der Bewußtseinsgegenwart beruhenden Tempusgefüges vorbehalten bleibt.

4 Vgl. James Joyce, *Ulysses* (Harmondsworth: Penguin 1968), S. 9-29. – Alle *Ulysses*-Stellenangaben folgen dieser lange Zeit ein Europa weitestverbreiteten Ausgabe, wobei ich, da sehr eng am Text gearbeitet wird, stets mit Seiten- und auch Zeilenangabe zitiere.

5 Eine rühmliche Ausnahme findet sich bei Dorrit Cohn, *Transparent Minds. Narrative Modes for Presenting Consciousness in Fiction* (Princeton: Princeton University Press 1978). Vgl. weiter unten, Anm. 12.

sich im zu analysierenden Text darstellt, vorgenommen werden, die dabei wegen der gebotenen Kürze nur Andeutungscharakter haben kann.

Da in der „Telemachus"-Episode neben der Reflektor- noch eine Erzählerfigur auftritt, soll auf der Grundlage einer durch die Kategorie ‚Raum' bestimmten rudimentären Grundstruktur nicht nur die Darstellung des Reflektorbewußtseins, sondern auch die Haltung des Erzählers analysiert werden, wobei die Themenstellung der Arbeit naturgemäß eine Konzentration auf das Verhältnis des Erzähler- zum Reflektorbewußtsein nahelegt.

Der Abschluß der Arbeit gilt dem Versuch, Ansätze für eine Einbindung der zuvor angestellten Beobachtunten in die übergreifende Struktur des Romans zu finden.

Erzähltheoretische Einordnung

Joyces *Ulysses* gilt gemeinhin als Paradigma für den ‚interior-monologue'-Roman schlechthin.[6] Häufig wird, offenbar im Bemühen, die Abweichung dieses Werkes von den einschlägigen Konventionen möglichst drastisch vorzuführen, die „Penelope"-Episode als typisch für den gesamten Roman hingestellt.[7] Vielfach wird deswegen davon ausgegangen, daß die Verwendung des ‚interior monologue' gleichbedeutend sei mit dem Verzicht auf einen Erzähler im herkömmlichen Sinne sei.[8] Die darauf beruhende erzähltheoretische Einstufung des ‚interior monologue' als extreme Variante einer „Ich-Erzählsituation", kurz vor der „Ich/Er-Grenze" und damit dem Übergang zur „personalen Erzählsituation", wie sie der Erzähltheoretiker Franz Stanzel vornimmt[9] , kann denn auch nur im Hinblick auf Erzählwerke wie Schnitzlers „Leutnant Gustl" oder eben jene achtzehnte Ulysses-Episode befriedigen: hier wird die Reflektorfigur gleichsam zum, wenn auch unfreiwilligen und sich seiner Funktion nicht bewußten, Erzähler.

In den ersten Episoden von Ulysses dagegen wird das Geschehen grundsätzlich durch einen schildernden Erzähler vermittelt, der das Bewußtsein der Reflektorfigur abruft und als eine Art Beiseitesprechen[10] in das

---

6 Vgl. *dtv-Lexikon*, a.a.O., Bd. 9, S. 158 ((Stichwort: ‚innerer Monolog'): „Hauptvertreter ist James Joyce (Ulysses, 1922)."

7 Vgl. als Beispiel Stephan, „Der Roman des Bewußtseinsstroms und seine Spielarten", a.a.O., S. 27.

8 Vgl. Wilpert, *Sachwörterbuch der Literatur*, a.a.O., S. 371; als Ziel des Gebrauchs des ‚interior monologue' nennt Wilpert die „Identifikation von Leser und Romanheld durch unmittelbare Gleichsetzung und völliges Verschwinden des Erzählers".

9 Vgl. Franz K. Stanzel, *Theorie des Erzählens* (Göttingen: Vandenhoeck und Ruprecht 1979), besonders S. 284-289 („Von der Ich-Erzählsituation zur personalen Erzählsituation") und den „Typenkreis" (nach S. 333).

10 Die antike Bühnentechnik des ‚à part' dürfte als Modell dem ‚interior monologue' in der „Telemachus"-Episode wohl eher gerecht werden als der Bühnenmonolog, mit dem er in der Literatur häufig – z.B. von Stephan, „Der Roman des Bewußtseinsstroms und seine Spielarten", a.a.O., S. 26 – verglichen wird.

erzählte Geschehen einblendet. Die in den Handlungsablauf eingebetteten ‚interior-monologue'-Passagen sind dabei wie in direkter Rede wiedergegebene Dialogbeiträge aufzufassen, von denen Stanzel zutreffend sagt, sie seien „streng genommen kein narratives, sondern ein dramatisches Bauelement"[11].

Den Unterschied zwischen dem ‚interior monologue' als dramatischem Bauelement innerhalb einer nach Stanzel „auktorialen Erzählsituation" und dem ‚interior monologue' als Extremfall der „Ich-Erzählsituation", nämlich im Monologroman, erkennt Dorrit Cohn[12] , die daher „quoted monologue"[13] und „autonomous monologue"[14] voneinander trennt. Bei den ‚interior-monologue'-Passagen von *Ulysses* handelt es sich zweifellos um „quoted interior monologue". Eine Ausnahme bildet allenfalls die „Penelope"-Episode dies allerdings auch nur dann, wenn sie nicht im Zusammenhang des ganzen Romans, sondern als eigenständiger Text angesehen wird.

Grundstruktur der „Telemachus"-Episode

Dramatisches Moment

Die „Telemachus"-Episode von *Ulysses* wirkt über weite Strecken beinahe wie ein Drama. Der Erzähler beschränkt sich, insbesondere zu Beginn der Episode, weitgehend auf die Wiedergabe für jeden Beobachter wahrnehmbarer Geschehnisse[15], nur sporadisch zeigt er, etwa durch kurzzeitige Einsicht in das Bewußtsein Stephens, Fähigkeiten, die über jene eines reinen Berichterstatters hinausgehen. Deutlich narrative Elemente wie Zusammenfassungen, Personen- und Ortsbeschreibungen, Zeitraffungen, -dehnungen und -sprünge, Vorgriffe, indirekte Rede oder dergleichen treten nicht auf.

Das Geschehen wird eindeutig durch die Dialoge der Charaktere bestimmt[16], die in direkter Rede[17] wiedergegeben werden. Nimmt man den

---

11 Stanzel, *Theorie des Erzählens*, a.a.O., S. 71. – Die Einstufung von ‚interior-monologue'-Passagen als dramatischer, nichtnarrativer Erzählform sollte dabei nicht zu einer Abwertung des ‚interior monologue' als Romantechnik, sondern eher zu einem Infragestellen der Gattungskonventionen herausfordern.

12 Vgl. Cohn, *Transparent Minds*, a.a.O., S. 15: „At this point it becomes clear that the term ‚interior monologue' has been designating two very different phenomena, without anyone's ever stopping to note the ambiguity: 1) a narrative technique for presenting a character's consciousness by direct quotation of his thoughts in a surrounding narrative context; and 2) a narrative *genre* constituted in its entirety by the silent self-communication of a fictional mind."

13 Vgl. ebd., S. 58-98.

14 Vgl. ebd., S. 217-265.

15 Daß er dabei beileibe nicht so wertneutral ist, wie es zunächst scheinen mag, wird im weiteren Verlauf dieser Arbeit deutlich werden.

16 Von den 773 Zeilen dieser Episode enthalten 380 Zeilen bzw. 49% Dialog (kurze Inquitformeln eingeschlossen).

17 Rund 100 Zeilen (13%) – die Auszählung kann wegen der zahlreichen ambiguenten Stellen nicht exakter ausfallen.

‚interior monologue' hinzu, so entfällt auf die Kategorie ‚showing' der größere Teil der Episode.

Neben der verbalen Interaktion der Charaktere ist visuell wahrnehmbares Geschehen Hauptbestandteil von Bühnenhandlung. Auch die *Ulysses*-Auftaktepisode würde sich für eine Präsentation auf der Bühne eignen, wie hier nur an einem Beispiel gezeigt werden soll:

> Buck Mulligan sighed and having filled his mouth with a crust thickly buttered on both sides, stretched forth his legs and began to search his trouser pockets.[18]

Die Diskrepanz zwischen dem beidseitig bebutterten Brotkanten Buck Mulligans und seiner ohnehin stattlichen Statur einerseits sowie der vergeblichen Suche nach genügend Kleingeld andererseits bezieht ihre Wirkung aus dem optischen Eindruck, der vom Leser natürlich erst nachvollzogen werden muß.

‚Raum' und ‚Zeit' als Konstituenten der Struktur
Das konventionelle Bühnenstück wird in erster Linie durch ‚Raum' und ‚Zeit' strukturiert. Insbesondere die Konstituente ‚Raum' eignet sich ebenfalls zur Aufgliederung der ersten Episode von *Ulysses*, wobei sich eine Dreiteilung ergibt.

Der erste Teil der Episode ist auf dem Martello-Turm angesiedelt. Der Szenenwechsel zum zweiten Teil (im Turm) erfolgt recht abrupt – vom Bewußtsein Stephens, der sich anscheinend auf dem Turm befindet[19], wird ohne Übergang in den Turm hineingeschaltet:

> [...] I am another now and yet the same. A server too. A server of a servant.
>
> In the gloomy domed livingroom of the tower Buck Mulligan's gowned form moved briskly about the hearth to and fro, hiding and revealing its yellow glow.[20]

Der Wechsel vom zweiten Teil der Episode, der nicht an einem festen Ort, sondern auf dem Weg zum Strand spielt, erfolgt dagegen gleitend; die Darstellung folgt Stephen beim Verlassen des Turms:

> Stephen, taking his ashplant from its leaningplace, followed them out and, as they went down the ladder, pulled to the slow iron door and locked it.[21]

---

[18] Joyce, *Ulysses*, a.a.O., 21.21-23.

[19] Was nicht ganz sicher ist: möglicherweise steigt er während seines ‚interior monologue' bereits vom Turm herab und betritt den Wohnraum. Es darf zumindest vermutet werden, daß er sich während der Bewußtseinsdarstellung bereits in Bewegung setzt: „So I carried the boat of incense at Clongowes" (ebd., 17.31).

[20] Joyce, *Ulysses*, a.a.O., 17.31-35.

[21] Ebd., 23.28-30.

Im Gegensatz zu ‚Raum' eignet sich die Konstituente ‚Zeit' nicht als strukturgebendes Element, da sie während der gesamten Episode kontinuierlich voranschreitet.[22]

Bewußtseinsdarstellung in der „Telemachus"-Episode

Entwicklung der ‚interior-monolgue'-Technik und Verteilung über die Episode

Die Episode beginnt mit einer Schilderung durch einen Erzähler, der ausschließlich äußerlich wahrnehmbare Vorgänge wiedergibt und in keiner Weise eine etwaige Fähigkeit zum Einblick in das Bewußtsein eines oder mehrerer Figuren erkennen läßt. Der Erzähler ist hier als Funktion, nicht aber als Person greifbar. Die erste Stelle, die diesen Eindruck durchbricht, ist das Wort „Chrysostomos"[23]. Dieses Wort stellt eine explizite, subjektive Wertung dar, wobei für den Leser an dieser Stelle noch nicht klar sein kann, ob diese Wertung dem Bewußtsein des Erzählers entspringt (was abwegig erscheinen muß, da die Einführung des Erzählers als einer Übermittlungsfunktion, vergleichbar einer Tonfilmkamera, dem offenbar widerspricht), oder dem Bewußtsein Stephens als einer der Figuren[24] entstammt (was ebenfalls abwegig erscheinen muß, da ein technisches Verfahren, das die Einblendung von Stephens Bewußtsein direkt in die Geschehenswiedergabe erlaubt, bis zu dieser Stelle nicht eingeführt ist). Erst in rückschauender Betrachtung nach Lektüre der Episode sollte „Chrysostomos" eindeutig als der Bewußtseinslage Stephens entsprechend qualifiziert werden können, wobei allerdings die Frage, ob es sich um ‚interior monologue' oder eine andere, auch den Erzähler mit ins Spiel bringende Technik (etwa erlebte Rede) handelt, wegen der extrem elliptischen Syntax nicht endgültig geklärt werden kann.[25]

---

22 Es kann allerdings nicht völlig ausgeschlossen werden, daß beim ersten Szenenwechsel ein kurzer Zeitsprung durchgeführt wird, da aufgrund des abrupten Schnitts kein kontinuitätsgebendes Handlungselement vorhanden ist. Stephen, bei dem die Darstellung offenbar auf dem Turm abbrach, taucht erst kurz nach Einsetzen der zweiten Szene wieder auf (ebd., 18.3: „Stephen laid the shavingbowl on the locker"), ohne daß sein Eintreten in das Innere des Turms geschildert wird.

23 Ebd., 9.27.

24 Die Möglichkeit, es handele sich um Buck Mulligans Bewußtsein., dürfte durch den Kontext eindeutig zu eliminieren sein.

25 Die Sekundärliteratur gibt sich denn auch zumeist damit zufrieden, die inhaltliche Herkunft des Wortes aus Stephens Bewußtsein vage zu umschreiben, ohne eine formale Einordnung zu versuchen. Vgl. Harry Vreeswijk, *Notes on Joyce's Ulysses. Part I (Chapter 1-3) (a very first draft)* (Amsterdam: Van Gennep 1971), S. 10: „Stephen thinks of Saint John Chrysostomos"; C.H. Peake, *James Joyce. The Citizen and the Artist* (London: Edward Arnold 1977), S. 175: „glimpse into Stephen's mind"; Therese Fischer, *Bewußtseinsdarstellung im Werk von James Joyce. Von Dubliners zu Ulysses* (Frankfurt a.M.: Athenäum 1973), S. 134: „personales Segment"; Therese Fischer-Seidel, „Charakter als Mimesis und Rhetorik. Bewußtseinsdarstellung in Joyces ‚Ulysses'", in dies. (Hg.), *James Joyces ‚Ulysses'. Neuere deutsche Aufsätze* (Frankfurt a.M.: : Suhrkamp 1977), S. 309-

Die Funktion, die dieser Stelle hierzugemessen werden soll, ist die eines Signals für den Leser: er dürfte zunächst verwirrt reagieren und durch die daraus resultierende Ahnung, ein Ausbruch aus den herkömmlichen Konventionen warte seiner, zu erhöhter Aufmerksamkeit herausgefordert werden.

Die erste Passage, die eindeutig in Stephens Bewußtsein eindringt, folgt erst nach weiteren zweit Seiten und beginnt, nach Vorbereitung durch eine äußere Beschreibung Stephens, mit einer zusammenfassenden Beschreibung seiner Gemütslage durch den Erzähler: „Pain, that was not yet the pain of love, fretted his heart“[26]. Der nächste Satz bringt ein weiteres Vordringen in Stephens Bewußtsein durch die detaillierte Schilderung seiner (erinnerten) Sinneswahrnehmungen:

> Silently, in a dream she had come to him after her death [noch eindeutig zusammengefaßt durch den Erzähler], her wasted body within its loose brown graveclothes giving off an odour of wax and rosewood, her breath, that had bent upon him, mute, reproachful, a faint odour of wetted ashes.[27]

Eine gewisse Kontinuität beim Eintritt in Stephens Gedanken und Gefühle wird durch die vorbereitende Beschreibung des Verhaltens Stephens („gazed at the fraying edge of his shiny black coat-sleeve“[28]) und die Beibehaltung des auf den Erzähler bezogenen Tempus-Person-Gefüges gewährleistet.

Die nach kurzem Abstand folgende nächste bewußtseinsdarstellende Stelle wird ebenfalls vorbereitet („Stephan bent forward and peered at the mirror“[29]), macht aber durch das plötzliche Auftreten von erster Person und Präsens dem Leser deutlich, daß ein drastischer Perspektivenwechsel von der Erzählerfigur zur Reflektorfigur vollzogen wird – die Vollstufe des ‚interior monologue‘ ist erreicht: „As he and others see me“[30].

343, hier S. 319: „Wechsel von außerpersonaler zu personaler Darstellung“. Nur Bernard Benstock, „Telemachus“, in Clive Hart / David Hayman (Hg.), *James Joyce's Ulysses. Critical Essays* (Berkeley: University of California Press 1974), S. 1-16, hier S. 2, stellt kategorisch, wenn auch ohne Begründung, fest, „Chrysostomos“ sei „the first instance of the use of the stream-of-consciousness technique in *Ulysses.*“

26 Joyce, *Ulysses*, a.a.O., 11.34. – Benstock, „Telemachus“, a.a.O., S. 4, sieht dagegen gerade hier kaum noch einen Erzähler: „The narrative voice moves extremely close to Stephen's mind when it informs us that ‘pain, that was not yet the pain of love, fretted his heart’“. Weldon Thornton, *Allusions in Ulysses. An Annotated List* (Chapel Hill: University of North Carolina Press [2]1968), S. 13, behauptet sogar, Stephen habe den Gedanken „in mind“. Das Gegenargument von Peake, *James Joyce*, a.a.O., S. 176, klingt allerdings überzeugender: „The word ‘yet’ implies the presence of an author who knows more than his character.“

27 Joyce, *Ulysses*, a.a.O., 11.35-38.

28 Ebd., 11.34 f.

29 Ebd., 12.31.

30 Ebd., 12.32. – Erwin R. Steinberg, „Introducing the Stream-of-Consciousness Technique in Ulysses“, in *Style* 2 (Winter 1968), S. 49-58, der innerhalb der von uns als

Diese kurze Passage bildet den Anfang eines sich ständig intensivierenden Gedankenganges Stephens, dessen Darstellung nach zwei weiteren kurzen Stellen („Parried again. [...] The cold steelpen“[31] und „Cranly's arm. His arm.“[32]) einen ausgedehnten Höhepunkt erreicht und in äußerst konzentrierter Pointierung endet: „To ourselves ... new paganism ... omphalos“[33].

Nach diesem vorläufigen Abschluß der Bewußtseinsdarstellung baut sie sich langsam wieder von neuem auf, wobei die Stufen der Intensivierung, wie wir sie zwischen „Pain“ und „omphalos“ beobachtet haben, sich in ähnlicher Weise wiederholen:

1. Vorbereitung: Erzähler zeigt Einsicht in Stephens innere Regungen[34];
2. Entwicklung: kurzer ‚interior monologue‘[35];
3. Höhepunkt: ausgedehnter ‚interior monologue‘[36];
4. Ende des Höhepunktes: stark konzentriertes Fazit[37].

Diese zweite Phase der Steigerung von Bewußtseinsdarstellung erfordert schon eine größere Aufmerksamkeit beim Leser, dem bei der ersten Phase relativ deutliche Zeichen gesetzt wurden: die vom Erzähler angebotenen Informationen über Stephens Inneres sind diesmal kürzer und unscheinbarer, verbergen sich teils sogar in Nebensätzen; nicht bei jeder Passage von ‚interior monologue‘ treten das „ich“ und das Präsens als Indikatoren auf; in die längste ‚interior-monologue‘-Passage sind Beiträge des Erzählers eingefügt.

Direkt vor dem-Szenenwechsel wird noch einmal Bewußtsein dargestellt: angekündigt durch einen unscheinbaren Satz, der zunächst wie Erzäh-

---

‚interior monologue‘ bezeichneten Technik „soliloquy“ und „stream of consciousness“ unterscheidet (allerdings ohne deutlich zu machen, nach welchen Kriterien er trennt), sagt hierzu ebd., S. 50 f.: „But still there is nothing really unusual about the italicized sentences [von „As he“ bis „It asks me too“]. They are simply soliloquy. Stephen is talking, silently, to himself.“

31 Joyce, *Ulysses*, a.a.O., 13.10 f.

32 Ebd., 13.18. – Zum inhaltlichen Verständnis dieser Stelle vgl. James Joyce, *A Portrait of the Artist as a Young Man* (London: Granada 1977), S. 215-223, besonders S. 223: „Cranly seized his arm and steered him round so as to head back towards Leeson Park. He laughed almost slily and pressed Stephen's arm with an elder's affection.“

33 Joyce, *Ulysses*, a.a.O., 13.24-36; hier 13.36.

34 Vgl. ebd., 14.12: „depressed by his own voice“; 15.3 f.: „shielding the gaping wounds which the words had left in his heart“; 15.12 f.: „Pulses were beating in his eyes, veiling their sight, and he felt the fever of his cheeks.“

35 Vgl. ebd., 15.31-34: „White breast of the dim sea. Ebenso wie bei der ersten eindeutigen ‚interior-monologue‘-Stelle (Stephens Blick in den Spiegel) taucht auch hier als Auslöser der Bewußtseinsspiegelung das Wort „mirror“ auf: „Inshore and farther out the mirror of water whitened“ (ebd., 15.30 f.).

36 Vgl. ebd., 15.36-16.32: „Fergus' song: I sang it alone in the house, holding down the long dark chords. [...].“

37 Vgl. ebd., 16.32: „No mother. Let me be and let me live.“

lerbeschreibung aussieht und nur durch seine elliptische, für die Darstellung von Stephens Sinneseindrücken typische Satzstruktur seine Begründung in der Reflektorperspektive erkennen läßt („Warm sunshine merrying over the sea"[38]), beschließen zwei kurze Monologstellen die auf dem Turm angesiedelte erste Szene mit Stephens unausgesprochenem Kommentar: „I am another now and yet the same. A server too. A server of a servant"[39].

Für diesen ersten Teil der Episode ergibt sich also die folgende Entwicklungsstruktur der Bewußtseinsdarstellung: einem kurzen „glimpse into Stephen's mind"[40] („Chrysostomos"), konzentriertes Fazit in sich selbst, folgen nach größerem Abstand zwei Phasen sich langsam verdichtender Bewußtseinsdarstellung, jeweils in einem konzentrierten Fazit endend, die wiederum nach gewissem Abstand einen Nachhall finden in kurzem, konzentriert endendem ‚interior monologue'.

Weit weniger stark strukturiert sind die relativ wenigen bewußtseinsdarstellenden Passagen des Geschehens im Turm. Die erste solche, die erst nach über zwei Seiten auftritt, weitet sich gleich zum Höhepunkt der Szene aus.[41] Festzuhalten bleibt, daß anstelle der deutlichen Trennung zwischen Erzählerbericht und Reflektorbewußtsein zu Beginn der Episode hier eine starke Verschränkung von ‚interior monologue', Bewußtseinsdarstellung durch den Erzähler (dritte Person, Präteritum) und offenbar neutraler Schilderung des äußeren Geschehens zu beobachten ist. Dabei reicht die Skala sogar innerhalb eines Satzes von neutralem Schildern („He watched her pour [...]"[42]) bis zur Darstellung sehr subjektiven Bewußtseins („[...] rich white milk, not hers"[43]).

Eine weitere Besonderheit dieser Passage ist das Fehlen einer erkennbaren, konzentrierten Essenz. Die Stelle läuft ohne besondere innere Spannung aus und führt zur äußeren Handlung, von der sie ihren Ausgang nahm, zurück.

Daneben gibt es in der Wohnraumszene nur noch zwei kurze ‚interior monologues'[44], die durch das „Agenbite-of-inwit"-Motiv verbunden sind. Eine Besonderheit der zweiten dieser Stellen wird noch zu erörtern sein.

Im Mittelpunkt des verbleibenden Teils der Episode steht ihre vierte zentrale bewußtseinsdarstellende Passage.[45] Hier ist von inhaltlicher Mitwir-

---

38 Ebd., 17.26.

39 Ebd., 17.31 f.

40 Peake, *James Joyce*, a.a.O., S. 175.

41 Vgl. Joyce, *Ulysses*, a.a.O., 20.8-19, 30-35.

42 Ebd., 20.8.

43 Ebd., 20.8 f.

44 Vgl. ebd., 22.18 f. und 23.16-18.

45 Vgl. ebd., 27.6-23. – Wenn hier von vier zentralen Passagen der Bewußtseinsdarstellung gesprochen wird, so meint das nicht nur, daß diese Passagen länger sind als die übrigen. Auch hinsichtlich ihrer inhaltlichen Problematik sind sie von besonderer Bedeutung, denn hier setzt sich Stephen mit jenen vier Instanzen auseinander, die ihn vereinnahmen möchten: mit Buck Mulligan (ebd., 13.10-36), der toten Mutter

kung des Erzählers nichts mehr zu spüren, die ganze Passage spielt sich deutlich in Stephens Bewußtsein ab. Formal ist sie dagegen außerordentlich ambiguent: ‚interior monologue' ist nicht eindeutig feststellbar.[46]

Der Absatz beginnt mit Einsicht in Stephens Gedanken durch den Erzähler: „The proud potent titles clanged over Stephens's memory the triumph of their brazen bells"[47]. Es folgt offenbar erlebte Rede („like his own rare thoughts"[48]) und anschließend ein Passus, der durch das Fehlen sowohl von Tempus als auch von Rückbezug auf die Reflektorfigur ambiguent bleibt („Symbol of the apostles [...]. A horde of heresies fleeing with mitres awry"[49]). Zweimaliges Präteritum, das danach auftritt, bleibt ebenfalls zweideutig („the brood of mockers of whom Mulligan was one"[50]; „Sabellius who held that the Father was Himself His own Son"[51]). Nach einem Satz, der mit Sicherheit erlebte Rede ist („Words Mulligan had spoken a moment since [...]"[52]), folgt eine Passage im Präsens:

> The void awaits surely all them that weave the wind: a menace, a disarming and a worsting from those embattled angels of the church, Michael's host, who defend her ever in the hour of conflict with their lances and their shields.[53]

(ebd., 15.36-16.32), dem Vaterland Irland (ebd., 20.9-19, 30-75) und der Kirche (ebd., 27.6-23).

46 Peake, *James Joyce*, a.a.O., S. 177, reiht diesen Abschnitt demgegenüber in seine Aufzählung von „passages of interior monologue of any length" ein – auch hier fehlt allerdings eine Begründung dafür.

47 Joyce, *Ulysses*, a.a.O., 27.6 f.

48 Ebd., 27.8 f. – Zur erlebten Rede als Technik der Bewußtseins- und Gesprächsdarstellung vgl. die ebenso gründliche wie verläßliche Darstellung von Günter Steinberg, *Erlebte Rede. Ihre Eigenart und ihre Formen in neuerer deutscher, französischer und englischer Erzählliteratur* (Göppingen: Kümmerle 1971). Vgl. auch Stanzel, *Theorie des Erzählens*, a.a.O., S. 246 f.

49 Joyce, *Ulysses*, a.a.O., 27.9-13.

50 Ebd., 27.13 f. – Mögliche Deutungen: 1. Stephen hält Mulligan allgemein (d.h. mit Gebrauch des Präsens) für einen „mocker"; demnach handelte es sich um erlebte Rede. 2. Stephen meint nur, Mulligan sei kurz zuvor ein „mocker" gewesen (also Gebrauch des Präteritum); in diesem Fall läge ‚interior monologue' vor.

51 Ebd., 27.16 f. – Die kirchengeschichtliche Figur Sabellius legt nahe, daß Stephen von dessen Thesen unter Gebrauch des Präteritum denkt, daß also die Textstelle ‚interior monologue' sei. Es ist jedoch ebensogut möglich, daß er von Sabellius und dessen Annahmen, die wohl als im theologischen Unterricht präsent anzunehmen sind, als etwas Gegenwärtigem (d.h. im Präsens) denkt – demnach wäre die Textstelle in erlebte Rede umgesetztes Bewußtsein.

52 Ebd., 27.17 f.

53 Ebd., 27.18-22.

Die Deutung als ‚interior monologue' drängt sich auf, kann jedoch auch hier noch keine letzte Sicherheit erfahren.[54] Der Abschluß der Passage bringt wieder, ähnlich den ersten beiden zentralen Bewußtseinsdarstellungen, ein Maximum an Intensität: „Hear, hear. Prolonged applause. *Zut! Nom de Dieu!*"[55]

Neben dieser Zentralstelle finden sich im letzten Teil der Episode noch mehrere kurze, teils extrem kurze, Stellen von Bewußtseinsdarstellung[56], die im einzelnen hier nicht mehr erörtert werden sollen. Diese Stellen, die sich um die erwähnte Zentralstelle herum und besonders am Ende der Episode häufen, bleiben wegen ihrer elliptischen Form, bei der Tempus und Bezeichnung der Reflektorfigur in erster oder dritter Person als Indikatoren entfallen, zumeist erzähltechnisch unbestimmt.

Insgesamt ergibt sich für die Verteilung der Bewußtseinsdarstellung in der „Telemachus"-Episode damit folgendes Bild:

1. Im ersten Teil der Episode sind Bewußtseinsdarstellung durch Erzählerbericht und Bewußtseinsdarstellung durch ‚interior monologue' deutlich voneinander getrennt und durch erzähltechnische Mittel eindeutig als der ersten oder der zweiten dieser Formen zugehörig gekennzeichnet. Die Entwicklung des ‚interior monologue' aus dem Erzählerbericht wird zweimal stufenweise vorgeführt.

2. Im zweiten Teil verzahnen sich Stephens ‚interior monologue' und der offenbar neutrale Erzählerbericht zunehmend, bleiben jedoch meist noch unterscheidbar.

3. Im abschließenden Teil verschmilzt die Bewußtseinsdarstellung überwiegend zu erzähltechnisch ambiguenten elliptischen Strukturen. Eindeutiger ‚interior monologue', der im ersten Teil dem Leser durch auffallende äußerliche Mittel (Wechsel von Tempus und Person) noch den Eintritt ins Bewußtsein deutlich machte, wird nun selten; Bewußtseinspassagen müssen zunehmend durch inhaltliche und stilistische Besonderheiten als solche erkannt werden.

Eine verdeutlichende Übersicht über die Verteilung der Bewußtseinsdarstellung gibt die folgende Tabelle (ambiguente Stellen sind darin mit „(X)" gekennzeichnet):

---

[54] Es mag sich möglicherweise doch um erlebte Rede handeln, wenn. man annimmt, daß die Aussagen wegen ihres Ewigkeitsanstriches („ever") vom Erzähler, der Stephens stumme Rede erlebt, als immergültige Wahrheiten angesehen und im ursprünglichen Tempus belassen werden, wie es die englische Sprache ja auch bei der Übertragung direkter in indirekte Rede erlaubt.

[55] Ebd., 27.23.

[56] Vgl. ebd., 24.32-36, 26.21-25, 26.34, 27.34-36, 29.12, 29.19, 29.23-27, 29.29-31.

Stelle	Stephen = „he“	Präteritum	Ellipse	Präsens	Stephen = „I“
9.27			(X)		
11.34-12.5	X	X			
12.32 f.			X	X	X
13.10-36			X	X	X
14.12					
15.3 f.	X	X			
15.12 f.	X	X			
15.31-34			(X)		
15.36-16.32			X	X	X
(16.21-24)	X	X			
17.26			(X)		
17.27 f.					X
17.31 f.			X	X	X
		17.32 f.: Szenenwechsel			
20.9-19	X	X	X	X[57]	
20.30-35			X	X	X
22.18 f.		X			
23.16-18			X	X	Buck = I
		23.28-30: Szenenwechsel			
24.32 f.	X	X			
24.35 f.			(X)		
26.21-25			X	X	X
26.34			(X)		
27.7-23		?	(X)	?	
27.34-36			X	X	X
29.12			(X)		
29.19			(X)		
29.23-27			X	X	X
29.29-31			(X)		
Tendenz:	→		(X)	←	

[57] Zu erschließen über ebd., 20.14: „They lowed about her [...]“ – für Stephen Vergangenheit. Für den Erzähler müßte es sich um Vorvergangenheit handeln.

‚telling' und ‚showing' in der Bewußtseinsdarstellung

Innerhalb der Episode als äußerem Rahmen läßt sich der ‚interior monologue' der Grundkategorie ‚showing' und eine Zusammenfassung des Bewußtseinsinhalts durch den Erzähler der Kategorie ‚telling' zuordnen, wobei die (in der Episode in Reinform nahezu nicht vorkommende) erlebte Rede eine Zwischenstellung innehat. Der Terminus ‚showing' meint, daß ein Bewußtseinsinhalt der Reflektorfigur ohne Bearbeitung in die Darstellung übernommen wird. Da die Darstellung sprachlichen Charakter hat, lassen sich unter der Kategorie ‚showing' auch nur Bewußtseinsinhalte vermitteln, die die sprachliche Stufe erreicht haben.

Stephens Bewußtseinsinhalte lassen sich grob in Reflexionen und Wahrnehmungen aufgliedern (die bei Stephen sehr wichtigen Assoziationen können dabei als imaginierte Wahrnehmungen aufgefaßt werden). Daß Reflexionen als intellektuell gesteuerte mentale Vorgänge sich sprachlich vollziehen und daher meist in ‚interior monologue' wiedergegeben werden, erscheint durchaus plausibel. Die Spiegelung von Wahrnehmungen im ‚interior monologue' will dagegen schon vorsichtiger gehandhabt sein, soll sie nicht unrealistisch oder aufgesetzt wirken: Sinneswahrnehmungen dürften beim Durchschnittsmenschen normalerweise nicht sprachlich fixiert werden. Dennoch finden wir in Stephens ‚interior monologue' häufig Wahrnehmungen, ohne daß der Eindruck der Plausibilität grob gestört würde. Dies gelingt dem Autor im wesentlichen durch drei Kunstgriffe:

1. Wahrnehmungen werden zwar in Sprache, aber nicht in vollständige Sätze gekleidet – elliptische Ausdrücke werden aufgereiht, wodurch der Anschein unsystematisch gesammelter Eindrücke entsteht[58];

2. Wahrnehmungen werden fast nie pur, sondern als präformierte Wahrnehmungen[59] Stephens wiedergegeben, was impliziert, Stephen besitze eine besonders feinfühlige Auffassungsgabe und sei in der Lage, jeden auf ihn einströmenden Sinnesreiz sogleich in stets bereite verbale Formen zu kleiden, wobei diese bereitstehenden Muster häufig aus literarischen (also verbal feststehenden) Kontexten stammen[60];

3. die in den ‚interior monologue' aufgenommenen Wahrnehmungen beschränken sich auf solche visueller oder allenfalls noch auditiver

---

[58] Vgl. als Beispiel ebd., 16.26-28: „The ghostcandle to light her agony. Ghostly light on the tortured face. Her hoarse loud breath rattling in horror Her eyes on me to strike me down."

[59] Vgl. Fischer, *Bewußtseinsdarstellung im Werk von James Joyce*, a.a.O., S. 129.

[60] Vgl. als Beispiel Joyce, *Ulysses*, a.a.O., 15.31 f.: „White breast of the dim sea" – ein Zitat aus dem zuvor ertönten Yeats-Gedicht „Who goes with Fergus?".

Natur[61] – dies sind diejenigen, die der Mensch als Augentier am intensivsten wahrnimmt und am ehesten reflektiert.

Im Bewußtsein Stephens können nicht nur gegenwärtige Wahrnehmungen erscheinen, sondern auch erinnerte, die im Prinzip wie gegenwärtige behandelt werden. Eine Besonderheit stellen Erinnerungen an Gesagtes, d.h. an Wahrnehmung von Sprache, dar. Solche erinnerten Wahrnehmungen können, wie auch alle anderen, vom Erzähler zusammengefaßt werden (Kategorie ‚telling')[62], doch bietet sich hier natürlich die Möglichkeit, Wahrnehmungen ohne Verfälschung (die ja bei der Reduktion außersprachlicher Phänomene auf Sprache unvermeidbar ist) und dennoch auf sprachlicher Ebene wiederzugeben, indem das Gesagte einfach wiederholt wird. Hier eröffnen sich neue Einblicke in die ‚telling'/‚showing'-Distinktion, wie an einem Beispiel gezeigt werden soll:

> Agenbite of inwit. God, we'll simply have to dress the character. I want puce gloves and green boots. Contradiction. Do I contradict myself? Very well then, I contradict myself. Mercurial Malachi. A limp black missile flew out of his talking hands.[63]

Die Passage ist, mit Ausnahme des letzten Satzes, ‚interior monologue' Stephens. Innerhalb dieses ‚interior monologue' (Dorrit Cohn sagt „quoted monologue"[64]) ist alles außer „Agenbite of inwit" und „Mercurial Malachi" augenscheinlich ein Zitat Buck Mulligans[65], der die beiden Sätze „Do I contradict myself? Very well then, I contradict myself" wiederum von dem amerikanischen Dichter Walt Whitman übernommen hat[66].

Auf der Ebene des Erzählers (also innerhalb der Episode) ist der Satz, der mit „A limp black missile" beginnt, ‚telling', der Rest ‚showing'. Auf der Ebene von Stephens Bewußtsein (also innerhalb des ‚interior monologue') stellen „Agenbite of inwit" und „Mercurial Malachi" einen Kommentar (d.h. ein *narratives* Element) zu dem dazwischen *Gezeigten* dar. Auf der Ebene Stephens lassen sich also ‚showing' und ‚telling' von neuem zuordnen, ebenso auf denen Mulligans und Whitmans:

---

61 Ausnahme: „Cranly's arm. His arm" (ebd., 13.18). Hier handelt es sich um eine Tastempfindung, allerdings um eine aus der Sicht von Stephens Psyche sehr intensive (vgl. Anm. 33).

62 Vgl. als Beispiel ebd., 27.17: „Words Mulligan had spoken".

63 Ebd., 23.16-19.

64 Vgl. Anm. 12 und 13.

65 Vgl. Vreeswijk, *Notes on Joyce's Ulysses*, a.a.O., S. 42: „between 'Agenbite of inwit' and 'Mercurial Malachi', Stephen is reminding himself of some of Mulligan's sayings".

66 Vgl. ebd., S. 43; Thornton, *Allusions in Ulysses*, a.a.O., S. 22; Don Gifford / Robert J. Seidman, *Notes for Joyce. An Annotation of James Joyce's Ulysses* (New York: Dutton 1974), S. 13.

1. Ebene – Erzähler:

‚showing' ‚telling'

|——————————————————————|——|

(‚interior monologue' Stephens)

2. Ebene – Stephen:

‚telling' ‚showing' ‚telling'

|————|————————————|———|

(Zitat Mulligans)

3. Ebene – Mulligan:

‚telling' ‚showing'

|——————|——————|

(Zitat Whitmans)

4. Ebene – Whitman:

‚telling'

|——————|

Strenggenommen stimmt dieses Modell nur solange, wie angenommen werden darf, daß der von einer Ebene zur nächsten übernommene Bestandteil nicht verändert wird. Dem ist jedoch zumindest an zwei Stellen nicht so:

1. In Whitmans Gedicht steht kein Komma zwischen „then" und „I".[67]
2. Es mag sein, daß Mulligan die ihm von Stephen zugeschriebenen Sätze vor Einsetzen des in *Ulysses* dokumentierten Geschehens tatsächlich so gesagt hat. Naheliegender scheint jedoch, daß Stephen nur Mulligans „I'm inconsequent"[68] im Sinn hat und sich die Freiheit nimmt, seinen eigenen literarischen Ambitionen entsprechend diese Vorlage auszuformen.[69]

---

[67] Vgl. Walt Whitman, „Song of Myself", in ders., *Complete Poetry & Selective Prose And Letters*, hg. v. Emory Holloway (London: Nonesuch Press o.J.), S. 26-85, hier 51. Strophe, Vers 6 f. – Die Einfügung des Kommas kann selbstverständlich auch auf der Ebene des Autors vorgenommen worden sein.

[68] Joyce, *Ulysses*, a.a.O., 15.22.

[69] Seine Fähigkeiten, Szenen und Geschehnisse, die er selber nur vom Hörensagen kennt, minuziös nachzustellen, stellt Stephen am Beispiel der „Young shouts of moneyed voices in Clive Kempthorpe's rooms" (ebd., 13.24-31) unter Beweis. Zu dieser Stelle vgl. Fischer, *Bewußtseinsdarstellung im Werk von James Joyce*, a.a.O., S. 142: „Stephen, der diese Szene nicht selbst erlebt hat – er hat nie in Oxford [der Örtlichkeit, an der der Scherz spielt] studiert – imaginiert den wohl von Buck berichteten geschmacklosen Ulk, den reiche englische Studenten mit einem Iren, Clive Kempthorpe, sich erlaubten.

Konsequenz dieser Überlegungen muß die Einsicht sein, daß vorgeblich authentische Zitate vom Vermittler als der übergeordneten Instanz verfälscht oder gar frei imaginiert sein können. Demnach wäre für die ‚telling'/‚showing'-Distinktion zu folgern, daß beide Kategorien als (zumindest potentiell) vom übergeordneten Vermittler arrangiert und daher unter dessen Verantwortung stehend aufgefaßt werden müssen – ein Verweis auf die Vermitteltheit letztlich des ganzen Romans.

Stadien der Wirklichkeitsveränderung im ‚interior monologue': Akzentuierung – Subjektivierung – Etablierung von Motiven

Der Erzähler der „Telemachus"-Episode ist, trotz der noch festzustellenden Tendenz zur zumeist impliziten Wertung, offenbar bemüht die Aufgabe des Berichterstatters möglichst umfassend und lückenlos zu erfüllen. Der unvorbereitete (und unvorbelastete) Leser wird mit einer Fülle von Informationen konfrontiert, ohne daß der Erzähler andeutet, „welche von vielen potentiellen Einzelheiten mehr Beachtung verdienen als andere"[70]. Eine starke Akzentuierung dessen, was für das Verständnis der folgenden Episoden von Wichtigkeit ist, ist im Reflektorbewußtsein auszumachen. So erfahren bestimmte Vorgänge, die im Erzählerbericht zwar genannt und geschildert werden, denen darin aber keine besondere Bedeutung zugemessen wird, eine deutliche Aufwertung durch das ihnen zugewandte Reflektorbewußtsein.

Gegen Ende der Episode wird berichtet, wie Mulligan sich von Stephen den Schlüssel geben läßt.[71] Für sich allein ist diese Stelle recht unscheinbar. Sie würde dem Leser vermutlich relativ unwichtig erscheinen, hätte das Reflektorbewußtsein sie nicht schon vorher akzentuiert:

> He wants that key. It is mine, I paid the rent. Now I eat his salt bread. Give him the key too. All. He will ask for it. That was in his eyes.[72]

Bereits im Hervorheben bestimmter Umstände aus dem Kontext wird die Geschehenswirklichkeit verändert: die damit aufgestellte Hierarchie des Dargestellten ist Ausdruck einer Subjektivierung.

Ein weiteres Beispiel für einen an sich unbedeutenden Teil des dargestellten Geschehens, dem erst das Reflektorbewußtsein des ‚interior monologue' Bedeutung verleiht, ist die vom Erzähler nur am Rande erwähnte Suche nach einem Ertrunkenen. Stephens ‚interior monologue' signalisiert, daß hier ein wichtiges Motiv versteckt ist:

---

[70] Fritz Senn, *Das Abenteuer Ulysses. Beschwichtigung*, Beilage zu James Joyce, *Ulysses*, üb. v. Hans Wollschläger (Frankfurt a.M.: Suhrkamp 1979), S. 3 der Beilage.

[71] Joyce, *Ulysses*, a.a.O., 29.7-10.

[72] Ebd., 26.23-25.

> The man that was drowned. A sail veering about the blank bay waiting for a swollen bundle to bob up, roll over to the sun a puffy face, salt white. Here I am.[73]

Das Moment der Subjektivierung wird durch die Feststellung „Here I am" besonders deutlich. Stephen bezieht die äußere Wirklichkeit stets auf sich und seine subjektive Erfahrungswelt, die Wahrnehmungen sind präformiert. Als ständige Bezugsrahmen sind dabei vor allem zwei Ebenen hervorzuheben:

1. der Tod der Mutter als hervorstechende persönliche Erfahrung[74];
2. Stephens Bildung, insbesondere durch literarische und theologische Denkmuster bestimmt, als ständig präsenter Hintergrund[75].

Dadurch, daß äußere Wahrnehmungen mit diesen bereits vorgeformten Bewußtseinsinhalten Stephens in Beziehung gesetzt werden, kann eine Vielzahl von Motiven nicht nur eingeführt, sondern auch miteinander verknüpft und zu einem komplexen Gefüge von Motiven verdichtet werden. Die Motive haben dabei subjektiven Charakter, sie werden stets durch das Reflektorbewußtsein etabliert.[76] So steht etwa das Meer nicht für eine lebensspendende „great sweet mother"[77] wie bei Swinburne oder Homer. Es ist statt dessen, ausgehend von Stephens Assoziation des Meereswassers mit der Gallenmasse der sterbenden Mutter, durchgängig Sinnbild für Stephens Ängste, seine Gewissensbisse, für Tod und Bedrohung – kein Wunder also, daß er eine Abneigung gegen Wasser zeigt[78]. Das Meer ist für Stephen nicht „sweet",

---

73 Ebd., 27.34-36.

74 So assoziiert Stephen beispielsweise mit dem „imperial British state" (ebd., 26.37) nicht den gegenwärtigen Monarchen, Edward VII, sondern offenbar Queen Victoria, die bereits seit über drei Jahren nicht mehr lebt: „A crazy queen, old and jealous" (ebd., 26.34). Die tote Königin wird durch das Motiv des Niederkniens mit der toten Mutter verbunden: „Kneel down before me" (ebd., 26.34).

75 Man denke nur an die Einordnung Buck Mulligans in die Kirchengeschichte: „the brood of mockers of whom Mulligan was one" (ebd., 27.13 f.).

76 Peake, *James Joyce*, a.a.O., S. 177, sagt zutreffend von den ‚interior-monologue'-Passagen: „they also establish a number of motifs and symbols which, later in the book, can stand for whole areas of his experience, obsessive emotions, and recurring ideas – the dream of the mother, the self-contempt in the word ‘dogsbody’, Fergus's song, the Latin prayer for the dying, the notion of the *dio boia* or ‘chewer of corpses’, the awareness of change and permanence in the self (‘I'm another now and yet the same’), the old woman symbolizing Ireland, ‘Agenbite of inwit’, the key, the doctrine of the consubstantiality of Father and Son, the fear of drowning, and the image of himself as one dispossessed by a usurper". Die von Peake gemeinten Schlüsselstellen sind (in der Reihenfolge ihrer Nennung) Joyce, *Ulysses*, a.a.O., 11.35-38, 12.33, 15.36, 16.28-30, 16.31, 17.31 f., 20.15, 22.18 und 23.26, 26.23, 27.14 f., 27.34-36, 29.31.

77 Ebd., 11.11 f.

78 Vgl. ebd., 22.11 („washing once a month") und 22.18 („They wash and tub and scrub. Agenbite of inwit").

sondern „a bowl of bitter waters“[79], nicht weindunkel[80], sondern „salt white“[81]. Erst vor diesem Hintergrund wird das besonders starke Anwachsen der Aversion Stephens gegen Buck am Ende der Episode (besonders „Usurper“[82]) nachvollziehbar: Buck Mulligan befindet sich im Wasser, das zwar Stephen, nicht aber Buck etwas anhaben kann.[83] Damit wird Mulligan mit dem Stephen bedrohenden Komplex Tod konnotiert.[84]

Erzählhaltung in der „Telemachus“-Episode

Wertung durch den Erzähler

Den Erzähler, der sich zu Anfang der Episode zurückhaltend gibt, haben wir dort als Funktion bezeichnet. Dennoch ist seine Haltung auch hier nur scheinbar wertneutral: einige Verben und vor allem Adjektive implizieren eine Beurteilung Buck Mulligans durch den Berichterstatter.[85] Schon auf der ersten Seite wertet er zudem- explizit durch einen Vergleich, der aus einem deutlich nicht zum geschilderten Geschehen gehörenden Bereich entliehen ist:

> The plump shadowed face and sullen oval jowl recalled a prelate, patron of arts in the middle ages.[86]

Bereits hier wird deutlich, daß es sich um einen über ein Vorwissen und ein Bewußtsein verfügenden, also persÖnlichen Erzähler handelt.

Weitere Stellen verhaltenen, doch erkennbaren Erzählerkommentars finden sich insbesondere gegen Ende der Episode:

> He [= Buck] looked at them, his wellshaped mouth open happily, his eyes, from which he had suddenly withdrawn all shrewd sense, blinking with mad gaiety.[87]

> He capered before them towards the fortyfoot hole, flattering his winglike hands, leaping nimbly, Mercury's hat quivering in the fresh wind that bore back to them his brief birdlike cries.[88]

---

79 Ebd., 15.36.

80 Vgl. ebd., 11.9 f.: „*Epi oinopa ponton.*“

81 Ebd., 27.36.

82 Ebd., 29.31.

83 Vgl. ebd., 10.31 f. (Stephen zu Buck): „You saved men from drowning. I'm not a hero, however.“

84 Vgl. auch die Verknüpfung Mulligans mit dem Todesmotiv über den Schnitter Matthew Arnold ebd., 13.33-35 (diese Assoziation wird in Stephens Bewußtsein durch Mulligan ausgelöst): „A deaf gardener, aproned, masked with Matthew Arnold's face, pushes his mower on the sombre lawn watching narrowly the dancing motes of grasshalms.“

85 Vgl. ebd., 9.1 („Stately, plump“), 9.7 („coarsely“), 9.13 („gurgling in his throat“), 9.15 („equine“).

86 Ebd., 9.32-34.

87 Ebd., 25.4-7.

> A young man clinging to a spur of rock near him [Buck] moved slowly frogwise his green legs in the deep jelly of the water.[89]

Diese und andere Stellen zeigen, daß sich hinter der Mittlerfunktion des Erzählers ein Erzählerbewußtsein, eine Erzählhaltung verbergen. Zu klären bleibt das Verhältnis dieses Erzählerbewußtseins zum Reflektorbewußtsein, wozu die Analyse narrativer Darstellung von Wahrnehmungsprozessen bei den einzelnen Charakteren hilfreich ist.

Schilderung von Sinneswahrnehmungen

Der Erzähler schildert häufig Wahrnehmungsprozesse der Charaktere, wobei Indikatoren dafür zumeist Verben sinnlicher Wahrnehmung sind („looked", „watched", „felt" etc.), seltener Substantive („watcher"[90], „gaze"[91], „odour"[92]). Die Verben sinnlicher Wahrnehmung können aufgeschlüsselt werden in:

1. Verben, die eine äußerliche (d.h. gestische oder mimische) Wahrnehmungserwartung oder -reaktion des Wahrnehmenden ausdrücken, z.B. „feel" (im Sinne von *be*fühlen), „watch", „look", „gaze";

2. Verben, die eine innere (d.h. nur für den Wahrnehmenden selbst feststellbare) Qualität der Wahrnehmung ausdrücken, z.B. „feel" (im Sinne von fühlen), „see", „hear", „smell".

Die zweite dieser beiden grundsätzlichen Möglichkeiten zur Schilderung von Wahrnehmungsprozessen kann, strenggenommen, nur ein Erzähler nutzen, der Einsicht in den Wahrnehmenden hat.

In der „Telemachus"-Episode tritt eine innere Schilderung von Wahrnehmung nur bei Stephen auf, während bei den anderen Charakteren (vordringlich Buck, vereinzelt Haines, außerdem zwei Schaulustige) ausschließlich die äußerliche Komponente geschildert wird.[93] Ein Beispiel mag ausreichen, diese Beobachtung zu verdeutlichen:

---

88 Ebd., 25.26-28. – Auffällig an diesen beiden Beispielen sind zum einen die (durch ihre Abhängigkeit vom übergeordneten vollständigen Satz zu Partizipialkonstruktionen erstarrten) gereihten elliptischen Ausdrücke den Stephens Wahrnehmungen wiedergebenden Ellipsen des ‚interior monologue' nicht unähnlich -. zum anderen der zunächst deplaciert erscheinende Name „Mercury" ebenfalls aus dem ‚interior monologue' als Bezeichnung für Mulligan bekannt. Hier deutet sich die Verschränkung von Erzähler- und Reflektorbewußtsein an, die im folgenden nachgewiesen werden soll.

89 Ebd., 28.1-3.

90 Ebd., 9.31.

91 Ebd., 12.21.

92 Ebd., 16.22.

93 Eine Ausnahme bleibt festzuhalten: „catching sight of Stephen Dedalus, he [= Buck] bent towards him" (ebd., 9.11-12). „sight" ist wohl eine innere Wahrnehmungskomponente. Dieser Umstand scheint der These von Benstock, „Telemachus", a.a.O., S.

> Stephen turned and saw that the cold gaze which had measured him was not at all unkind.[94]

Der Wahrnehmungsprozeß von Haines (ihm gehört der „cold gaze“) wird von außen, aus Stephens Perspektive, geschildert. Stephens Wahrnehmung dagegen erleben wir von innen: wir erfahren, daß er nicht nur etwas *beobachtet*, sondern das Betrachtete tatsächlich *sieht*.

Noch deutlicher wird der Unterschied zwischen Stephen und den übrigen Figuren, wenn man untersucht, was geschilderten Wahrnehmungsprozessen unmittelbar nachfolgt. Hier sind drei grundsätzliche Möglichkeiten zu unterscheiden:

1. die Darstellung konzentriert sich auf äußerlich erkennbares Verhalten des Wahrnehmenden, d.h. auf seine äußere Erscheinung (Personenbeschreibung), seine nonverbale Aktion (Geschehensschilderung) oder seine verbale Aktion (Dialog);
2. die Darstellung konzentriert sich auf das wahrgenommene Objekt;
3. die Darstellung geht in Bewußtseinsdarstellung über.

Auf die Schilderung von Stephens Wahrnehmungen folgt ausnahmslos eine Beschreibung des wahrgenommenen Objekts oder eine Darstellung seines Bewußtseins. Wird dagegen eine Wahrnehmung eines der übrigen Charaktere geschildert, so folgt die Konzentration auf das wahrnehmende Subjekt.[95]

Auch hierzu ein besonders deutliches Beispiel:

2, rechtzugeben, derzufolge der Erzähler zu Beginn der Episode aus Mulligans Sicht berichtet und erst beim Erscheinen Stephens auf dem Turm zu dessen Perspektive übergeht.

94 Joyce, *Ulysses*, a.a.O., 26.27 f.

95 Zwei Unregelmäßigkeiten sollen nicht verschwiegen werden:
1. „They [= Stephen und Buck] halted, looking towards the blunt cape of Bray Head that lay on the water like the snout of a sleeping whale“ (ebd., 14.3-4). Diese Stelle wäre für Stephen, nicht jedoch für Buck typisch: auf die Nennung des Objekts der Wahrnehmung („the blunt cape of Bray Head“) folgt eine Beschreibung dieses Objektes. Wichtig für die Entscheidung für Subjekt- oder Objektbeschreibung scheint also Stephens Mitwirkung an der Wahrnehmung zu sein, er muß nicht der einzige Wahrnehmende sein.
2. „The seas' ruler, he [= Haines] gazed southward over the bay, empty save for the smokeplume of the mailboat, vague on the bright skyline, and a sail tacking by the Muglins“ (ebd., 24.36-38). Hier folgt bei einer Wahrnehmung Haines' auf die Nennung des Objektes („the bay“) eine eingehende Beschreibung dieses Objekts und nicht, wie zu erwarten, des Schauenden. Analog zur oben aufgeführten ersten Unregelmäßigkeit ist daraus zu schließen, daß Stephen Haines' Blicken folgt und selbst auch auf das Meer hinausblickt, ohne daß der Erzähler dies erwähnt. Diese These könnte dadurch erhärtet werden, daß in einem späteren ‚interior monologue' Stephens (ebd., 27.34) das Motiv „a sail“ erneut auftritt – möglicherweise ein Element mit für die Perspektive kontinuitätsschaffender Funktion.

> He [= Buck] skipped off the gunrest and looked at his watcher [= Stephen], gathering about his legs the loose folds of his gown.[96]

Sowohl Mulligan als auch Stephen nehmen ihr jeweiliges Gegenüber visuell wahr – geschildert wird durch den Erzähler anschließend jedoch das, was Stephen sieht: Buck Mulligan.

Im folgenden Stellenverzeichnis der auktorialen Schilderung von Sinneswahrnehmungen sind die Belege für die Beobachtungen aufgeführt:

Stelle	Indikator	Wahrnehmender	Qualität	Folge[97]
9.6	peered	Buck	äußerlich	Subjekt
9.11	sight	Buck	innerlich	Subjekt
9.15	looked	Stephen	äußerlich	Objekt
9.18	peeped	Buck	äußerlich	Subjekt
9.25	peered	Buck	äußerlich	Subjekt
9.31	looked	Buck	äußerlich	Subjekt
9.31	watcher	Stephen	äußerlich	Objekt
10.5	watching	Stephen	äußerlich	Objekt
10.33	frowned	Buck	äußerlich	Subjekt
11.6	gazed	Buck	äußerlich	Subjekt
11.14	looked	Stephen	äußerlich	Objekt
11.17	eyes	Buck	äußerlich	Subjekt
11.33	gazed	Stephen	äußerlich	Bewußtsein
11.38	saw	Stephen	innerlich	Objekt
12.19	felt	Buck	äußerlich	-
12.21	gaze	Stephen	äußerlich	Objekt
12.31	peered	Stephen	äußerlich	Objekt + Bewußts.
12.37	peering	Stephen	äußerlich	-
14.3	looking	Buck + Stephen	äußerlich	Objekt
14.9	looked	Buck	äußerlich	Subjekt
14.15	frowned	Buck	äußerlich	Subjekt
15.11	gazing	Stephen	äußerlich	Objekt
15.12	sight	Stephen	innerlich	Bewußtsein
15.13	felt	Stephen	innerlich	-
15.30	gazed	Stephen	äußerlich	Objekt
17.1	heard	Stephen	innerlich	Objekt
17.29	feeling	Stephen	innerlich	▼
17.30	smelling	Stephen	innerlich	Bewußtsein

[96] Ebd., 9.31 f.

[97] Subjekt = Verhalten des Wahrnehmenden wird dargestellt; Objekt = wahrgenommenes Objekt wird beschrieben; Bewußtsein = Übergang in das Reflektorbewußtsein.

		17.32 f.: Szenenwechsel		
19.13	looking	Haines	äußerlich	-
20.8	watched	Stephen	äußerlich	Objekt + Bewußts.
20.30	listened	Stephen	äußerlich	Bewußtsein
		21.28-30: Szenenwechsel		
23.34	heard	Stephen	innerlich	Objekt
24.3	surveyed	Haines	äußerlich	Subjekt
24.32	saw	Stephen	innerlich	Objekt + Bewußts.
24.36	gazed	Haines	äußerlich	Objekt
25.5	looked	Buck	äußerlich	Subjekt
26.27	saw	Stephen	innerlich	Objekt
26.27	gaze	Haines	äußerlich	Subjekt
27.27	watching	two men	äußerlich	Subjekt
28.14	glancing	Buck	äußerlich	Subjekt
28.31	feeling	Buck	äußerlich	Subjekt

Bei Sinneseindrücken Stephens wird also stets das Objekt, das er wahrnimmt, oder sein durch diese Wahrnehmung beeinflußtes Bewußtsein dargestellt. Bei Sinneseindrücken der übrigen Charaktere wird dagegen herausgestellt, wie die Wahrnehmenden während des oder nach dem Akt des Wahrnehmens auf einen anwesenden Beobachter, also auch auf Stephen, wirken. Mit anderen Worten: die Perspektive des Erzählers ist in all diesen Fällen die Perspektive Stephens.

Verschränkung von Erzähler- und Reflektorbewußtsein

Dem Erzähler der „Telemachus"-Episode ist, wie andeutungsweise gezeigt wurde, ein wertendes Erzählerbewußtsein zuzuordnen. Diesem Erzählerbewußtsein wohnt eine starke Affinität zum Bewußtsein der Reflektorfigur inne, da mit Hilfe der Darstellung sinnlicher Wahrnehmungen die Kongruenz von Erzähler- und Reflektorperspektive nachgewiesen werden konnte. Es muß daher davon ausgegangen werden, daß der Geschehensdarstellung durch den Erzähler das gleiche Urteils- und Bewertungssystem implizit zugrundeliegt, das in der Darstellung des Reflektorbewußtseins explizit zum Ausdruck kommt. Unter dieser Annahme liegt nahe, daß Partikel, die dem Reflektorbewußtsein entstammen oder zumindest entsprechen, vermittelt werden, ohne entweder als Bewußtseinsdarstellung oder als Erzählerkommentar gekennzeichnet zu sein. Theoretisch ist es gar möglich, den gesamten Geschehensablauf als durch Stephens Brille gesehen aufzufassen.

Narrative Elemente, die eine Tendenz zur Bewertung enthalten, sind vornehmlich in jenen überaus häufigen Partizipialkonstruktionen, meist mit eigenem Subjekt, zu finden, die für sich aussagekräftigen Sätzen – nicht selten reihenhaft – angegliedert sind. Bei Trennung von den ihnen übergeordneten

Sätzen zeigen diese Konstruktionen eine starke Ähnlichkeit mit den elliptischen Ausdrücken des ‚interior monologue' (bei denen allerdings häufig auch noch das Partizip fehlt): „his eyes [...] blinking with mad gaiety"[98]; „leaping nimbly, Mercury's hat quivering in the fresh wind"[99]. Es liegt daher die Vermutung nahe, daß innerhalb des Erzählerberichts gerade in Konstruktionen, die lose an im Grunde straffe Sätze angehängt werden, ein eng an das Reflektorbewußtsein angelehnter Inhalt transportiert werde, während übersichtlich zentrierte, syntaktisch überschaubare und eindeutige Passagen einen Erzählerbericht signalisieren, der sich von den Präformationen des Geschehens durch das Reflektorbewußtsein losmacht und seiner Aufgabe gemäß relativ neutral erzählt.

Unter Zugrundelegung dieser These lassen sich. Stellen als Bewußtseinsinhalt identifizieren, die bislang nicht unter der Bezeichnung ‚Bewußtseinsdarstellung' geführt wurden. Ein Beispiel:

> He [= Buck] swept the mirror a half circle in the air to flash the tidings abroad in sunlight now radiant on the sea. His curling shaven lips laughed and the edges of his white glittering teeth. Laughter seized all his strong wellknit trunk.[100]

Beim zweiten Satz dieses Absatzes scheint es sich um ein Hyperbaton zu handeln, wobei der Sinn folgendermaßen zu deuten ist: „His curling shaven lips and the edges of his white glittering teeth laughed". Die Stelle ist jedoch ambiguent. Möglich ist auch, daß durch „and" eine Aufreihung bewirkt werden soll, die sonst zumeist ein Komma oder gar ein Punkt leistet: „His curling shaven lips laughed. The edges of his white glittering teeth. Laughter seized all his strong wellknit trunk." Diese Version transportiert Buck Mulligans Zähne eindeutig in Stephens Bewußtsein (als präformierte Wahrnehmung) – aus dem Lachen wird eine vampirhafte Drohgebärde, die Mulligan in Stephens Bewußtsein in die Nähe des „Chewer of copses"[101] rückt – ein weiteres Indiz für die Verknüpfung Mulligans mit dem Todesmotiv.

Das Phänomen der Verschränkung von Reflektorbewußtsein und Erzählerbewußtsein kann als eine intensivierte Stufe der sogenannten „Ansteckung der Erzählersprache durch die Figurensprache", die nach Stanzel ein Schritt auf dem Weg „von der auktorialen zur personalen Erzählsituation" ist[102], aufgefaßt werden. Dies impliziert, das Reflektorbewußtsein sei eine schon vor Einsetzen des Erzählaktes existente Konstante,) während sich das Erzählerbewußtsein erst beim Erzählvorgang konstituiere und sich dabei in der einen oder anderen Weise am Reflektorbewußtsein orientiere.

---

[98] Joyce, *Ulysses*, a.a.O., 25.5-7.
[99] Ebd., 25.27 f.
[100] Ebd., 12.26-29.
[101] Ebd., 16.31.
[102] Vgl. Stanzel, *Theorie des Erzählens*, a.a.O., S. 247-249.

Das Modell läßt sich auch umdrehen: schließt man von der Affinität zwischen Erzähler- und Reflektorbewußtsein auf eine intendierte Thematisierung der Abhängigkeit des dargestellten Reflektorbewußtseins vom Erzähler, der ihm durch den Akt der Darstellung erst Existenz verleiht, oder gar der Begründung sowohl der Erzähler- als auch der Reflektorfigur in der übergeordneten Instanz des abstrakten Autors[103], so stößt man damit auf ein erneutes Indiz für den Verweis des Romans auf seinen Artefaktcharakter.

Zusammenfassung der Beobachtungen

Das Bewußtsein der Reflektorfigur ist nicht nur explizit in den bewußtseinsdarstellenden Passagen (‚interior monologue', erlebte Rede, Gedanken- / Gefühlsbericht) greifbar, sondern liegt auch der Erzählhaltung zugrunde.

a) *Bewußtseinsdarstellende Passagen:*
Zu Beginn der Episode wird Bewußtsein sowohl durch ‚interior monologue' als auch durch Erzählerbericht dargestellt, wobei beide Spielarten durch Wechsel von Tempus und Person deutlich voneinander getrennt sind. Im weiteren Verlauf verlagert sich die Darstellung des Bewußtseins zunehmend in kurze, durch elliptische Syntax geprägte Stellen, in denen Tempus und Person zumeist fehlen und die daher häufig ambiguent sind.

b) *Geschehensschildernde Passagen:*
Der Erzähler scheint zunächst bemüht zu sein, eine wertneutrale Erzählfunktion zu erfüllen. Es wird durch wiederholtes Einfließen von Wertung in den Erzählerbericht mehr und mehr deutlich, daß dem Erzähler eine subjektive Haltung zum Geschehen inne wohnt, die eine starke Tendenz zu derjenigen der Reflektorfigur zeigt. Durch häufiges Auftreten von Partizipialkonstruktionen und elliptischen Ausdrücken in der Syntax des Erzählerberichts verlieren die syntaktischen Kriterien zur Unterscheidung von Geschehenswiedergabe durch den Erzähler und Geschehensspiegelung im Reflektorbewußtsein zudem zunehmend an Eindeutigkeit.

Als übergreifende Tendenz dieser Beobachtungen deutet sich an, daß nach anfänglicher starker Trennung zwischen offenbar objektiv schilderndem Erzähler und deutlich subjektiver Reflektorfigur die Grenzen zwischen Reflektor- und Erzählerbewußtsein zunehmend verschwimmen, wodurch zum einen die von Therese Fischer aufgezeigte „überpersonale Validität"[104]

---

[103] Zur Unterscheidung von fiktivem Erzähler, abstraktem Autor und realem Autor vgl. Cordula Kahrmann / Gunter Reiß / Manfred Schluchter, *Erzähltextanalyse. Eine Einführung in Grundlagen und Verfahren*, Bd. 1 (Königstein: Athenäum ^{2}1981), S. 40 f.

[104] Fischer, *Bewußtseinsdarstellung im Werk von James Joyce*, a.a.O., S. 139. – Fischer spricht an gleicher Stelle und im gleichen Zusammenhang auch von der „erhöhten objekti-

der Reflexionen Stephens betont wird, zum anderen aber auch die ebenfalls zutiefst subjektive Haltung des Erzählers.

Funktion für die Gesamtstruktur des Romans

Wie bereits mehrfach angedeutet, läßt sich *Ulysses* nicht allein als fiktionale Darstellung potentiellen außerfiktionalen Geschehens (mimetische Ebene) lesen, sondern ebenso als ständiger Verweis auf seine eigene Vermittlungsstruktur (Metaebene). Den Merkmalen des ‚interior monologue' und seines Umfeldes, wie sie sich in der „Telemachus"-Episode darstellen, können dabei auf beiden Ebenen spezifische Funktionen zugeordnet werden.

a) *Mimetische Funktion*

In der „Telemachus"-Episode wird der Leser in erster Linie durch die Technik des ‚interior monologue' in die charakteristischen Eigenheiten Stephens einge führt. Durch die zu Anfang recht deutlichen Übergänge in bewußtseinsdarstellende Techniken wird dem Leser dabei klar, daß ihm Einsicht in die Reflektor figur gewährt wird – er nimmt also die persönlichen, subjektiven Charakteristiken Stephens auch als solche wahr.[105] Trotz der frappierenden erzähltechnischen Bruchstellen bereitet der Erzähler die Perspektive der Reflektorfigur jedoch zumeist vor, häufig mit der Schilderung von dessen Sinneswahrnehmungen. Der wahrgenommene Außenweltausschnitt ist daher bei vorbereitender Vermittlung durch den (hier noch relativ objektiven) Erzähler und anschließender (merklich subjektiver) präformierter Wahrnehmung durch den Reflektor häufig identisch. Dadurch wird es möglich, die „Prinzipien der Realitätsveränderung"[106] im Bewußtsein Stephens zu etablieren, wie ein Beispiel zeigen mag:

> He went over to it [= the shavingbowl], held it in his hands awhile, feeling its coolness, smelling the clammy slaver of the lather in which the brush was stuck. So I carried the boat of incense then at Clongowes. I am another now and yet the same.[107]

Der erzähltechnische Übergang vom Erzählerbericht in den ‚interior monologue' wird durch den Wechsel von „He" zu „I" sehr eindeutig

---

ven Validität" von Stephens Bewußtsein. „Objektiv" meint dabei keineswegs „wertfrei", sondern soll lediglich die Übereinstimmung der privaten Meinungen Stephens mit den für die poetologische Wahrheit letztlich verbindlichen Ansichten des (gleichwohl als subjektiv zu erkennenden) Erzählers ausdrücken.

105 Bei der erlebten Rede dagegen, die noch im *Portrait* vorherrscht, geht der Eintritt in die Reflektorfigur unscheinbar vonstatten; der Übergang aus einer objektiv-schildernden in die subjektive Sicht wird verschleiert.

106 Fischer, *Bewußtseinsdarstellung im Werk von James Joyce*, a.a.O., S. 129.

107 Joyce, *Ulysses*, a.a.O., 17.29-32.

gestaltet. Der Erzähler berichtet jedoch, den ‚interior monologue' vorbereitend, bereits aus Stephens Perspektive: er schildert die objektive Qualität von dessen Wahrnehmungen, mit der die folgende, den üblichen Präformationen unterworfene Komponente derselben Wahrnehmungen kontrastiert.

Durch die so in der „Telemachus"-Episode begonnene und in der „Nestor"-Episode fortgesetzte Einführung in die charakteristischen Merkmale von Stephens Bewußtsein sollte der Leser in der Lage sein, den kaum noch außerpersonal gestützten ‚interior-monologue'-Passagen von „Proteus" zu folgen. Darüber hinaus wird in den drei ersten Bloom-Episoden, deren Anordnung parallel zu den vorangegangenen verläuft, ein kontrastierendes zweites Reflektorbewußtsein aufgebaut. Die sich aus einem entsprechenden Vergleich ergebenden Gemeinsamkeiten und Unterschiede ermöglichen es, Merkmale einer Gesamtstruktur des Romans zu erschließen, die an dieser Stelle jedoch im einzelnen nicht weiter aufgezeigt werden sollen, da dies auf eine reine Wiederholung des von Therese Fischer-Seidel schlüssig dargelegten Konzeptes hinausliefe.[108]

b) *Vermittlungsanzeigende Funktion*

Der ‚interior monologue' galt den ersten Lesern von *Ulysses* zweifelsohne als neuartige, die traditio nellen Konventionen brechende Technik. Es mag dabei erstaunen, daß diese Technik in einer der „Penelope"-Episode verwandten Weise bereits Jahrzehnte zuvor angewandt wurde[109], ohne dabei eine ähnliche Wirkung wie das Erscheinen von *Ulysses* erzielt zu haben. Offenbar wirkt der ‚interior monologue' in der mit einem herkömmlichen Geschehensbericht kontrastierten Art und Weise in seiner Neuartigkeit sehr viel drastischer als innerhalb eines reinen Monologromans oder einer Monologerzählung; auch in dieser Hinsicht gilt Therese Fischers Satz: „Erst die teilweise Erfüllung des Vorgegebenen macht die spezifische Differenz wahrnehmbar"[110]. Aus gutem Grund steht „Penelope" also erst am Ende des Romans. Durch die Segmentierung von ‚interior-monologue'-Passagen und Erzählerbericht wird auf die erzähltechnische Komponente des Erzählwerks besonders eindringlich hingewiesen. Der Leser wird sich zwangsläufig nicht nur mit

---

108 Vgl. Fischer-Seidel, „Charakter als Mimesis und Rhetorik. Bewußtseinsdarstellung in Joyces ‚Ulysses'", a.a.O., besonders S. 325-327 (Stephen und Bloom als „Folie" und „Füllung").

109 Es sei als Beispiel erneut auf Schnitzlers „Leutnant Gustl" verwiesen (diese Erzählung entstand in den Tagen des 13. bis 17. Juli 1900), aber auch auf Édouard Dujardins 1888 erschienenen Roman *Les Lauriers sont coupés*, dem Joyce nach eigenem Bekunden die Anregung zur ‚interior-monologue'-Technik entnahm.

110 Fischer, *Bewußtseinsdarstellung im Werk von James Joyce*, a.a.O., S. 122.

dem Gegenstand der Darstellung, sondern auch mit ihren Mitteln auseinandersetzen müssen. Der Roman thematisiert damit den Prozeß literarischer Vermittlung. Interessant ist dabei, daß der Verweis auf die Vermittlungsstruktur besonders durch den Einsatz der Kategorie ‚showing', also von vorgeblich unvermittelten Elementen, geleistet wird. Dies wird möglich durch die innere Dialektik des ‚interior monologue': ein Teil von Wirklichkeit, nämlich das Reflektorbewußtsein, wird unvermittelt (also *objektiv*) dargestellt. Gerade durch den Verzicht auf Kommentierung des Bewußtseins wird jedoch deutlich, daß der Darstellung äußerer Wirklichkeit im diese Wirklichkeit wahrnehmenden Reflektorbewußtsein ein äußerst *subjektives* Moment innewohnt. In den ‚interior-monologue'-Passagen wird eine subjektive „innere" Wirklichkeit konstruiert, die gleichsam nur noch zufällig der objektiven äußeren Wirklichkeit zu entsprechen vermag, in erster Linie jedoch den Präformationsmechanismen der Reflektorfigur verpflichtet ist und daher eine völlig neue Qualität von Wirklichkeit darstellt.

Der Bericht des Erzählers scheint zunächst das gültige, objektive Pendant zu diesem offensichtlich subjektiven Wirklichkeitskonstrukt darzustellen. Wie aus der vorliegenden Arbeit deutlich geworden sein sollte, ist jedoch auch der Erzählerbericht einem subjektiven Bewußtsein verpflichtet, so daß auch hier Wahrnehmungspräformationen angenommen werden müssen. Stanzel, der die Erzählerinstanz von *Ulysses* „ohne Paradoxie als das auktoriale personale Medium des Romans bezeichnen" zu können meint[111], stellt als Tendenz des gesamten Romans (und auch von Joyces erzählerischem Gesamtwerk) aufgrund des zunehmend als Bewußtsein greifbaren Erzählers die „Personalisierung des Erzählaktes" fest.[112] Selbst wenn man sich der These von einem kollektiven auktorialen Bewußtsein, das die Bewußtseinsinhalte der Reflektorfiguren enthält[113], verschließt, wird man konstatieren müssen, daß in *Ulysses* die Subjektivität jeglicher Wirklichkeitserfassung oder -darstellung thematisiert wird. Die Existenz objektiver Wirklichkeit wird negiert, der gleichwertige Anspruch subjektiv präformierter Wirklichkeit auf Gültigkeit begründet. Damit tritt der Prozeß literarischer Urzeugung der tradierten Wirklichkeitserfahrung gleichrangig zur Seite.

---

[111] Franz K. Stanzel, „Die Personalisierung des Erzählaktes im ‚Ulysses'", in Fischer-Seidel (Hg.), *James Joyces ‚Ulysses'*, a.a.O., S. 284-308, hier S. 294.

[112] Vgl. ebd., besonders S. 291-300.

[113] Vgl. ebd., S. 294.

Namen, Titel, Zitate übersetzen
Zehn Regeln aus der Praxis, abgeleitet von und angewandt auf Übersetzungen der Joyce-Romane *Ulysses* und *Finnegans Wake*

für Gerhard Friesen,
Mennonitendichter

1: Namen

Wenn man „Fritz Senn“ ins Englische übersetzen sollte, was könnte die Lösung sein? Mein altes Muret-Sanders-Wörterbuch (gedruckt vor dem Ersten Weltkrieg) erklärt, „Fritz“ sei eine Kurzform von „Friedrich“ (oder von Friedrich Wilhelm oder gar Friedhelm, wie ich hinzufügen möchte), und weist „Fred“ als englisches Äquivalent aus. Wildhagen-Héraucourts *German English Dictionary* von 1965 führt für „Fritz“ die Übersetzungen „Fred“ und „Freddy“ an und verrät zudem, „der alte Fritz“ sei auf englisch entweder „Old Fred“ oder „Frederick the Great“. Und wie steht's um Fritz Senns Nachnamen? Wildhagen und Héraucourt übersetzen „Senn“ als (oder überführen es vielmehr in) „Alpine herdsman“; im Muret-Sanders finde ich die Variante „Alpine cowherd“. Oder sollten wir den Namen „Senn“ lieber ins Englische übersetzen, indem wir auf eine der Fehlschreibungen zurückgreifen, deren Opfer Senn im Laufe der Jahre geworden ist? Davon gibt's reichlich: „Sin, Sen, Zen, Zimm, Senft, etc.“[1]

Zum Glück besteht heute nicht einmal mehr die leiseste Notwendigkeit, Eigennamen zu übersetzen, Fritz Senn bleibt also immer Fritz Senn, zumindest in westlichen Sprachen. (Beispielsweise im Japanischen oder Russischen würde Fritz Senn allerdings merklich anders aussehen.) Die Unveränderlichkeit von Namen beim Grenzüberschreiten ist eine relativ neue Errungenschaft; vor einem runden Jahrhundert sah das noch ganz anders aus: man konnte etwa als Giorgio oder Lucia geboren werden und doch andernorts George oder Lucy genannt werden. Wenn man den Nachnamen Joyce trug, konnte man sogar scherzen, auf deutsch heiße man „Freud“. Und wenn man einen Roman mit dem Titel *Ulysses* (auch dies ein übersetzter Name, der in manchen Fällen sogar rückübersetzt wurde[2]) schrieb mit einer Figur darin

---

1 „Interview with Fritz Senn, May 1994“, in Fritz Senn, *Inductive Scrutinies. Focus on Joyce*, hg. v. Christine O'Neill (Dublin: Lilliput Press 1995), S. xii-xix, hier S. xviii.

2 Thomas Warburtons schwedische Übersetzung des *Ulysses* (erstveröffentlicht 1946) und Aloys Skoumals tschechische Übersetzung (veröffentlicht 1976) tragen beispielsweise den Titel *Odysseus*. Einige deutsche Kritiker (unter ihnen als notorischster Arno Schmidt) haben dafür plädiert, den deutschen Titel durch

namens Stephen Dedalus, so standen die Chancen gut, daß der deutsche Übersetzer dieses Buches (in diesem Fall Georg Goyert) diese Figur in „Stephan Dädalus" umbenennen würde.

Das offensichtlichste Argument gegen Goyerts „Stephan Dädalus" besteht darin, daß der *Ulysses* in einer realen und (zumindest im Prinzip) realistisch behandelten Stadt spielt, nämlich Dublin, wo niemand je von einem ortsstämmigen Einwohner gehört hat, der sei es „Stephan", sei es „Dädalus" geheißen hätte. Unglückseligerweise läßt sich das aber auch von dem Namen „Dedalus" im Joyceschen Originaltext sagen. Claire A. Culleton, die in ihrem Buch *Names and Naming in Joyce* behauptet, „verisimilitude was one of Joyce's governing principles" und „Joyce was careful to people his texts with names that maintained the nominal integrity of his works, names that believably fit the milieu of Dublin during the particular era in which his book was set"[3], wurde dafür von Michael Patrick Gillespie auf der Basis einer Beobachtung gemaßregelt, die Gillespie „the Dedalus / Daedalus anomaly"[4] nennt. Joycens Entschcidung, sein eigenes früheres Pseudonym „Stephen Daedalus" als Namen einer seiner Hauptfiguren zu verwenden, zählt zweifellos zu den wenigen Fehlgriffen in der Entwicklung seiner künstlerischen Mittel — aber wenigstens milderte er diesen Fehlgriff ein wenig ab, indem er „Daedalus" zu „Dedalus" modifizierte, als er *Stephen Hero* zu *A Portrait of the Artist as a Young Man* umschrieb. Georg Goyert gebührt das zweifelhafte Verdienst, diesen Fortschritt wieder rückgängig gemacht zu haben. Goyerts Entscheidung, den Namen einzudeutschen, scheint aber eine direkte Folge der Tatsache gewesen zu sein, daß es sich eh schon um einen nichtirischen und nichtrealistischen Namen handelte: die Namen der anderen wichtigen Figuren hat er so gelassen, wie er sie vorfand, selbst denjenigen von Leopold Bloom, für den sich die eingedeutschte Variante „Blum" beinahe schon aufdrängt. (Joycens deutscher Kollege Arno Schmidt, ein Möchtegernjoyceaner, der stets für „Odysseus" als richtigen deutschen Titel des Romans votierte, schreibt den Namen des Helden habituell „Leopold Blum".)

Meine erste und wichtigste Regel für den Umgang mit Namen in Übersetzungen lautet also:

„Odysseus" zu ersetzen, und zwar mit der Begründung, „Ulysses" sei zwar in englischer Übersetzung die gebräuchlichste Namensform des griechischen Helden, „Odysseus" aber im deutschen Sprachraum die weitaus geläufigere Variante. Auch im Deutschen gibt es eine (wiewohl nachrangige) Tradition, die lateinische Namensform zu benutzen, zumeist in der Schreibweise „Ulyses"; es gibt beispielsweise zwei Gedichte des Titels „Ulysses" im Werk von Samuel Christian Pape, einem mediokren Dichter der Romantik, für den ausgerechnet Arno Schmidt eine schwer erklärliche Vorliebe hatte.

3 Claire A. Culleton, *Names and Naming in Joyce* (Madison: University of Wisconsin Press 1994), S. 14.

4 Michael Patrick Gillespie, „What's in a Name?", in *James Joyce Literary Supplement* 10.1 (Spring 1996), S. 3.

- Verändere oder ersetze niemals einen Namen, es sei denn, es gibt einen guten Grund dafür.[5]

Leider gibt es eine ganze Reihe guter Gründe, die dem Übersetzer und seinem Wunsch nach Wahrung des vorgefundenen Namens ins Gehege kommen können. Manche dieser Gründe entspringen Wirkungsüberlegungen, doch die meisten beruhen auf dem Background eines Namens, und in den meisten Fällen ist die Wahrung des Backgrounds das vorrangige Prinzip. Sofern der Background nicht aus einem realistischen Schauplatz und Kontext besteht (was tendenziell immer dazu führt, unsere erste Regel zu bekräftigen), ist es für den Übersetzer häufig sinnvoll, diese Regel zu mißachten und sich zu fragen, wie die Wirkung eines Namens in der einen Sprache sich in der anderen am besten reproduzieren läßt. Es gibt Fälle, in denen der Übersetzer – je nach persönlichem Geschmack – es für sinnvoll erachten mag, einen Namen zu verändern oder zu ersetzen, um die Wirkung der Quellversion auch in der Zielsprache erzielen zu können. Beispielsweise mag einem Christian Enzensbergers Entscheidung, in seiner deutschen Fassung von Lewis Carrolls *Through the Looking-Glass* aus „Humpty Dumpty" einen „Goggelmoggel" uns aus dem „Jabberwocky" einen „Zipferlake" zu machen, zwar nicht gefallen (und mir gefällt sie definitiv nicht), aber das ist doch weitgehend eine Geschmacksfrage, und wir können Enzensbergers Entscheidung nicht einfach auf der Grundlage eines vorrangigen Background-Prinzips verdammen – weil es hier einen solchen Background gar nicht gibt. Enzensbergers Ersetzung der Namen „Thelma bboggs" und „Hyam's" durch „Selma Kkloo" und „Wertheim" in seiner Übersetzung von Samuel Becketts Erzählungsband *More Pricks than Kicks*[6] hingegen ist ein offensichtlicher Verstoß gegen die Regel des vorrangigen Backgrounds: Becketts Erzählungen spielen vor einem mehr oder weniger realistischen Dubliner Hintergrund.

Es gibt aber auch andere Backgrounds, die sich gelegentlich mit denen des Schauplatzes ins Gehege kommen. Zu diesen gehören inkonsistente, aber dennoch bindende Namenstraditionen. Schauen wir uns eine Namensaufzählung aus dem „Cyclops"-Kapitel des *Ulysses* an, um diesen Punkt zu veranschaulichen:

---

[5] Dies ist meine Version einer Regel, die Fritz Senn in seinem Artikel „Seven Against *Ulysses*" im *James Joyce Quarterly* 4.3 (Spring 1967), S. 165-193, hier S. 181, so formuliert hat: „Surnames, as a rule, are not tampered with, but the rule is often broken." Ich möchte meine Regel auch auf Vornamen bezogen wissen. – Bemerkungen zum Übersetzen von Namen finden sich auch in dem Aufsatz „*Ulysses* in der Übersetzung" in Senns *Nichts gegen Joyce. Joyce Versus Nothing. Aufsätze 1959-1983*, hg. v. Franz Cavigelli (Zürich: Haffmans 1983), S. 207-243, besonders S. 236-238.

[6] Vgl. Friedhelm Rathjen, „Dubliner Zentralklosett. Zu Christian Enzensbergers Übersetzung von Samuel Becketts Prosasammlung *More Pricks than Kicks*", in *die horen* 168 (1992), S. 133-139; Nachdruck in Friedhelm Rathjen, *weder noch. Aufsätze zu Samuel Beckett* (Scheeßel: Edition Rejoyce 2005), S. 125-133.

> Father John Murphy, Owen Roe, Patrick Sarsfield, Red Hugh O'Donnell, Red Jim MacDermott, Soggarth Eoghan O'Growney, Michael Dwyer, Francy Higgins, Henry Joy M'Cracken, Goliath, Horace Wheatley, Thomas Conneff, Peg Woffington, the Village Blacksmith, Captain Moonlight, Captain Boycott, Dante Alighieri, Christopher Columbus, S. Fursa, S. Brendan, Marshal MacMahon, Charlemagne, Theobald Wolfe Tone, the Mother of the Maccabees, the Last of the Mohicans, [...], Muhammad, the Bride of Lammermoor, Peter the Hermit, Peter the Packer, [...], Angus the Culdee, Dolly Mount, Sidney Parade, [...], Adam and Eve, Arthur Wellesley, Boss Croker, Herodotus, Jack the Giantkiller, Gautama Buddha, Lady Godiva, The Lily of Killarney [...].[7]

Diese Aufzählung vereint reale und realistische irische Namen, historische Namen aus verschiedenen Kontexten, biblische Namen und das, was im Deutschen so schön ‚sprechende Namen' heißt (etwa „Captain Moonlight"), außerdem Nicht-Namen. Nicht-Namen sind Bezeichnungen, die als Namen fungieren, beispielsweise „the Village Blacksmith", „the Last of the Mohicans" oder „The Lily of Killarney"; sie werden sowohl von Georg Goyert als auch von Hans Wollschläger übersetzt. Die realistischen (oder manchmal auch pseudorealistischen – etwa „Dolly Mount, Sidney Parade") Namen bleiben unverändert (abgesehen von einem Druckfehler in Goyerts deutschem *Ulysses*), und das entspricht unserer ersten Regel; selbst Bestandteile wie „Red", „Joy", „Moonlight" werden strikt als Namen behandelt und deswegen nicht übersetzt. Posten wie „Peter the Packer" und „Angus the Culdee" werden zerlegt in einen Eigennamen (der unverändert bleibt) und eine ergänzende Identifikation (die strenggenommen nicht unter unsere erste Regel fällt und deswegen sowohl von Goyert als auch von Wollschläger übersetzt wird). Was noch bleibt, ist dies:

> Goliath, [...], Dante Alighieri, Christoph Columbus, [...], Karl der Grosse, [...], Mohammed, [...], Adam und Eva, [...], Herodotus, [...] Gautama Buddha [...].[8]

> Goliath, [...], Dante Alighieri, Christoph Columbus, [...], Karl der Große, [...], Mohammed, [...], Adam und Eva, [...], Herodot, [...] Gaudama Buddha [...].[9]

---

7 James Joyce, *Ulysses. The Corrected Text*, hg. v. Hans Walter Gabler (Harmondsworth: Penguin 1986 [Student's Edition]), 12.178-97.

8 Georg Goyert (Üb.), *Ulysses* von James Joyce, 2 Bd. (München: dtv 1966), S. 334.

9 Hans Wollschläger (Üb.), *Ulysses* von James Joyce (Frankfurt a.M.: Suhrkamp 1979), S. 411.

Dies sind alles Namen aus der Geschichte und / oder heiligen Schriften. Namen aus solchen Kontexten treten in verschiedenen Sprache oft in verschiedenerlei Gestalt auf, und dies führt uns zu unserer zweiten Regel, die in solchen Fällen Vorrang vor der ersten hat:

- Wenn du es mit historischen, biblischen, mythologischen oder literarischen Namen zu tun hast, die in verschiedenen Sprachen verschiedene Formen annehmen, achte stets darauf, jene Namensform zu wählen, die in der Zielsprache üblich ist, es sei denn, es gibt einen guten Grund dafür, bei der Namensform der Quellsprache zu bleiben.

Wie man bemerkt haben mag, hält sich Georg Goyert im oben angeführten Beispiel in einem Fall nicht an diese Regel: er läßt die lateinische Namensform „Herodotus" (die im Englischen üblich ist) unverändert, obwohl der altgriechische Historiker im Deutschen stets „Herodot" genannt wird.

Die Anwendung dieser zweiten Regel führt bisweilen zu Problemen, etwa wenn ein Autor eine biblische oder historische Gestalt als Folie für die Figur eines realistisch kontextuierten Romans benutzt, aber die schlechtestmögliche Lösung besteht immer darin, gewöhnliche Figuren in der Übersetzung mit ungewöhnlichen Namensformen auszustatten, wo sie im Original gewöhnliche Namen tragen. Zwar heißen englische Könige im Deutschen üblicherweise Georg, Heinrich oder Jakob, doch die meisten deutschen Leser werden es lieber auf sich nehmen, von „Henry VIII" zu lesen, als in einem englischen Roman über eine Figur namens „Heinrich" stolpern zu müssen. (Zum Glück scheinen sich zumindest auf diesem Feld die Dinge zum Besseren zu wenden; wohl niemand in Deutschland nennt den gegenwärtigen britischen Thronfolger „Prinz Karl".)

Wiewohl es schön wäre, in einer Übersetzung ganz und gar konsistent zu sein, ist es bisweilen eleganter, von der eigenen Regel abzuweichen, um eine größere Konformität zum Original herzustellen (dies um so mehr im Falle von *Ulysses* und *Finnegans Wake*, zwei Romanen, die die Götzen der Homogenität und Reinheit bewußt auf dem Altar des Eklektizismus und sogar der Bastardisierung opfern). Ein gutes Beispiel ist ein Ausspruch von William Shakespeare, den Stephen in „Scylla and Charybdis" zitiert: „*William the conquerer came before Richard III* "[10]. Georg Goyert hält sich in seiner Übersetzung an unsere zweite Regel und verhunzt deswegen die Pointe: „*Wilhelm der Eroberer kam vor Richard III*"[11]. Natürlich ist „Wilhelm der Eroberer" die korrekte Übersetzung von „William the conquerer", dennoch paßt diese Version nicht in den Kontext, da Shakespeare eben im Deutschen *nicht* „Wilhelm Shakespeare" heißt. Hans Wollschläger verstößt deswegen gegen unsere Regel, übersetzt „William the conquerer" in eine bastardisierte Version,

---

[10] Joyce, *Ulysses*, a.a.O., 9.637.
[11] Goyert (Üb.), *Ulysses*, a.a.O., S. 229.

die zuvor noch nie jemand vernommen hat, schafft es auf diese Weise jedoch, daß der Satz funktioniert und gleichzeitig auch für die deutsche Leserschaft absolut klar wird, um welchen Eroberer es sich handelt: „*William der Eroberer kam vor Richard III*“[12].

Wie schon erwähnt, gilt unsere zweite Regel auch für Namen aus literarischen Werken: Shakespeares Figuren beispielsweise tragen in verschiedenen Sprachen unterschiedliche Namen. Der berühmteste Fall ist – zumindest im Deutschen – der Weber Bottom aus dem *Midsummer Night's Dream*, der in der deutschen Standardübersetzung „Zettel“ heißt. Ein Zettel ist im Wortsinne ganz etwas anderes als ein „bottom“; zum Glück taucht weder Bottom noch Zettel im *Ulysses* auf, und wir können das Problem, mit den Feinheiten dieses hintersinnigen Falles umzugehen, jener bedauernswerten Person überlassen, die es vielleicht einmal unternehmen wird, Arno Schmidts Roman *Zettel's Traum* ins Englische zu übersetzen.

Ein Problem, mit dem sich Übersetzer des *Ulysses* sehr wohl herumzuschlagen haben, ist der Umstand, daß „Sinbad the Sailor“ im Deutschen „Sindbad der Seefahrer“ heißt. Wo Joyce „Sinbad the Sailor and Tinbad the Tailor and Jinbad the Jailer and Whinbad the Whaler“[13] aufzählt, greift Goyert zu „Sindbad dem Seefahrer und Tindbad dem Teefahrer und Jindbad dem Jefahrer und Windbad dem Wehfahrer“[14] und Wollschläger zu „Sindbad dem Seefahrer und Tindbad dem Teefahrer und Findbad dem Feefahrer und Rindbad dem Rehfahrer“[15]. Natürlich ist ein „Whaler“ weder ein „Wehfahrer“ noch ein „Rehfahrer“, aber beide Übersetzer halten sich an die formalen Operationen, die im Text ablaufen (Goyert mit etwas weniger Geschick als Wollschläger), und ignorieren zu recht die Frage, ob das Schneiderhafte am „Tailor“ an anderer Stelle dieses oder anderer Joycescher Texte von Belang sein könnte. Ich selbst hatte weniger Glück, denn ich mußte das Buch *Here Comes Everybody* von Anthony Burgess übersetzen. In einem seiner *Wake*-Kapitel benutzt Burgess die Formel „FROM SINBAD THE SAILOR TO TINBAD THE TAILOR“[16] zur Hinführung seiner Leserschaft auf das „Sailor“-„Tailor“-Thema in *Finnegans Wake*, Kapitel II.3. Meine Lösung besteht in einer Umformulierung der Formel („VON SINDBAD DEM SEEMANN ZU NINDBAD DEM NÄHMANN“[17]) und der Zugabe einer

---

12 Wollschläger (Üb.), *Ulysses*, a.a.O., S. 282 f.

13 Joyce, *Ulysses*, a.a.O., 17.2322 f.

14 Goyert (Üb.), *Ulysses*, a.a.O., S. 760.

15 Wollschläger (Üb.), *Ulysses*, a.a.O., S. 938.

16 Anthony Burgess, *Here Comes Everybody. An Introduction to James Joyce for the Ordinary Reader* (London: Faber 1965), S. 231.

17 Anthony Burgess, *Joyce für Jedermann. Eine Einführung in das Werk von James Joyce für den einfachen Leser*, üb. v. Friedhelm Rathjen (Frankfurt a.M.: Frankfurter Verlagsanstalt 1994), S. 294. – Der Titel dieser Übersetzung ist ein weiterer Fall, in dem angesichts von Übersetzungsproblemen schlichtweg das Handtuch geworfen wurde. „Here Comes Everybody“, einer der Namen, unter denen HCE im *Wake* auftritt, hätte sich

erklärenden Fußnote – Anmerkungen sind in Sekundärliteratur (die ja selbst nur Texterklärung ist) immer möglich, sollten aber in Primärtexten vermieden werden, die – auch in Übersetzung – stets ohne erklärende Zusätze funktionieren müssen.

Mit den Permutationen von „Sinbad the Sailor" sind wir in einer Sphäre angekommen, in der ein Name aufhört, einfach ein Name zu sein, d.h. etwas Willkürliches, das nur dazu dient, jemanden auf arbiträre Weise zu bezeichnen; in dieser Sphäre wird ein Name nun auch fähig, diesen Jemand zu beschreiben. Sprechende Namen spielen eine wichtige Rolle in der onomastischen Struktur des *Ulysses* (und erst recht in derjenigen von *Finnegans Wake*), und damit wird es wiederum nötig, die Gültigkeit unserer Regeln einzuschränken und neue aufzustellen. Bei anderer Gelegenheit habe ich darauf hingewiesen,

> that (1) in naming major characters Joyce gave priority to realistic and illusionistic names, while in naming minor characters (and especially in name catalogues) he increasingly tended towards using symbolic and even undisguisingly speaking names, and that (2) the less a chapter or passage is ruled by neutral representational realism the more Joyce's naming habits show a tendency toward over-subscribing characterization and even parodistical distortion.[18]

Kurz gesagt: ein Weniger an Realismus bedeutet ein Mehr an sprechenden Namen und umgekehrt. Daraus läßt sich eine dritte Regel für den Umgang mit Joyceschen Namen in der Übersetzung ableiten:

- Wenn du es mit einem sprechenden oder deutlich symbolischen Namen zu tun hast, zögere nicht, den Oberflächensinn in deine Zielsprache zu übersetzen – aber wenn der Name gleichzeitig Verweise auf einen Background enthält (Ähnlichkeiten mit realistischen Namen und / oder Namen mit einer Tradition dahinter), so stelle sicher, daß dieser Background in deiner Lösung ebenfalls gewahrt bleibt.

Die Namen „Doctor Diet and Doctor Quiet"[19] sind durch und durch sprechende Namen, darum ist es gerechtfertigt, daß Georg Goyert allen Background außer acht läßt und die Textstelle als „Doktor Diät und Doktor

als „Hier Chauffiert Einjeder" eindeutschen lassen, doch das erscheint als Buchtitel nicht griffig genug.

18 Friedhelm Rathjen, „Blame the Names", in *James Joyce Literary Supplement* 5.1 (Spring 1991), S. 9. Dies ist eine Rezension von Andreas Palme, *Die Personennamen im Ulysses. Eine Studie zur literarischen Onomastik bei James Joyce* (Erlangen: Palm & Enke 1990); wenngleich die Schlußfolgerung, die ich hier zitiere, meine eigene und nicht Palmes ist, war mir sein Buch doch eine große Hilfe dabei, die einschlägigen Mechanismen und Zusammenhänge erkennen zu können.

19 Joyce, *Ulysses*, a.a.O., 14.1402.

Ruhe"[20] umsetzt — nur hat er leider auch die Klangebene mißachtet, die bei sprechenden Namen von erheblicher Bedeutung ist. Hans Wollschläger hat eine bessere Lösung gefunden: „Doktor Pfleg und Doktor Heg"[21]. Im Falle von „sir Frederick the Falconer"[22] liegen die Dinge nicht so klar: obwohl der Artikel „the" den Namen als sprechenden Namen ausweist, könnte „Falconer" auch ein echter Nachname sein statt eines Berufs oder einer Tätigkeitsbeschreibung. Auf den ersten Blick scheint Goyerts „Sir Frederik der Falkner"[23] deswegen weniger überzeugend als Wollschlägers „Sir Frederick der Falconer"[24]. Bei der realen Person, die sich hinter der Joyceschen Namensgebung verbirgt, handelt es sich jedoch um Sir Frederick Richard Falkiner (1831-1908), der anderswo im *Ulysses* unter seinem korrekten Namen auftritt[25] (dort weder von Goyert noch von Wollschläger verändert). In diesem Fall ist das deutsche „Falkner" sehr viel adäquater als das englische „Falconer", an dem Wollschläger festhält.

Ein Problem bei sprechenden Namen ist, daß bisweilen die Eigenschaft, ein Name zu sein, zu verschwinden beginnt. Dies ist der Fall in „Oxen of the Sun", wo die Joycesche Aufzählung „Mr Cavil and Mr Sometimes Godly, Mr Ape Swillale, Mr False Franklin, Mr Dainty Dixon, Young Boasthard and Mr Cautious Calmer"[26] von Goyert abgeschwächt wird: „der Sophist und der Manchmal-Fromm, der gierige Saufaus und der falsche Freisasse, der treffliche Dixon, der Prahler und der vorsichtige Beruhiger"[27]. Dies sind gar keine Namen mehr, weil Goyert sich entschließt, das „Mr" (das er üblicherweise als „Herr" übersetzt) komplett wegfallen zu lassen. Wollschläger (der das „Mr" üblicherweise an seinem Ort beläßt) übersetzt hier sehr viel überzeugender: „Der Herr Krittle Frisch und der Herr Manchmal Gottsförchtig, der Herr Nacheffer Sauffaus, der Herr Freisaß Falsch, der Herr Geck Dixon, Jung Prahlhans und der Herr Fürsichtige Besennftiger"[28].

Nicht jeder Name, der ein sprechender Name ist (oder zu sein scheint), muß verändert werden. In den allermeisten Fällen sind Goyert und Wollschläger sich einig in der Frage, welche Namen *nicht* verändert werden müssen. Dazu zählen die folgenden[29]:

---

[20] Goyert (Üb.), *Ulysses*, a.a.O., S. 483.
[21] Wollschläger (Üb.), *Ulysses*, a.a.O., S. 595.
[22] Joyce, *Ulysses*, a.a.O., 12.1121.
[23] Goyert (Üb.), *Ulysses*, a.a.O., S. 363.
[24] Wollschläger (Üb.), *Ulysses*, a.a.O., S. 448.
[25] Vgl. Joyce, *Ulysses*, a.a.O., 8.1151.
[26] Ebd., 14.468-70.
[27] Goyert (Üb.), *Ulysses*, a.a.O., S. 452.
[28] Wollschläger (Üb.), *Ulysses*, a.a.O., S. 555.
[29] Aus pragmatischen Gründen gebe ich keine Quellenangaben für die einzelnen Einträge der nachfolgenden Liste. Diese und andere Namen lassen sich leicht auffinden durch die Zuhilfenahme entweder von Wolfhard Steppe, *A Handlist to James Joyce's „Ulysses". A Complete Alphabetical Index to the Critical Reading Text* (New York: Garland 1986) (für die Gabler-Ausgabe) oder von Shari u. Bernard Benstock, *Who's He When He's at Home. A James Joyce Directory* (Urbana: University of Illinois

> Leopold Bloom, Buck Mulligan, Kinch, Strongbow, M'Intosh, Fresh Nelly, Henry Tudor, Pisser Burke, Vera Verity, Nasodoro, Silversmile, Silberselber, Flipperty Jippert, Penrose, Mary Shortall, Jimmy Pidgeon, Shotover, Gummy Granny, Skin-the-Goat, Mr Goodbody, Ramsbottom

Hier gibt es kaum Überraschungen. Da bisher niemand weiß, was „Kinch" nun wirklich bedeuten soll, war es sicher klug von beiden Übersetzern, diesen Namen nicht anzutasten. Glücklicherweise bedeutet „Pisser" im Deutschen genau das, was es auch im Englischen bedeutet, es gibt also keinen Grund, an „Pisser Burke" herumzumurksen. „Strongbow" und „Skin-the-Goat" sind historisch korrekte Namen, die nicht verändert werden sollten, sofern es nicht einen extrem guten Grund dafür gibt; „Penrose" und „Ramsbottom" und „Mr Goodbody" klingen wie sprechende Namen, sind aber im realistischen Background verankert und gehören deswegen nicht übersetzt. Was man jedoch durchaus hätte übersetzen können, ist „Jimmy Pidgeon", und das selbe ließe sich auch für „Silversmile" sagen, würde dieser Name nicht ausgerechnet in der Liste von Blooms mehrsprachigen silbernen Kindern auftauchen, einer Liste, die im englischsprachigen Original auch beispielsweise einen deutschen „Silberselber" enthält, so daß in der deutschen Übersetzung auch ein englischer Name wohl am Platze ist.

Im folgenden liste ich Namen auf, die sowohl bei Goyert als auch bei Wollschläger der einen oder anderen Modifikation unterliegen [30]:

> Jove (GG: Zeus, HW: Jupiter), Thomas Aquinas (GG: Thomas von Aquino, HW: Thomas von Aquin), Turko the Terrible (GG and HW: Turko der Schreckliche), Plain Jane (GG: Ernstes Mädchen, HW: Fade Liese), Ballocky Mulligan (GG: Klöterich Mulligan, HW: Wallachi Mulligan), Toby Tostoff (GG: Toby Abgänger, HW: Toby Kaltbauer), Chickabiddy (GG: Herzblättchen, HW: Schnuckiputzi), Throwaway (GG: Weggeworfen, HW: Flugblatt), Edward Guelph-Wettin (GG: Eduard Welf-Wettin, HW: Edward Welf-Wettin), Dame Fashion (GG: Dame Mode, HW: Göttin Mode), Father Cantekissem (GG: Vater Cantekissene, HW: Pater Kathischißmus), Tommy Tittlemouse (GG: Schäker, HW: Nippeljipper), Cunty Kate (GG and HW: Fotzen-Kate)

Wie leicht zu erkennen ist, beschränken sich die Modifikationen auf Namen, die einem historischen oder literarischen Background entspringen, der eine Veränderung erforderlich macht, und sprechende Namen im eigentlichen

---

Press 1980) (für die 1961er Random-House-Ausgabe). Zur Umrechnung der Seitenangaben auf die deutschen Übersetzungen empfiehlt sich Dieter Rudolph, *The Pages of Ulysses. A synoptical comparison of the pagination of different editions and translations of James Joyce „ULYSSES"* (Frankfurt a.M.: Privatdruck 1985).

30 GG = Georg Goyert; HW = Hans Wollschläger.

Sinne. Goyerts „Ernstes Mädchen" ist ein interessanter Fall, denn hier liegt nicht nur ein Mißverständnis dessen vor, was „Plain Jane" bedeutet, sondern die Tatsache, daß es sich um einen Namen handelt, wird auch zum Verschwinden gebracht: „Ernstes Mädchen" ist gar kein Name mehr. Ähnliches läßt sich von einigen der (wenigen) Fälle sagen, in denen Goyert einen Namen verändert, Wollschläger jedoch nicht :

> Stephen Dedalus (GG: Stephan Dädalus), (Prince) Albert Edward (GG: Albert Eduard), Deadwood Dicks (GG: Bande Räubergesindel), Victoria (GG: Viktoria), Hoppy Holohan (GG: Hümpeleinundertig Holohan), Blephen (GG: Blephan), Penelope Rich (GG: Penelope Reich)

„Bande Räubergesindel" ist im Gegensatz zum „Deadwood Dicks" des Originals kein Name mehr; „Hümpeleinundertig Holohan" ist eine sehr ungeschickte (und unverständliche) Umsetzung von „Hoppy Holohan"; „Penelope Reich" ist mehr als problematisch, weil „Penelope Rich" keineswegs ein sprechender Name ist, sondern ein historisch korrekter Name, an dem nicht herumgefummelt werden sollte, solange auch Joyce selbst das nicht tut.

Insgesamt verändert Goyert allerdings weniger als Wollschläger. Im folgenden gebe ich eine Liste von Namen, die Wollschläger übersetzt, Goyert jedoch nicht:

> Sceptre (HW: Szepter), Rightaway (HW: Flugpfeil), Jacky Tar (HW: Jan Maat), sir Fopling Popinjay (HW: Sir Dummbatsch Geckerich), sir Milksop Quidnunc (HW: Sir Geilhans Nasweis), Ananias Praisegod Barebones (HW: Ananias Preisegott Knochendürr; typo in GG: Praisegold), Slipperslapper (HW: Schlappschluffen), Handy Andy (HW: Witzbold), Dubedat (HW: Disedat)

Ein interessanter Fall ist Wollschlägers Umsetzung von „Sceptre" (der Name eines Pferdes, das im Gold-Cup-Rennen startet) als „Szepter", eine Übersetzung, die vollkommen überflüssig ist, denn obwohl „Sceptre" ein sprechender Name ist, agiert er doch nicht als solcher, sondern hält sich an den realistischen Kontext von Pferdenamensgebungen. Hinzu kommt, daß selbst ein deutscher Leser, der sich im Englischen nicht auskennt, sofort erkennen wird, was „Sceptre" bedeutet. Ein dritter Einwand gegen „Szepter" ist, daß diese Übersetzung eine Inkonsistenz darstellt, denn den Namen eines anderen Pferdes, „Shotover", übersetzt Wollschläger nicht, wie der Liste zu entnehmen ist. Etwas anders steht es allerdings um die Übersetzung eines weiteren Pferdenamens, „Rightaway", als „Flugpfeil": diese Übersetzung wird erforderlich dadurch, daß Wollschläger (um das Mißverständnis zwischen Bloom und Bantam Lyons um die Begriffe „throw it away" und „Throwaway" im deutschen Text funktionieren zu lassen) den Pferdenamen „Throwaway" zu „Flugblatt" macht. Goyert wiederum macht „Throwaway" zu „Weggeworfen", läßt aber „Rightaway" unverändert, worin erneut zum Ausdruck kommt, daß er kein Ohr für Lautstrukturen hat.

In *Finnegans Wake* sind die Probleme, die beim Übersetzen im Zusammenhang mit Namen auftreten, noch größer als selbst im *Ulysses*: wo Joyce immer gleichzeitig in verschiedenen Sprachen spricht, klingen alle Namen zusehends wie sprechende Namen. Nicht alle aber sind wirklich welche, und im Prinzip müssen wir die selben Regeln anlegen, die auch beim Übersetzen von Namen im *Ulysses* Geltung besitzen. Ich möchte nur ein Beispiel anführen, und zwar das, was man als die problematischste Namensübersetzung in meinen eigenen Übersetzungen aus dem *Wake* ansehen mag. Im Kapitel „Mamalujo" stehen diese Sätze: „Mind mand gunfree by Gladeys Rayburn! Runtable's Reincoroporated. The new world presses."[31] „Gladeys Rayburn" ist nicht ganz ein realistischer Name, klingt aber doch beinahe so; darum liefe die Umsetzung von „Gladeys" als „Freudäuglein" oder dergleichen all unseren Regeln zuwider. Joyce nimmt als Grundlage den real existierenden Namen ‚Gladys' und gibt nur einen einzigen Buchstaben zu. In meiner Version bin ich ebenso verfahren, allerdings ließ es sich im deutschsprachigen Kontext mit ‚Gladys' nicht machen, weswegen ich mir die Freiheit nahm, den Namen durch einen anderen zu ersetzen. Ich gebe zu, daß dies immer und grundsätzlich eine problematische Lösung ist, aber zumindest habe ich mich versichert, daß Glasheens *Census* zufolge der Name „Gladeys Rayburn" mit keinem anderen Detail innerhalb oder außerhalb des *Wake* in Verbindung steht. Weiterhin habe ich mich bemüht, mit ‚Augusta' einen Namen zu finden, der für eine deutsche Leserschaft leicht als solcher zu erkennen ist, aber doch — und dies ist wichtig! — in einen englischsprachigen Background paßt. Durch Zugabe eines einzigen Buchstabens erhielt ich die Lösung „Auglusta"; Lust scheint durchaus mit den frohen Augen (‚glad eyes') zu tun zu haben, die durch das Original hindurchschimmern. Der Nachname „Rayburn" wirft sogar noch größere Probleme auf. Als Fokus der fraglichen Textpassage habe ich die „new world" ausgemacht, deswegen lese ich aus „Reincorporated" ein ‚reincarnated' heraus, aus „gunfree" ein zwittersprachliches ‚gone früh' und aus „Rayburn" ein ‚reborn'. Bei der Übersetzung des Namens war es deswegen mein Ziel, das deutsche Äquivalent ‚Wiedergeburt' anklingen zu lassen und doch eine Lösung zu finden, die zumindest vage als englischer Nachname vorstellbar ist. Meine Lösung heißt „Widdergabbart"; die ganze Passage lautet in meiner Version: „Minne Manne Gehtfrüh von Auglusta Widdergabbart! Tabelrenntes Reinkarpitalgesellschaft. Druck der neuen Welt."[32]

---

[31] James Joyce, *Finnegans Wake* (London: Faber 1975), 287.35 f.

[32] Friedhelm Rathjen (Üb.), „Mamalujo", in James Joyce, *Finnegans Wake Deutsch. Gesammelte Annäheruungen*, hg. v. Klaus Reichert u. Fritz Senn (Frankfurt a.M.: Suhrkamp 1989), S. 220-237, hier S. 224.

2: Titel

Zur Übersetzung von *Finnegans Wake* 287.35 f. gehört nicht nur eine Namens-, sondern auch eine Titelübersetzung: „Mind mand gunfree" ist McHughs *Annotations* zufolge eine Anspielung auf den Film *My Man Godfrey*.[33] Da ich nicht wußte, ob (und gegebenenfalls unter welchem Titel) dieser Film womöglich ins Deutsche übersetzt wurde, modelte ich mein „Minne Manne Gehtfrüh" dem englischen Titel nach. Strenggenommen verstößt das gegen meine erste Regel beim Übersetzen von Titeln, die nämlich lautet:

- Wenn in dem zu übersetzenden Text Titel vorkommen, greife immer auf den Titel zurück, den das betreffende Werk in der Zielsprache hat, es sei denn, es gibt einen guten Grund, beim Originaltitel zu bleiben.

Anders als Namen werden Titel üblicherweise übersetzt. Der deutsche Durchschnittsleser kennt Margaret Mitchells Bestseller als *Vom Winde verweht*, nicht als *Gone with the Wind*; englische Leser werden, wenn vom Werk des Isländers Halldór Laxness die Rede ist, lieber von *Atom Station* als von *Atómstöðin* sprechen; Fjodor Dostojewskis berühmtester Roman ist der englischen Öffentlichkeit als *Crime and Punishment* und der deutschen als *Schuld und Sühne* bekannt, und kaum jemand würde wissen, was gemeint ist, spräche man von *Prestuplenie i nakazanie*. Da vor einigen Jahren eine deutsche Neuübersetzung mit dem Titel *Verbrechen und Strafe* herausgekommen ist, scheint es allerdings möglich, daß dies über kurz oder lang der deutsche Standardtitel werden wird. Es gibt viele Fälle, in denen ein literarisches Werk mehr als einmal in die selbe Sprache übersetzt wurde, und das kann unser Problem verkomplizieren. Es gibt immer noch Leute in Deutschland (naturgemäß keine Joyce-Experten), die von einem Joyce-Roman namens *Jugendbildnis* sprechen oder von einem Gedichtband des selben Autors mit dem Titel *Am Strand von Fontana*. Wir müssen unsere erste Regel also um eine zweite ergänzen:

- Wenn es in der Zielsprache verschiedene Titel für das fragliche Werk gibt, benutze den Titel der Standardübersetzung, es sei denn, es gibt einen guten Grund, einen anderen zu wählen.

Ein solcher guter Grund kann unter bestimmten Umständen darin bestehen, daß die Standardübersetzung (oder, schlimmer noch, die einzige Übersetzung) einen inadäquaten Titel trägt. Im allgemeinen sind aber auch schlechte Titel, wenn sie der Leserschaft wohlvertraut sind, guten Titeln vorzuziehen, die man selbst erfindet. Bisweilen (aber nicht notwendigerweise) sind dies Fälle, in denen es schlauer ist, beim Originaltitel zu bleiben.

---

[33] Vgl. Roland McHugh, *Annotations to 'Finnegans Wake'* (London: Routledge & Kegan Paul 1980), S. 387.

Schauen wir einmal, ob Goyert und Wollschläger sich an unsere Regeln halten. Die vielleicht berühmteste titelverwendende Stelle im *Ulysses* ist die Inventarisierung des Buchbestandes von Leopold Bloom. Hier ist ein kleiner Ausschnitt aus dieser Liste im Original und den beiden Eindeutschungen:

> *Philosophy of the Talmud* (sewn pamphlet).
> Lockhart's *Life of Napoleon* (cover wanting, marginal annotations, minimising victories, aggrandising defeats by the protagonist).
> *Soll und Haben* by Gustav Freytag (black boards, Gothic characters, cigarette coupon bookmark at p. 24). [...]
> *In the Track of the Sun* (yellow cloth, titlepage missing, recurrent title intestation).[34]

> *Philosophy of the Talmud* (broschiertes Pamphlet).
> Lockart's *Life of Napoleon* (ohne Einbanddecke, Randbemerkungen, Siege des Helden werden verkleinert, Niederlagen übertrieben).
> *Soll und Haben* von Gustav Freytag (schwarze Pappe, Fraktur-Buchstaben, Bildchen aus Zigarettenschachtel als Lesezeichen bei Seite 24). [...]
> *In the Track of the Sun* (gelbe Leinwand, Titelseite fehlt, laufende Titelangabe auf jeder Seite).[35]

> *Philosophy of the Talmud* (geheftete Broschur).
> Lockharts *Life of Napoleon* (Deckel nicht mehr vorhanden, Randbemerkungen, Siege der Hauptfigur verkleinernd, Niederlagen vergrößernd).
> *Soll und Haben* von Gustav Freytag (schwarzer Pappband, Frakturschrift, Zigarettenbildchen als Lesezeichen auf S. 24). [...]
> *In the Track of the Sun* (gelbes Leinen, Titelseite nicht mehr vorhanden, wiederkehrende Titelintestierung).[36]

Überraschenderweise übersetzt weder Goyert noch Wollschläger die Titel. (Goyert beläßt sogar den Apostroph des falschgeschriebenen „Lockart's" im Text, wiewohl es sich unübersehbar nicht um einen Teil des Titels handelt.) Ein vorstellbarer Grund dafür ist, daß sich hier die Titel nicht auf Werke in unspezifischer Gestalt, sondern auf genau spezifizierte einzelne Buchexemplare beziehen – dies allein allerdings wäre noch kein hinreichender Grund, unsere Regeln zu mißachten, denn das gilt auch für „the Capel street library copy of *The Woman in White*"[37], einen Roman, von dem höchst unwahrscheinlich ist, daß er jemals in deutscher Übersetzung im Regal einer Dubliner Bibliothek stehen würde; dennoch geben, wie wir noch sehen werden, beide

---

[34] Joyce, *Ulysses*, a.a.O., 17.1380-96.
[35] Goyert (Üb.), *Ulysses*, a.a.O., S. 727.
[36] Wollschläger (Üb.), *Ulysses*, a.a.O., S. 89.
[37] Joyce, *Ulysses*, a.a.O., 10.368.

Übersetzer dem Collins-Roman einen deutschen Titel. Dem Grund dafür, daß die Titel von Blooms Büchern nicht übersetzt wurden, kommen wir am besten anhand des Gustav-Freytag-Titels auf die Spur: *Soll und Haben* wird sowohl von Goyert als auch von Wollschläger auf deutsch aufgeführt, und dies, weil auch im Joyceschen Original schon der deutsche Titel steht. Der Posten „*Soll und Haben* by Gustav Freytag" auf der Liste zeigt, daß Joyce alle Titel jeweils in der Sprache aufführen wollte, in der die jeweiligen Exemplare der Bücher abgefaßt sind; hätte Bloom beispielsweise nur französischsprachige Bücher besessen, so hätte uns Joyce eine Liste französischer Titel gegeben, die natürlich in der deutschen Übersetzung auch französisch hätten bleiben müssen. Die Regel, die hier greift, ist folgende:

- Titel, die im quellsprachlichen Text in einer dritten Sprache auftauchen, müssen in der Übersetzung stets unverändert bleiben.

Der Eintrag „*Soll und Haben* by Gustav Freytag" soll zeigen, daß Bloom dieses Buch auf deutsch gelesen hat (wenn auch nur bis zur Seite 24); der Leser einer deutschen *Ulysses*-Übersetzung würde das freilich nicht mitkriegen, wenn der Übersetzer nicht entweder alle englischen Titel englisch belassen oder aber einen kompensatorischen Hinweis in den übersetzten Text einbauen würde – etwa den Zusatz ‚auf deutsch' in der Titelaufnahme. Verständlicherweise haben sich beide Übersetzer gegen eine solche kompensatorische Lösung und infolgedes dafür entschieden, die englischen Titel unverändert zu lassen – dies allerdings führt anderswo im Roman zu kleineren Problemen, wie wir noch sehen werden.

Wenn dies wirklich der Grund für die nicht übersetzten Titel war, müßten englische Titel anderswo in Goyerts und Wollschlägers Fassungen korrekt übersetzt werden. Überprüfen wir das anhand von „the evolutionary theories of Charles Darwin, expounded in *The Descent of Man* and *The Origin of Species*"[38]. Wollschläger übersetzt: „die Evolutionstheorien von Charles Darwin [...], wie sie in der *Abstammung des Menschen* und der *Entstehung der Arten* dargelegt waren"[39], also unter Rückgriff auf die wohlbekannten deutschen Titel der Darwin-Schriften; Goyert freilich hält sich nicht an unsere Regeln: „die Evolutionstheorien Charles Darwins, wie er sie in *The Descent of Man* und *The Origin of Species* darstellt"[40]. Goyerts eigene Regel läuft der unsrigen fundamental zuwider: den ganzen *Ulysses* hindurch beläßt er unzählige Titel sowohl wohl- wie auch unbekannter Bücher unverändert und erschwert somit die Lektüre seines *Ulysses* für die deutsche Leserschaft, ohne damit im Gegenzug etwas gewonnen zu haben. Und auch seine eigene Arbeit als Übersetzer erschwert er sich damit, denn seine Entscheidung, Titel nicht zu übersetzen, hat etliche Fallgruben zur Folge, in die Goyert immer wieder plumpst.

---

[38] Ebd., 17.1644 f.
[39] Wollschläger (Üb.), *Ulysses*, a.a.O., S. 910.
[40] Goyert (Üb.), *Ulysses*, a.a.O., S. 736.

Zu den Titeln, die zu übersetzen Goyert sich weigert, gehören diejenigen von Shakespeares Stücken, die der deutschen Leserschaft und dem deutschen Theaterpublikum unter den Titeln der Schlegel-Tieck-Übersetzung wohlbekannt sind. Alle Titel, die lediglich aus zwei Namen mit einem „and" dazwischen bestehen, erhalten in Goyerts Text dafür allerdings ein deutsches „und", und das führt zu absurden zweisprachigen Aufzählungen wie „*King Lear, Othello, Hamlet, Troilus und Cressida*"[41]. Zudem übersetzt Goyert Formulierungen, die zwar keine Titel mehr sind, sich aber auf solche beziehen. Bei Stephens Formulierung „When Rutlandbaconsouthamptonshakespeare or another poet of the same name in the comedy of errors wrote *Hamlet*"[42] macht Goyert aus „comedy of errors" ein „Komödie der Irrungen"[43]. Als Stephen auf ähnliche Weise auf den Titel eines (deutschen Lesen praktisch unbekannten) Buches von Robert Greene anspielt („He had a good groatsworth of wit"[44]), übersetzt Goyert die entsprechende Formulierung hingegen *nicht*: „Er besass einen *good groatsworth of wit*"[45]. Wollschläger, der prinzipiell alle Titel übersetzt, hat hier keinerlei Probleme: „Er besaß einen guten Groschenwert Witz"[46].

Der Umgang mit Titeln von Werken, die nie in die Zielsprache übersetzt wurden, ist ein wenig kniffliger als derjenige mit wohlbekannten und wohlübersetzten Titeln. Man könnte mit guten Gründen dafür plädieren, in solchen Fällen alle Titel unübersetzt zu lassen, doch ich persönlich bevorzuge eine etwas kompliziertere Regel:

- Wenn es in der Zielsprache keine Entsprechung für einen Titel gibt, ist es bei wohlbekannten Titeln oft am besten, sie unübersetzt zu lassen, doch Titel von Werken, die höchstens einigen wenigen Experten bekannt sind, sollten stets in die Zielsprache übersetzt werden. In jedem Fall achte aber drauf, daß Leser, die den Originaltitel kennen, keine Probleme haben, das betreffende Werk unter deinem selbstübersetzten Titel zu erkennen.

Wenn beispielsweise in einem englischen Text, den es zu übersetzen gilt, *Finnegans Wake* erwähnt wird, sollte man sich nicht bemüßigt fühlen, es Arno Schmidt nachzumachen und von „Finnegans Totenwacht" zu quatschen, sondern es lieber bei *Finnegans Wake* belassen; wenn „*Ruby: the Pride of the Ring*"[47] erwähnt wird, sind Lösungen à la „*Ruby: der Stolz der Arena*"[48] oder

41 Ebd., S. 222.
42 Joyce, *Ulysses*, a.a.O., 9.865-67.
43 Goyert (Üb.), *Ulysses*, a.a.O., S. 237.
44 Joyce, *Ulysses*, a.a.O., 9.245.
45 Goyert (Üb.), *Ulysses*, a.a.O., S. 217.
46 Wollschläger (Üb.), *Ulysses*, a.a.O., S. 268.
47 Joyce, *Ulysses*, a.a.O., 4.346.
48 Wollschläger (Üb.), *Ulysses*, a.a.O., S. 90.

„*Ruby: Der Stolz der Arena*“[49] hingegen vorzuziehen. Die Tatsache, daß auch Goyert hier wider alle Erwartung den Titel übersetzt, heißt leider nicht, daß er unsere dritte Regel des Titelübersetzens befolgt – es gibt andere Fälle, wo er sich wiederum weigert, unbekannte Titel zu übersetzen. „Mr Justice Madden in his *Diary of Master William Silence*“[50] wird in seiner Version zu „Richter Madden in seinem *Diary of Master William Silence*“[51], und selbst Hans Wollschläger weigert sich hier, den Titel zu übersetzen[52], vielleicht der offensichtlichen Probleme wegen, die die Übersetzung des Namens „William Silence“ aufwirft.

Die Folge ist, daß wir in Goyerts Übersetzung auf ein komplettes Durcheinander inadäquater Regeln stoßen, was unweigerlich zu einer allgemeinen Inkonsistenz führt. Wo Joyce *Paradise Lost* und *The Sorrows of Satan*[53] erwähnt, benutzt Goyert gegen seine eigenen Regeln die Standardübersetzung („das *Verlorene Paradies*“) und eine adäquate Übersetzung eines offenbar unübersetzten Titels („*Die Sorgen Satans*“[54]); Wollschläger verfährt exakt genauso[55], dies allerdings im Einklang mit seinen Regeln. Wo im Umfeld von „the *Merry Wives*“ (die von Goyert zu „den *Merry wives*“ zurechtgestutzt werden) die lange vergessenen Flugschriften „*Hooks and Eyes for Believers' Breeches* and *The Most Spiritual Snuffbox to Make the Most Devout Souls Sneeze*“[56] erwähnt werden, übersetzt Goyert (der diese Titel womöglich fälschlich für Joycesche Erfindung hält): „*Haken und Ösen für die Hosen der Gläubigen* und *Die sehr geistliche Schupftabakdose, nach deren Gebrauch die sehr frommen Seelen niesen*“[57]. (Wollschläger übersetzt die Titel unter Gebrauch historischer Sprachformen, die hier angemessen sind: „*Haken und Ösen für eines rechten Gläubigen Beinkleid* und *Die sehr geistliche Schnupftabakdose, davon die frommen Seelen ein herzhaft Niesen sollen haben*“[58].) Das schon erwähnte „Capel street library copy of *The Woman in White*“[59] wird von Goyert nicht nur übersetzt, sondern dies auch unter Mißachtung der zu seiner Zeit vorliegenden Standardübersetzung des Titels: der Wilkie-Collins-Roman wurde 1862 von C. Büchele als *Die weiße Frau* eingedeutscht, doch Goyert führt als deutschen Titel „*Frau in Weiss*“[60] an. Ironischerweise hat Goyerts schärfster Kritiker Arno Schmidt, als er den Collins-Roman übersetzte, dann in der Tat den Titel als *Die Frau in Weiß* übersetzt und so Goyerts Lösung nachträglich zu einer korrekten gemacht (zwar nicht im Sinne von Goyerts eigenen Regeln, aber zumindest im Sinne der unsrigen).

---

49 Goyert (Üb.), *Ulysses*, a.a.O., S. 75.
50 Joyce, *Ulysses*, a.a.O., 9.582 f.
51 Goyert (Üb.), *Ulysses*, a.a.O., S. 227.
52 Vgl. Wollschläger (Üb.), *Ulysses*, a.a.O., S. 281.
53 Joyce, *Ulysses*, a.a.O., 9.19 f.
54 Goyert (Üb.), *Ulysses*, a.a.O., S. 210.
55 Vgl. Wollschläger (Üb.), *Ulysses*, a.a.O., S. 259.
56 Joyce, *Ulysses*, a.a.O., 9.806-9.
57 Goyert (Üb.), *Ulysses*, a.a.O., S. 235.
58 Wollschläger (Üb.), *Ulysses*, a.a.O., S. 289.
59 Joyce, *Ulysses*, a.a.O., 10.368.
60 Goyert (Üb.), *Ulysses*, a.a.O., S. 259.

Ein weiteres Problem des Goyertschen Prinzips, Titel nicht zu übersetzen, besteht darin, daß er nicht als solche markierte Titel sehr wohl übersetzt – „Japhet in search of a father"[61] wird zu „Japhet auf der Suche nach einem Vater"[62] – und manchmal Titel nicht einmal als solche erkennt – „Twenty years asleep in Sleepy Hollow"[63] wird zu einem unmarkanten „Schlief zwanzig Jahre im Schlaftal"[64] verwässert.

Derartige Inkonsistenzen lassen sich jedoch auch in der Wollschläger-Fassung finden. Wie bereits erwähnt, bleibt der Titel *In the Track of the Sun* in der Liste des Bloomschen Buchbestandes sowohl bei Goyert als auch bei Wollschläger unübersetzt. In der „Calypso"-Episode wird ebenfalls auf das Buch Bezug genommen: „in the track of the sun. Sunburst on the titlepage"[65]. Beide Übersetzer deutschen diese Passage ein und verhindern damit unweigerlich, daß der Querverweis auch für die deutsche Leserschaft nachvollziehbar ist: „über die Sonnenbahn. Mit Sonnenaufgang auf dem Titelblatt"[66]; „Auf den Spuren der Sonne. Der Sunburst auf dem Titelblatt: Aufgang des Glanzes"[67]. Die einzig mögliche Lösung wäre gewesen, auch die Titel der Bloomschen Bibliothek zu übersetzen.

Die bisher diskutierten Titel fallen alle ins Feld der Literatur. Bei Titeln aus anderen Gebieten werden die Probleme manchmal noch etwas komplizierter. Titel von Zeitschriften, Zeitungen und zu einem gewissen Grad auch Radiosendungen werden üblicherweise nicht übersetzt, da diese Titel in den meisten Fällen eher die Atmosphäre eines Textschauplatzes verstärken denn als Folie für mögliche Zitat- und Anspielungsverknüpfungen dienen sollen. Titel klassischer Musikstücke werden manchmal übersetzt und manchmal nicht, und zwar in Abhängigkeit von Traditionen und Konventionen, an die sich der Übersetzer weitestmöglich halten sollte. Titel von Popsongs, die in post-Joycescher Literatur auftauchen mögen, sollten naturgemäß nie übersetzt werden, da diese Songs auch international immer unter ihren (meist englischen) Originaltiteln bekannt sind. Unter diesen Punkt fallen die vielen populären Musiktitel im Joyceschen Werk allerdings nicht. Schauen wir uns anhand einiger Beispiele an, wie Goyert und Wollschläger mit solchen Titeln umgehen:

„And *The Last Rose of Summer* was a lovely song"[68]: Thomas Moores wohlbekanntes Lied ist von Friedrich von Flotow in die Operette *Martha* eingebaut worden, und deshalb ist es kein Wunder, daß sowohl Goyert („Und

---

[61] Joyce, *Ulysses*, a.a.O., 1.561.
[62] Goyert (Üb.), *Ulysses*, a.a.O., S. 24.
[63] Joyce, *Ulysses*, a.a.O., 13.1114 f.
[64] Goyert (Üb.), *Ulysses*, a.a.O., S. 425.
[65] Joyce, *Ulysses*, a.a.O., 4.99 f.
[66] Goyert (Üb.), *Ulysses*, a.a.O., S. 68.
[67] Wollschläger (Üb.), *Ulysses*, a.a.O., S. 81.
[68] Joyce, *Ulysses*, a.a.O., 11.1178.

Letzte Sommerrose wäre auch ein herrliches Lied"[69]) als auch Wollschläger („Und *Die letzte Sommerrose* war auch ein wunderschönes Lied"[70]) die selbe deutsche Version des Liedtitels wählen. Ähnliches gilt für die „*Lily of Killarney*"[71], die in beiden Versionen zur „*Lilie von Killarney*"[72] wird. Diese Fälle scheinen Goyerts prinzipieller Regel zuwiderzulaufen, Titel nicht zu übersetzen, doch anscheinend wendet er diese Regel nur auf literarische Titel an – Liedtitel werden von Goyert stets übersetzt. So wird „*The Night before Larry was Stretched*"[73] bei Goyert zu „*Die Nacht bevor man Larry henkte*"[74], während Wollschläger übersetzt: „*Die Nacht, bevor Larry gehenkt ward*"[75]. Etwas ungeschickt fällt Goyerts Übersetzung des Joyceschen „as he trudged to Romeville whistling *The Girl I left behind me*"[76] aus, weil er versäumt, den Titel als solchen zu markieren: „als er zu Fuss nach Romeville wanderte und pfiff: Das Mädchen, das ich schnöd verliess"[77]. Hans Wollschläger gelingt es besser, klar herauszustellen, daß das, worauf Stephen sich bezieht, ein Songtitel ist und nicht nur eine Zeile aus einem Lied: „als er nach Romeville stapfte und dabei pfiff: *Das Mädchen, das zurück ich ließ*"[78].

Es gibt einen Fall, in dem Wollschläger anders als Goyert einen Liedtitel nicht übersetzt. „*The Croppy Boy.* Our native Doric"[79] wird bei Goyert zu „*Der junge Rebell.* Unsere dorische Ausdrucksweise"[80], wohingegen Wollschläger übersetzt: „*The Croppy Boy.* Unser heimatliches Dorisch"[81]. Aus mindestens drei Gründen ist Wollschlägers Lösung hier vorzuziehen: erstens ist es möglich, ‚the Croppy Boy' als Eigennamen aufzufassen und entsprechend unserer ersten Regel des Übersetzens von Namen zu verfahren; zweitens macht die Formulierung „Our native Doric" einen Titel erforderlich, der nicht nicht nur irisch (oder jedenfalls angloirisch) ist, sondern auch so klingt; drittens ist das betreffende Lied recht bekannt und könnte deswegen auch Nichtmuttersprachlern schon begegnet sein, die hingegen keine Chance hätten, es in der eingedeutschten Version „*Der junge Rebell*" zu identifizieren.

In *Finnegans Wake* ist das Übersetzen von Titeln (wie alles andere auch) noch komplizierter als im *Ulysses*. Das Hauptproblem liegt darin, daß kaum ein Titel im *Wake* vorkommt, der nicht irgendeiner Art von Verzerrung unterliegt, und dadurch wird es noch wichtiger, sich an unsere Regeln zu halten, um die

---

69 Goyert (Üb.), *Ulysses*, a.a.O., S. 632.
70 Wollschläger (Üb.), *Ulysses*, a.a.O., S. 398 f.
71 Joyce, *Ulysses*, a.a.O., 13.1213.
72 Goyert (Üb.), *Ulysses*, a.a.O., S. 429; Wollschläger (Üb.), *Ulysses*, a.a.O., S. 532.
73 Joyce, *Ulysses*, a.a.O., 12.542 f.
74 Goyert (Üb.), *Ulysses*, a.a.O., S. 344.
75 Wollschläger (Üb.), *Ulysses*, a.a.O., S. 425.
76 Joyce, *Ulysses*, a.a.O., 9.246 f.
77 Goyert (Üb.), *Ulysses*, a.a.O., S. 217.
78 Wollschläger (Üb.), *Ulysses*, a.a.O., S. 268.
79 Joyce, *Ulysses*, a.a.O., 11.991.
80 Goyert (Üb.), *Ulysses*, a.a.O., S. 318.
81 Wollschläger (Üb.), *Ulysses*, a.a.O., S. 391 f.

Leserschaft in die Lage zu versetzen, soviel wie möglich wiedererkennen zu können. Beispielsweise darf „*Gorotsky Gollovar's Troubles*“[82], durch die Kursivierung deutlich als Titel markiert, keinesfalls nach Maßgabe des Oberflächensinns übersetzt werden (‚Gorotsky Gollovars Ärger‘ oder so ähnlich), sondern muß unbedingt *Gulliver's Travels* durchscheinen lassen, im Deutschen also *Gullivers Reisen.* Meine Lösung lautet hier „*Gorotsky Gollovars Scherereisen*“[83], wobei die ‚Reisen‘ mit ‚Scherereien‘ überblendet werden. Glücklicherweise ist *Gulliver's Travels* im Deutschen wohlbekannt, und zwar stets unter dem selben Titel. Schwieriger sieht es aus bei „pippap passage“[84], einer Anspielung auf Brownings im Deutschen relativ unbekanntes Stück *Pippa Passes.* Die einzige deutsche Übersetzung von Brownings Stück wurde 1903 unter dem Titel *Pippa geht vorüber* veröffentlicht, doch dieser Titel dürfte einer deutschen Leserschaft noch unbekannter sein als der Originaltitel, darum habe ich mich entschlossen, meiner deutschen Version Brownings englischen Titel zugrundezulegen: „Pippappassage“[85]. Noch kniffliger ist „*Spice and Westend Woman*“[86], die Joycesche Transformation von Wyndham Lewis' *Time and Western Man.* Hier steht der deutsche Übersetzer vor mindestens drei Problemen: erstens klingt die deutsche Vokabel für ‚spice‘ (‚Gewürze‘) leider nicht so ähnlich wie die deutsche Vokabel für ‚space‘ (‚Raum‘); zweitens wäre das korrekte deutsche Äquivalent für ‚Western man‘ etwas in der Art von ‚der Mann des Abendlandes‘ oder ‚der abendländische Mensch‘, wodurch es absolut unmöglich würde, ein „Westend“ einzuarbeiten; und drittens gibt es keine deutsche Übersetzung des Lewis-Buches *Time and Western Man*, auf deren Titel zurückzugreifen wäre. Genau dies – die Nichtexistenz einer deutschen Übersetzung – gab mir nun allerdings die Freiheit, ganz nach Gutdünken mit dem Material zu arbeiten, das ich vorliegen hatte. Ich fürchte, meine Lösung – „*Rahm und die Frau des Westends*“[87] – wird für die meisten deutschen Leser keinen Wiedererkennungswert besitzen, doch hoffe ich, wenigstens die wenigen Leser, die vielleicht mit dem Originaltitel des Buchs von Wyndham Lewis vertraut sind, werden ein bißchen Spaß dran haben.

Bevor wir zu den Problemen des Übersetzens von Zitaten übergehen, möchte ich noch kurz einen Blick auf eine spezielle Titelliste im *Wake* werfen – die Aufzählung der inoffiziellen Episodentitel des *Ulysses*, allesamt natürlich durch den *Wake*-Fleischwolf gedreht:

---

82 Joyce, *Finnegans Wake*, a.a.O., 294.18 f.

83 Friedhelm Rathjen (Üb.), „Die verdreckteste Sacke die jemals hörbetrüben ward“, in James Joyce, *Geschichten von Shem und Shaun*, hg. u. üb. v. Friedhelm Rathjen (Berlin: Suhrkamp 2012), S. 25-75, hier S. 55.

84 Joyce, *Finnegans Wake*, a.a.O., 301.7.

85 Rathjen (Üb.), „Die verdreckteste Sacke die jemals hörbetrüben ward“, a.a.O., S. 69.

86 Joyce, *Finnegans Wake*, a.a.O., 292.6.

87 Rathjen (Üb.), „Die verdreckteste Sacke die jemals hörbetrüben ward“, a.a.O., S. 49.

> Ukalepe. Loathers' leave. Had Days. Nemo in Patria. The Luncher Out. Skilly and Carubdish. A Wondering Wreck. From the Mermaids' Tavern. Bullyfamous. Naughtsycalves. Mother of Misery. Walpurgas Nackt.[88]

In Dieter Stündels Übersetzungsversuch lautet diese Liste so:

> UKarlIpso. Lotessers Blatt. Hart D's. Niemand im VaterLand. Die läßtRieh gonnen. 's Kühla und Kar üb dies. Schwimännde Fellsehn. Von der Sehjuckfrauens Tabärne. Pulli Fee muß. Nau sieh kacka. Mucksen des SohnenGockels. Walkirkis Nackt.[89]

Das Hauptproblem der Stündel-Übersetzung ist hier (wie anderswo), daß Stündel immer nur eine einzige Ebene des Joyceschen Textes übersetzt und diese Ebene dann mit seinen eigenen Dreingaben durchsetzt, nicht aber mit den anderen Ebenen des Originals. In den meisten Fällen wählt er in dieser Passage als Grund-Ebene den Episodentitel (der übrigens meistens ein Eigenname ist); in mindestens einem Fall ist dieser Episodentitel nicht einmal korrekt: „Schwimännde Fellsehn" beruht auf ‚schwimmende Felsen', doch das korrekte deutsche Äquivalent des betreffenden Episodentitels lautet „Irrfelsen". Beim Joyceschen „Mother of Misery" wiederum funktioniert die Verbindung zur Episode „Oxen of the Sun" hauptsächlich über den Namen eines Krankenhauses, das Mater („Mother") Misericordiae („Misery") Hospital, auch wenn ironischerweise die betreffende *Ulysses*-Episode *nicht* in jenem Krankenhaus spielt, sondern in seinem Gegenstück, dem National Maternity. Stündel bildet halbherzig (und, wie es scheint, ohne zu begreifen, was hier vorliegt) die syntaktische Struktur nach und muß Material beiziehen, das bei Joyce hier gar nicht vorhanden ist (den Sonnengott in „Sohnen-Gockels" als Anspielung auf Helios), um die benötigte Anspielung hinzubekommen. In meiner eigenen Version der Episodenaufzählung habe ich es hoffentlich geschafft, mich überzeugender an die bei Joyce vorgefundenen Elemente (Titelstruktur, Anspielungsgeflecht und Obertöne) zu halten:

> Ukalepe. Lotter läßt es. Hatt' es. Nemo in Patria. Eßt Ransgehend. Skönner und Kehrübtisch. Ein Wirrender Fetzen. Aus der Nixentaverne. Bullyfamos. Naunsinnkälba. Mutter der Misere. Walpurg als Nackt.[90]

3: Zitate

In einem zu übersetzenden Text auftauchende Titel sind als solche immer auch schon Zitate; prinzipiell müssen Titel beim Übersetzen wie Zitate

---

88 Joyce, *Finnegans Wake*, a.a.O., 229.13-16.

89 Dieter H. Stündel, *Finnegans Wehg. Kainnäh ÜbelSätzZung des Wehrkeß fun Schämes Scheuß* (Darmstadt: Häusser 1993), S. 229.

90 Burgess, *Joyce für Jedermann*, a.a.O., S. 282.

behandelt werden und Zitate wie Titel, deshalb klingt unsere erste Regel zur Übersetzung von Zitaten sehr nach unserer ersten Regel zur Übersetzung von Titeln:

- Wenn in dem zu übersetzenden Text Zitate vorkommen, übersetze sie immer in die Zielsprache, es sei denn, es gibt einen extrem guten Grund, beim Originalzitat zu bleiben; wenn es befriedigende zielsprachliche Fassungen der Zitate gibt, benutze sie.

Der häufigste extrem gute Grund dafür, beim Originalzitat zu bleiben, besteht darin, daß das Zitat im Quelltext bereits in einer anderen als der Quellsprache des Textes steht. Unsere zweite Regel zur Übersetzung von Zitaten ähnelt daher einer Regel, die wir bereits hatten:

- Zitate, die im quellsprachlichen Text in einer dritten Sprache auftauchen, müssen in der Übersetzung stets unverändert bleiben.

Die dritte und letzte Regel betrifft den Rückgriff auf existierende zielsprachliche Versionen von Zitaten; in diesem Fall möchte ich allerdings eine Regel vorschlagen, die stark von derjenigen abweicht, die wir bei Titeln aufgestellt haben:

- Falls es in der Zielsprache unterschiedliche Fassungen des betreffenden Zitats gibt, versuche im Falle gut bekannter Zitate diejenige Fassung zu verwenden, die am geläufigsten ist (in den meisten Fällen wird dies die Standardübersetzung sein); wenn das Zitat aber mehr oder weniger unbekannt ist, greife auf diejenige Version zurück, die deinen Zwecken am weitesten entgegenkommt, oder nimm dir das Recht, eine eigene Übersetzung zu drechseln.

Der Unterschied zwischen Titeln und Zitaten besteht darin, daß Titel Eigennamen ähneln, insofern sie primär auf Identifizierung zielen, wohingegen Zitate primär auf Erläuterung zielen. Wenngleich der ausschlaggebende Grund dafür, auf Zitate zurückzugreifen, darin besteht, mit der Fülle der Textkenntnis zu protzen, die einem Autor zur Verfügung steht, hängt diese Protzgeste doch selten davon ab, daß bestimmte Versionen der zitierten Texte benutzt werden. (Ich spreche hier wohlgemerkt von Zitaten in literarischen und definitiv nicht von Zitaten in Sekundärtexten.)

In der Episode „Scylla and Charybdis“ des *Ulysses* beispielsweise wird ein Gedicht von Padraic Colum diskutiert: „Yeats admired his line: *As in wild earth a Grecian vase*“[91]. Überraschenderweise beläßt sowohl Georg Goyert als auch Hans Wollschläger das Zitat im englischen Originalwortlaut[92], obwohl es kaum einen extrem guten Grund dafür geben dürfte. Vielleicht wollten die

---

[91] Joyce, *Ulysses*, a.a.O., 9.304 f.

[92] Vgl. Goyert (Üb.), *Ulysses*, a.a.O., S. 219; Wollschläger (Üb.), *Ulysses*, a.a.O., S. 270.

beiden Übersetzer einfach nicht Gefahr laufen, die Yeatssche Bewunderung für Colums vorzüglichen Stil durch eine unbeholfene Übersetzung der zitierten Zeile ad absurdum zu führen, aber dann wäre es halt Aufgabe des Übersetzers gewesen, eine deutsche Version zu erstellen, die den Stil des Originals repliziert – etwa ‚Wie in wilder Erd' ein Griechenväslein' oder dergleichen. Es mag sogar sein, daß in irgendeiner Sammlung irischer Gedichte einmal eine deutsche Version des Colum-Gedichts gedruckt worden ist, doch unseren Regeln 1 und 3 zufolge ist es nicht vonnöten, eine solche praktisch unbekannte Version zu verwenden.[93]

In einem anderen Fall hingegen vermurkst Goyert den Text gerade dadurch, daß er sich *nicht* an die Originalversion eines Zitates hält. In „Scylla and Charybdis" spricht Best über Oscar Wildes „*Portrait of Mr W.H.* where he proves that the sonnets were written by a Willie Hughes, a man all hues"[94]. Das Homophon Hughes / hues, ein Wilde-Zitat, ist im Deutschen buchstäblich unübersetzbar; dennoch entschließt sich Goyert, das Zitat (wenn auch nicht den leicht übersetzbaren Titel) zu übersetzen: „Das *Portrait of Mr. W.H.*, in dem er beweist, dass die Sonette von einem Willie Hughes geschrieben wurden, einem Mann, der auch Jude sein kann"[95]. Diese verquere Eindeutschung ist vollkommen unverständlich, und deswegen tut Wollschläger recht daran, zur Kompromißlösung Zuflucht zu suchen und die Wildeschen Homophone unübersetzt zu lassen: „Das *Porträt von Mr. W.H.*, worin er nachweist, daß die Sonette von einem Willie Hughes geschrieben wurden, einem *man all hues*"[96]. Zugegebenermaßen ist auch diese Fassung für Leser, die mit der englischen Sprache nicht vertraut sind, unverständlich, aber wenigstens ein Teil der Leserschaft hat doch eine Chance, zu verstehen, was hier der springende Punkt sein soll.

Goyerts Weigerung, den englischen Wortlaut von Joyce (oder eigentlich Wilde) zu übernehmen, ist um so überraschender, als Goyert an vielen anderen Textstellen dazu neigt, englische Zitate überflüssigerweise als solche im Text zu belassen. Zum Beispiel wird Shakespeares Zeile „*That beetles o'er his base into the sea*"[97] in Goyerts Version unübersetzt wiedergegeben[98], wohingegen Wollschläger auf die deutsche Schlegel-Tieck-Standardübersetzung zurückgreift: „An den Felsen, *der in die See nickt über seinen Fuß*"[99]. Und wieder

[93] Bisweilen gibt es sogar Fälle, in denen es höchst problematisch für einen deutschen Übersetzer wäre, die deutsche Originalversion eines Textes zu verwenden, den Joyce in sehr freier englischer Übersetzung zitiert. Ein Beispiel findet sich aufgeführt bei Fritz Senn, „Beyond the Lexicographer's Reach: Literary Overdetermination", in ders., *Inductive Scrutinies*, a.a.O., S. 216-225, hier S. 221 f. (zu Joyce, *Ulysses*, a.a.O., 11.665: Zitat aus der englischen Version von Flotows *Martha*).

[94] Joyce, *Ulysses*, a.a.O., 9.523-24.

[95] Goyert (Üb.), *Ulysses*, a.a.O., S. 226.

[96] Wollschläger (Üb.), *Ulysses*, S. 278.

[97] Joyce, *Ulysses*, a.a.O., 1.567 f.

[98] Vgl. Goyert (Üb.), *Ulysses*, a.a.O., S. 24.

[99] Wollschläger (Üb.), *Ulysses*, a.a.O., S. 28.

einmal tendiert Goyert zur Inkonsistenz; das Zitat aus *Cymbeline* am Ende von „Scylla and Charybdis" – „*Laud we the gods / And let our crooked smokes climb to their nostrils / From our bless'd altars*"[100] – wird in Goyerts Fassung durch eine ausgesprochen holperige deutsche Übersetzung ersetzt: „*Loben wir die Götter, / Und von gesegneten Altären steig' krauser Opferrauch / Hinauf in ihre Nasen*"[101]. Vielleicht hat Goyert einfach nicht gewußt, was da zitiert wird; Wollschläger weiß es definitiv und greift wieder auf die Schlegel-Tieck-Übersetzung zurück[102]. In einem Essay, den er nach Fertigstellung seiner Übersetzung verfaßt hat, verrät Wollschläger, welche Standardübersetzungen er für zwei zentrale Zitatquellen des *Ulysses* benutzte:

> Daß die Bibel- und die Shakespeare-Allusionen in der Übersetzung eine adäquat eindeutige Gestalt haben können, ist möglich nur aufgrund der Tatsache, daß beide Quellen einmal durch Übersetzungen ins Deutsche gekommen sind, die im Lauf der Zeit die unveränderliche Prägnanz von Originalen angenommen haben: durch Luther und die Schlegel-Tieck-Ausgabe.[103]

Das klingt recht überzeugend; wir könnten uns allerdings fragen, ob eine dezidiert protestantische Version der Bibel wirklich das ideale Hilfsmittel sein kann, um den dezidiert katholischen Background der biblischen Zitate und Anspielungen bei Joyce zu reproduzieren.

Im Falle der unzähligen Zitate aus englischen und irischen Songs, Kinderreimen und dergleichen steht der Übersetzer vor einem ganz anderen Problem: fast ausnahmslos gibt es keine deutschen Versionen dieses Materials, und sofern der Übersetzer die Lieder und Reime des Originals nicht durch deutsche Lieder und Reime ersetzen will (was immer problematisch ist, da dies tendenziell den realistischen irischen Schauplatz in einen deutschen Schauplatz überführt) und auch nicht einfach den englischen Wortlaut im Text belassen möchte (was immer ein bißchen nach bedingungsloser Kapitulation aussieht), muß er alles selbst übersetzen. Es gibt allerdings einige wenige Fälle, in denen es möglich ist, auf adäquates zielsprachliches Material zurückzugreifen. In „Oxen of the Sun" wird beispielsweise der folgende Reim zitiert: „*Pope Peter's but a pissabed. / A man's a man for a' that*"[104]. Wollschläger übersetzt einfach den Oberflächensinn dieses Zweizeilers – „*Papst Peter, der leidet an Bettpisserei, / Denn Mann bleibt Mann, ahoi!*"[105] –, ohne darauf zu achten, daß es sich hier um eine Variante zum Robert-Burns-Gedicht „For A' That and A' That" handelt, das als Folksong wohlbekannt ist. Die Melodie dazu ist

[100] Joyce, *Ulysses*, a.a.O., 9.1223-25.
[101] Goyert (Üb.), *Ulysses*, a.a.O., S. 247.
[102] Vgl. Wollschläger (Üb.), *Ulysses*, a.a.O., S. 304.
[103] Hans Wollschläger, „Am Ende eines ‚Welt-Alltags'", in *ensemble* 7 (Oktober 1976), S. 156-168, hier S. 167 f.
[104] Joyce, *Ulysses*, a.a.O., 14.649 f.
[105] Wollschläger (Üb.), *Ulysses*, a.a.O., S. 563.

in Deutschland auf Ferdinand Freiligraths Gedicht „Trotz alledem und alledem“ übergegangen; Georg Goyert scheint dies gemerkt zu haben, denn er benutzt die Formulierung „trotz alledem“ in seiner Fassung des Zitats aus dem *Ulysses*: *„Papst Peter pisst ja nur ins Bett. / Ein Mann ist ein Mann trotz alledem“*[106]. Hier ist Goyert auf der richtigen Spur – hätte er nur ein Ohr für Klang und Rhythmus gehabt, wo wäre es ihm vielleicht möglich gewesen, die Ideallösung zu finden.

In *Finnegans Wake* haben die meisten Zitate bereits einen Verzerrungs- und Auflösungsprozeß hinter sich, und dadurch werden sie tendenziell noch schwerer zu übersetzen und – für die Leser jeder Übersetzung – auch schwerer zu erkennen. Dies ist eine Passage aus *Finnegans Wake* I.1:

> Shize? I should shee! Macool, Macool, orra whyi deed ye diie? of a trying thirstay mournin? Sobs they sighdid at Fillagain's chrissormiss wake, all the hoolivans of the nation, prostrated in their consternation and their duodisimally profusive plethora of ulculation. There was plumbs and grumes and cheriffs and citherers and raiders and cinemen too. And the all gianed in with the shoutmost shoviality. [...] He's stiff but he's steady is Priam Olim![107]

Mindestens sechs populäre Lieder werden auf die eine oder andere Weise in dieser Passage zitiert: „Pretty Molly Brannigan“ („Arrah, why did ye die?“), „Finnegan's Wake“, „Hooligan's Christmas Cake“ („There were plums and prunes and cherries / Raisins and currants and cinnamon too“), „Johnny I Hardly Knew You“ („With drums and guns, and guns and drums“), „Phil the Fluter's Ball“ („And they all joined in with the utmost joviality“) und „Brian O'Linn“. Der Übersetzer kann nun aber nicht einfach die Zeilen dieser Lieder übersetzen, denn er muß gleichzeitig auch all das sonstige Material im Auge behalten und mitübersetzen, mit dem die Liedzitate unauflöslich verbunden sind. Dies vorausgesetzt, ist Harald Becks Fassung ein erheblicher Erfolg, denn zumindest ein Teil der Lieder ist darin einigermaßen wiedererkennbar:

> Schize? Kannst fei wohl schaugen! Macool, Macool, hach was mußtest du sterben? an so nem verkorkten durstag mortgen? Schluckzer säufztens bei Füllagains christmasscwake, die hooligauner all im land, gebeugt in bestürzung und verzwölfelt schwappendem jammerschwall. Da gab's zwetschkerl, plaumann und kirschner, zitt'rauner und weinträuber, auch zimmterer dazu. Und alle fielens ein mit grölßter faustgelassenheit. [...] Steif aber standfest ist Priam Olim![108]

---

[106] Goyert (Üb.), *Ulysses*, a.a.O., S. 458.
[107] Joyce, *Finnegans Wake*, a.a.O., 6.13-23.
[108] Harald Beck (Üb.), „Der Anfang“, in Joyce, *Finnegans Wake Deutsch*, a.a.O., S. 27-35, hier S. 30.

Wie man bemerken wird, sind einige der Liedzitate hier nur zu retten gewesen, indem das originale englische Wortmaterial übernommen wurde – eine Methode, die im Umgang mit dem vielsprachigen *Wake* grundsätzlich immer gerechtfertigt ist, solange man sie nicht zu weit treibt. Dieter Stündel wiederum reduziert die Vielsprachigkeit des *Wake* zu einem Text, der fast ausschließlich aus deutschem Sprachmaterial besteht. Dies ist allerdings nicht der einzige Grund, warum die Liedzitate in seiner Version kaum wiederzuerkennen sind:

> Schaiße? Ich soldte es sargen! Markkuhl, Markkuhl, order wirrum biest du krähpiert? an so einem druckenen Dunnerstag Murgen? Schluckzer seifzen sieh bei Filligrans blödsinnlicher TortenWache, all die Hallewamse der Naktion, und sie prosttratierten in irrer Bestürzung und ihre Zwölfzallichkeit proddelziehrte ein ÜbellMass an Plärrerei. Da gab es FlauMänn und Mannderln und Cherryfs und Bossköppe und Rüber und sogar Zimteasten. Und sie alle schlimmten in das schöckste Ginderascha ein. [...] Er war steiff, doch er war standhaft wie einst immay![109]

In meiner eigenen Übersetzung dieser Passage habe ich versucht, wörtliche deutsche Übersetzungen der Liedzitate zu verwenden und die Musikalität des Textes dadurch zu unterstreichen, daß ich mich an die gegebenen Rhythmusstrukturen halte. Gleichzeitig habe ich allerdings darauf geachtet, die nichtmusikalischen Elemente der Joyceschen Textur nicht dem Vorrang des Liedmaterials zu opfern:

> Säuftserg? Sollt ich siehen! Macool, Macool, ochjäh waruum tatst du'n sterbuun? von 'nem stöhnen Durstertagsorgen? Schlucktzerr säuftsen sie echtsinnd bei Füllneurins Weinwachtswürg, alle Hoolifans der Nation, dahingestrecknist in ihrer Verstürzung und ihrem verdutzend übelschwänklichen Trüberfluß der Heuligkeit. Da gab's Pflaumeln und Gezwetsche und Kirscherrn und Chorinthner und Rohsündner und Zimpterlinge dazu. Und die allemachten mit mit fäusterster Heiserkeit. [...] Er ist steif und ist doch stetig das ist Priam Olim![110]

In gewisser Weise besteht *Finnegans Wake* komplett aus Zitaten – das *Wake* zitiert unablässig aus gedruckten und ungedruckten Quellen der unterschiedlichsten Art, sich selbst stets eingeschlossen. Man könnte sogar argumentieren, die wichtigsten Zitate im *Wake* überhaupt seien die Zitate aus sich selbst, und wenn der Übersetzer nur sicherstelle, daß er diese Selbstzitate stets so übersetze, daß sie als solche erkennbar seien, so stelle die so entstehende Übersetzung die perfekte Umsetzung der *Wake*-Struktur aus Repetitionen und Variationen dar.

---

109 Stündel, *Finnegans Wehg*, a.a.O., S. 6.

110 Friedhelm Rathjen (Üb.), „Stimmgelärm", in James Joyce, *Winnegans Fake. Aus dem Spätwerk*, hg. u. üb. v. Friedhelm Rathjen (Südwesthörn: Edition ReJoyce 2012), S. 13 (erstellt 1991 auf Bitte von Fritz Senn für das Hyperwake-Projekt der Joyce-Stiftung).

Fritz Senn hat in einem Aufsatz zur Repetition im Werk von Joyce sieben Textstellen identifiziert, an denen in *Finnegans Wake* der erste Satz von *A Portrait of the Artist as a Young* Man zitiert wird[111]:

1. „One's upon a thyme and two's behind their lettuce leap"
2. „There was once upon a wall and a hooghoog wall a was"
3. „Eins within a space and a wearywide space it was"
4. „O, fibbing once upon a spray what a queer and queasy spree it was"
5. „Once upon a drunk and a fairly good drunk it was"
6. „Once upon the grass and a hopping high grass it was"
7. „One's apurr a puss a story about brid and breakfedes"

Bevor wir uns deutsche Übersetzungen dieser Textstellen anschauen, sollten wir prüfen, welchen Wortlaut der zitierte Satz in der Vorlage und seinen deutschen Fassungen hat:

James Joyce:	„Once upon a time and a very good time it was"[112]
Georg Goyert:	„Vor vielen, vielen Jahren – war das eine herrliche Zeit –"[113]
Klaus Reichert:	„Es war einmal vor langer Zeit und das war eine sehr gute Zeit"[114]

Die deutsche Übersetzung, die heute als Standardübersetzung gilt, ist diejenige Reicherts, also sollten wir alle deutschen Fassungen der *Wake*-Stellen damit vergleichen.

Der einzige deutsche Übersetzer, der es mit allen einschlägigen Textstellen zu tun hatte, ist Dieter Stündel. Seine Versionen lauten[115]:

1. „Äß war ein Mahl und zwei ist hinterm Lassens blattFeen"
2. „Da war einstwalls und ein riessicker Wall e war"
3. „Es wirr einmalz vor lunger Breit und das waar eine sähgutte Breit"
4. „Oh, und fiedelte es war einmalz, was für ein queerer und quählerischer Spars es war"
5. „Es wahr einwahl vor lunger Zeugt und das wahr eine sörgutte Zeugt"
6. „Es war einmal ein Gras und ein hüpf hoch Gras war es"
7. „Es war einmal eine Geschichte über Bett und Frühstück"

---

111 Joyce, *Finnegans Wake*, a.a.O., 20.23 f., 69.6 f., 152.18, 319.14 f., 453.20, 516.1 f., 597.16 f. – Vgl. Fritz Senn, „'The Same Renew'. *Finnegans Wake* as a Chamber of Echoes", in Andreas Fischer (Hg.), *Repetition* (Tübingen: Narr 1994), S. 191-206, hier S. 194.

112 James Joyce, *A Portrait of the Artist as a Young Man*, hg. v. Chester G. Anderson u. Richard Ellmann (New York: Viking Press 1966), S. 7.

113 James Joyce, *Jugendbildnis*, üb. v. Georg Goyert (Zürich: Rhein-Verlag o.J.), S. 8.

114 James Joyce, *Ein Porträt des Künstlers als junger Mann*, üb. v. Klaus Reichert (Frankfurt a.M.: Suhrkamp 1972), S. 7.

115 Stündel, *Finnegans Wehg*, a.a.O., S. 20, 69, 152, 319, 453, 516, 597 (Paginierung identisch mit dem Joyceschen Originaltext).

Die Wortfolge „Once upon a time", die Joyce in alle einschlägigen Textstellen einbaut, entspricht Reicherts „Es war einmal vor langer Zeit", was heißt, daß dies der exakte Wortlaut ist, der in der deutschen Fassung an allen einschlägigen Stellen präsent sein sollte. Der Teil „vor langer Zeit" fehlt freilich in Stündels Versionen der Textstellen 1, 2, 4, 6 und 7, was bedeutet, daß seine deutsche Fassung an diesen Stellen zwar den bekannten Märchenanfang ‚Es war einmal' zitiert, aber nicht notwendigerweise das Joycesche *Portrait.* An den Textstellen 2, 4 und 6 wird dieses Defizit dadurch ausgeglichen, daß der Teil „and a very good time it was" der Joyceschen *Portrait*-Formel aufgegriffen wird, so daß nur in Stündels Versionen der Textstellen 1 und 7 jede eindeutige Verbindung zum ersten Satz von *A Portrait* fehlt. Das läßt sich aber bei genauem Hinsehen auch für die Joyceschen Originalstellen sagen: der Wortlaut der Textstellen 1 und 7 ist nicht notwendigerweise mit *A Portrait* verknüpft und kann durchaus so gelesen werden, daß er sich auf die Märchenformel und sonst gar nichts bezieht. (Hinzufügen könnten wir, daß auch Ulrich Blumenbach und Reinhard Markner in ihrer Übersetzung der Textstelle 7 – „Eins warr einmusch eine Geschichte vom Hotel Ungarni und Paricombattieren und Kuschkuß"[116] – nur die Formel „Es war einmal" zitieren und nicht Reicherts Fortsetzung „vor langer Zeit".)

Wenn wir Reicherts Übersetzung mit dem Joyceschen Originalwortlaut vergleichen, stellen wir fest, daß Joyce seine Floskel mit dem „it was" abschließt (und diese syntaktische Entscheidung an den *Wake*-Textstellen 2, 3, 4, 5 und 6 wiederholt), Reichert dagegen aber sein „das war" vor „eine herrliche Zeit" stellt. Stündel jedoch folgt Reicherts deutscher Standardübersetzung in dieser Hinsicht nur an den Textstellen 3 und 5; strenggenommen verstoßen seine Versionen der Textstellen 2, 4 und 6 gegen die Regel, die zielsprachliche Standardübersetzung der zitierten Textstelle zu benutzen.

Die Textstelle 3 ist noch von vier weiteren Übersetzern ins Deutsche übertragen worden:

Ingeborg Horn:	„Einst wast inmal ein raum und ein schwerweiter raum ist das"[117]
Robert Weninger:	„Einst war einall und alts ein raomfassend all"[118]
Friedhelm Rathjen:	„Eins war womal in weitem Raum und das gar ein leerweiter Raum"[119]
Klaus J. Schönmetzler:	„Einst war imall im weiten-breiten Raum"[120]

116 Ulrich Blumenbach u. Reinhard Markner, unveröffentlichte Übersetzung von *Finnegans Wake* IV.

117 Ingeborg Horn (Üb.), „Schem, Schaun: Quisquiquock", in Joyce, *Finnegans Wake Deutsch*, a.a.O., S. 73-115, hier S. 99.

118 Robert Weninger (Üb.), „The Mookse and the Gripes", ebd., S. 116-123, hier S. 116.

119 Friedhelm Rathjen (Üb.), „Der Mauchs und Der Traufen", ebd., S. 124-131, hier S. 124.

120 Klaus J. Schönmetzler (Üb.), *„... ein sitzam Saeculi Phönis". Sechs deutsche Annäherungen an Finnegans Wake von James Joyce* (Bad Aibling: Privatdruck 1987), S. [5].

Wenn wir diesen Eindeutschungen die oben benannten Kriterien anlegen, stellen wir fest, daß Horn, Weninger und Schönmetzler insofern von Reicherts Wortlaut abweichen, als ihre Fassungen allesamt kein Äquivalent für das „vor langer Zeit" aufweisen, und daß Horn zudem insofern von Reicherts Wortlaut abweicht, als ihre Version das „ist das" (als Äquivalent des Reichertschen „das war") an die falsche Stelle rückt, während bei Weninger und Schönmetzler dieser Teil der Floskel sogar gänzlich ausfällt. Nur die Versionen von Stündel und mir selbst zitieren wirklich korrekt die Struktur des *Portrait*-Eingangssatzes, der der *Wake*-Stelle unterlegt ist – und was die Umsetzung der bei Joyce vorzufindenden semantischen Verkehrungen betrifft („time" wird „space", „upon" wird „within"), mag man mir verzeihen, wenn ich ohne Drumrumreden für mich in Anspruch nehme, hier näher am Original zu sein als Stündel.

4: Und mehr...

Beim Übersetzen geht immer etwas verloren, besagt der bekannte Gemeinplatz, und insbesondere der Joyce-Übersetzer hat immer sehr zu kämpfen, um die Verluste so gering wie möglich zu halten. Vielleicht liegt ein wenig Trost in einer Formulierung von Salman Rushdie: „It is normally supposed that something gets lost in translation; I cling, obstinately, to the notion that something can also be gained."[121] Das bedeutet allerdings nicht, daß der Übersetzer das Recht hätte, nach Belieben in die Übersetzung hineinzupacken, was er will, und das bringt mich auf meine letzte Regel:

- Wenn du etwas in deine Übersetzung hineintun willst, was im Original nicht drinsteckt und nicht kompensatorisch als Gegengabe für etwas gedacht ist, das im Prozeß des Übersetzens unrettbar verlorengegangen ist, so stelle stets sicher, daß du ein geschickter Schmuggler bist: wiewohl ein Leser, der wirklich scharf nach dem Ausschau hält, was du schmuggelst, eine Chance haben sollte, es auch zu finden, sollte ein Leser, der nach nichts Ausschau hält, ebenso die Chance haben, nichts zu finden.

Als Beispiel für übersetzerische Schmuggelei möchte ich einen Fall enthüllen, in dem ich zwar kein Zitat und keinen Titel, aber vielleicht einen Namen in eine meiner Übersetzungen eingeschmuggelt habe. Der fragliche Text – Christopher Buckleys Roman *Thank You for Smoking* – hat mit Joyce gar nichts zu tun, aber vielleicht hat der Name mit Joyce zu tun. An einer Stelle des Romans gibt es eine Passage, die im Original so lautet:

[121] Salman Rushdie, „Imaginary Homelands" (geschrieben 1982), in ders., *Imaginary Homelands. Essays and Criticism 1981-1991* (London: Granta / Penguin 1992), S. 9-21, hier S. 17. Diese Bemerkung findet sich nahezu wortgleich wiederholt in Rushdies Roman *Shame* (London: Pan / Picador 1984), S. 29.

> „NHK – Japanese TV – did an interview with him. He was very good on second-hand smoke. He's really got that down cold. He'll get face time in Tokyo. I'm certain."
>
> „That won't do us a whole lot of good in Peoria."
>
> „Well..." So Erhardt was next. Twenty years of devoted service to science and *auf Wiedersehen*, you're history, Fritz.[122]

Meine Fassung dieser Passage ist eine getreue Übersetzung – zumindest für jeden Leser, der nicht nach Schmuggelware Ausschau hält:

> „NHK – das japanische Fernsehen – hat ein Interview mit ihm gemacht. Er war ziemlich gut in Sachen Passivrauchen. Da hat er ihnen wirklich den Wind aus den Segeln genommen. Der wird in Tokio Gesichtszeit kriegen. Da bin ich sicher."
>
> „Das wird uns in Peoria nicht viel Gutes einbringen."
>
> „Na ja..." Also war Erhardt der nächste. Zwanzig Jahre hingebungsvoller Dienst an der Forschung, und dann *auf Widdersenn*, jetzt bist du Geschichte, Fritz.[123]

Latin Quarter hats off to Him, the Fürst of Fritzerland!.

---

[122] Christopher Buckley, *Thank you for Smoking* (New York: Random House 1994), S. 15. – Vielleicht hat Buckleys Roman wider Erwarten doch mit Joyce zu tun; vgl. ebd., S. 73: „For a second there it looked like she was going to say yes, yes I will, yes."

[123] Christopher Buckley, *Danke, daß Sie hier rauchen*, üb. v. Friedhelm Rathjen (Zürich: Haffmans 1996), S. 23 f. – Für das mögliche Zitat aus Molly Monolog vgl. ebd., S. 99: „Eine Sekunde lang sah es so aus, als würde sie ja sagen, ja, ich will, ja."

„The Writing Beatle!“
John Lennons Erstling *In His Own Write* gilt zu Unrecht als Joyce-Imitation

Um John Lennons erstes Buch in seiner ganzen ursprünglichen Sprengkraft würdigen zu können, müssen wir eine kleine Zeitreise antreten und fast ein Halbjahrhundert in die Vergangenheit springen. 1963/64 gab es so etwas wie Pop-Literatur noch nicht einmal ansatzweise. Der Gedanke, Popmusiker könnten Bücher schreiben, wäre an Verwegenheit kaum zu übertreffen gewesen; andersherum wäre es damals noch keinem ernsthaften Literaten eingefallen, einen Roman mit Zitaten aus Rocksongs aufzumotzen oder womöglich eine Beatband namentlich zu erwähnen. Popmusik und Literatur waren zwei völlig getrennte Welten, letzteres eine ernsthafte Angelegenheit für ein erwachsenes Publikum, ersteres eine Spielwiese für zwanzigjährige Krakeeler, die von Fünfzehnjährigen angehimmelt wurden. Die Generationengrenzen waren noch sauber intakt, keine Oma wäre mit ihrer Enkelin in ein Stadionkonzert gegangen, selbst wenn es dergleichen damals schon gegeben hätte; niemand, der über Mitte zwanzig hinaus war, sah in Popmusik etwas anderes als dumpfes Gelärme – oder vielleicht noch eine Geldquelle, wenn man in der glücklichen Lage war, den kommerziellen Mehrwert des jugendlichen Unfugs abschöpfen zu können. Aus Amerika, wohl wahr, nölte schon Bob Dylan seine Lieder in die Welt, aber Dylan war erstens nicht eingängig genug, um von Pophörern wahrgenommen zu werden, und zweitens noch im Traum nicht jemand, den die Literaturwelt in ihre Sphäre eingelassen hätte. John Lennons Ambitionen beim Texten von Beatles-Songs begnügten sich mit dem Niveau von Zeilen wie: „I wanna be your lover baby / I wanna be your man“; oder wenn er sich ganz viel Mühe gab: „You know you made me cry / I see no use in wondering why / I cry for you.“

So sah's 1963 aus, als der renommierte Londoner Verlag Jonathan Cape mit John Lennon Fühlung aufnahm, um mit ihm einen Buchvertrag zu schließen, und so sah es am 23. März 1964 aus, als das Buch bei Cape und zeitgleich bei Simon & Schuster in New York erschien: *In His Own Write*, eine Sammlung von 23 kurzen Prosatexten und acht Gedichten, ergänzt um 26 Zeichnungen des Autors. Ein Aufkleber mit den Worten „The Writing Beatle!“ auf dem Cover faßte die Sensation in Worte; in Großbritannien sollen nach freilich zweifelhaften Angaben am ersten Tag 50.000 Exemplare verkauft worden sein, innerhalb von zehn Monaten jedenfalls gingen 200.000 Stück über die Ladentheken, woraus man ableiten könnte, daß das Erscheinen des Buchs wohl doch eher ein Pop- als ein literarisches Ereignis war.

Doch das war es eben nicht. Die großen britischen Zeitungen brachten ausführliche und teils hymnische Rezensionen über das Buch, verfaßt von mehr oder weniger renommierten Literaturkritikern. Damit war Lennon von einem Tag auf den anderen als Literat etabliert. Das Spielchen wiederholte sich ein Jahr später (freilich nun mit kritischeren Untertönen) bei Erscheinen seines zweiten Buches *A Spaniard in the Works*, dessen Rezension von der *New Republic* einem der seinerzeit namhaftesten englischen Schriftsteller übertragen wurde, nämlich John Wain, der sich zwar nicht übermäßig begeistert gab, aber auf der Suche nach Vergleichsgrößen gleich in die alleroberste Schublade griff: „Jeder literarisch Gebildete wird beim Lesen von Mr. Lennons Buch sogleich bemerken, daß alles einer Quelle entstammt, nämlich dem Spätwerk von James Joyce. Nicht nur die Entschlossenheit, fast vollständig in Wortspielen zu kommunizieren, sondern auch der ebenso entschlossene schmutzige, blasphemische und subversive Ton ist typisch für Joyce."[1] Diese Zeilen wiederum blieben dem Fachorgan *James Joyce Quarterly* nicht verborgen, in dessen nächster Ausgabe Wains Rezension referiert und dann gleich auch noch verraten wurde, daß Lennon Abonnent des *James Joyce Quarterly* war. Damit galt ein direkter Einflußzusammenhang zwischen Joyce, dem Meister der ambitioniertesten und intellektuellsten literarischen Techniken überhaupt, und dem jungspundigen Ulktexter Lennon als etabliert.

Erklärbar ist das alles vielleicht mit der allumfassenden Euphorie der 60er Jahre, speziell in England, die es bald möglich machte, komplette Weltbilder im Monatstakt auszutauschen. Im Rückblick von heute aus dürfen wir den Übereifer ruhig ein bißchen bremsen. Wenn John Lennon seinerzeit Bezieher von Joyce-Sekundärliteratur war, so läßt das auf eine vorübergehende Neugier schließen – Lennon wollte selbst nachschauen, mit wem seine Kritzeleien da von übers Ziel hinausschießenden Lobhudlern verglichen wurden –, aber es ist höchst unwahrscheinlich, daß Lennons damalige Texte tatsächlich von Joyce beeinflußt waren. Der einzige literarische Autor, der wirklich auf Lennons Schreibe abgefärbt hat (auch auf den einen oder anderen Beatles-Songtext), ist Lewis Carroll, dessen *Alice*-Bücher Lennon eingestandenermaßen früh kannte. Carrolls Tricks, die Logik durch Überdrehung außer Kraft zu setzen, sprachschöpferisch zu spielen und das alles mit bizarren Einfällen zu verbinden, müssen bei Lennon schon früh einen fruchtbaren Nährboden gefunden haben. Bereits als Schüler schrieb und kritzelte Lennon ulkige und satirische kleine Werke, die er in einem Schulheft sammelte und

---

[1] John Wain, „In the Echo Chamber", in *New Republic*, 7. August 1965, S. 20, zitiert und übersetzt nach James Sauceda, *The Literary Lennon. A Comedy of Letters. The First Study of All the Major and Minor Writings of John Lennon* (Ann Arbor: Pierian Press 1983), S. 78. – Sauceda, der für Lennon ebenso wie für Joyce schwärmt, versucht in seinem Buch auf breiter Front, einen direkten Einfluß von Joyce auf Lennon nachzuweisen; die Fülle des von ihm vorgelegten Materials belegt aber bei vorurteilsfreier Prüfung gerade nicht seine Thesen, sondern eher das Gegenteil.

mit denen er unter dem Titel „The Daily Howl" seine Mitschüler beglückte; später ließ er kleine Nonsense-Texte voller Wortwitz und Albernheiten regelmäßig in der Liverpooler Musikpostille *Mersey Beat* abdrucken – viele dieser Textchen gingen dann in sein erstes Buch ein. Lennon ist kein zweiter Lewis Carroll, seine Texte sind bei weitem nicht so penibel geplant wie die des Oxforder Mathematikdozenten, sondern zumeist assoziativ aus Augenblicks-einfällen heraus entstanden, dabei auch anarchischer, wilder, obszöner und subversiver als alles, was ein Carroll hat schreiben können. In Lennons Texten verbindet sich – im besten Fall unter gegenseitiger Befruchtung – pueril-pubertärer Klamauk mit der Tradition englischer Nonsense-Dichtung, und dies unter Vermittlung durch den erfrischenden, halsbrecherisch-virtuosen Einsatz von Kalauern, Sprachspielen und Wortwitzen. Ohne die britische Tradition von Nonsense-Dichtung und literarischer Komik hätte es Lennon als Buchautor vermutlich nicht gegeben; und ohne diese Tradition hätte die literarische Welt über seinen Erstling wahrscheinlich doch nur die Nase gerümpft. Gerade die frühen 60er Jahre waren für ein solches Buch wohl günstig, denn eben hatte man in England den abstrus-komischen Iren Flann O'Brien wiederentdeckt, und B. S. Johnson veröffentlichte die ersten seiner auf bizarre Weise experimentellen Romane. (O'Brien und Johnson waren freilich keine Beatles und mußten sich deshalb mit weit weniger Aufmerksamkeit begnügen.)

Ganz anders sah es in Deutschland aus, wo eine vergleichbare Nonsense-Tradition fehlte und es auch in der aktuellen literarischen Entwicklung keine Anknüpfungspunkte gab – das literarische Establishment blockierte beispielsweise noch Ernst Jandls Publikationsversuche, und auch Arnold Hau war noch nicht auf der Szene erschienen. Einer der Erfinder von Arnold Hau immerhin, nämlich Robert Gernhardt, wurde in seiner Eigenschaft als *Pardon*-Redakteur und Lektor des Verlags Bärmeier und Nikel auf Lennons Erstlingsbuch aufmerksam und hatte eine geniale Idee. Anfang August 1964 schrieb er einen Brief an Arno Schmidt:

> John Lennon ist einer der Beatles. Er hat – zu unserer Überraschung – ein sehr intelligentes und spaßiges Buch geschrieben, das für seine fans wohl unverständlich, für deutsche Liebhaber englischer nonsense-Prosa jedoch recht interessant wäre. [...] Wir möchten ‚In his own write' gern in Deutschland herausbringen und haben die Option erworben. Es ist jedoch sicher, daß Lennons Bändchen im Buchhandel von vornherein mit Mißtrauen betrachtet werden wird, eben weil ein Beatle nicht in eine seriöse Buchhandlung gehört. Dieses Mißtrauen würde schwinden, wenn Sie dieses Buch übersetzten.[2]

---

2 Robert Gernhardt, Brief an Arno Schmidt vom 7. August 1964, zitiert nach Bernd Rauschenbach, „Arnold Hau, Arno Schmidt und die Krampfhennen", in Heiko Arntz & Gerd Haffmans (Hg.), *Der Rabe. Magazin für jede Art von Literatur. Robert*

John Lennon, übersetzt von Arno Schmidt – das wäre in der Tat bombig gewesen. Schmidt allerdings sagte postwendend ab mit der Ausrede, er habe zuviel Arbeit um die Ohren; Bärmeier und Nikel gaben die Option zurück, und so erschien *In seiner eigenen Schreibe* 1965 im kleinen Verlag von Helmut Kossodo, der sich die Übersetzung der Texte mit Wolf Dieter Rogosky geteilt hatte.

Der deutsche Titel *In seiner eigenen Schreibe* zeigt im Vergleich zum originalen *In His Own Write* schon, wo das Problem der Kossodo-Rogosky-Übersetzung liegt. *In seiner eigenen Schreibe* ist sowas wie die Sponti-Variante von „In eigenen Worten", mehr nicht, der Sinn bleibt eindimensional; der Clou des Originaltitels hingegen ist das mitschwingende „In his own right", Lennon spielt mit einem Doppelsinn, dem man sich im Deutschen vielleicht mit kalauernden Varianten wie „Lennon schreibchenweise", „Diese Schreibe ist ein Hit" oder „Nervenkritzel auf eigene Faust" hätte annähern können. Wie dieses Beispiel illustriert, funktionieren solche Sprachtricksereien allerdings im Deutschen lange nicht so gut wie im Englischen, weil Phonetik und Semantik der deutschen Sprache wesentlich zackiger und weniger beweglich sind. Für John Lennons frei assoziierenden anarchischen Umgang mit dem Sprachmaterial deutsche Entsprechungen zu finden, die dem Original an Geschmeidigkeit wenigstens halbwegs gerecht werden können, wäre höllisch schwer und würde Übersetzer brauchen, die am laufenden Band geniale oder wenigstens brillante sprachspielerische Einfälle zu produzieren vermögen; von Kossodo und Rogosky kann man das bei allem unbestreitbaren Bemühen nicht behaupten. Dazu pars pro toto nur ein Beispiel. In dem Text „Liddypool" steht der vertrackte Satz: „The Mersey Boat is selling another three copies to some go home foreigners who went home."[3] Das will uns gar nicht so schwierig scheinen, aber Kossodos Lösung klingt ausgesprochen ungeschmeidig und auch unangemessen: „Der Mersey-Beat verkauft sich gut an ein paar Amis go home, die nach Haus gingen."[4]

Eine Neuübersetzung von Lennons Texten hätte man sich schon seit langem gewünscht, damit auch das deutschsprachige Publikum einmal erfährt, daß es hier um mehr und anderes geht als um eine Ansammlung von Sponti-Sprüchen. Leider handelt es sich aber bei der im Verlag Blumenbar erschienenen Neuausgabe nicht um eine echte Neuübersetzung, sondern lediglich um eine Überarbeitung der alten. Karl Bruckmaier hat die Kossodo-Rogosky-Fassung oberflächlich mal mehr und mal weniger beherzt nachpoliert, aus besagtem „Liddypool"-Satz macht er beispielsweise: „Der Mersey-Beat ver-

---

Gernhardt zum 60. Geburtstag [= Nr. 50] (Zürich: Haffmans 1997), S. 208-212, hier S. 210.

3 John Lennon, *In His Own Write* (London: Cape 1964), S. 54.

4 *John Lennon in seiner eigenen Schreibe*, gedeutscht von Helmut Kossodo und Wolf D. Rogosky (Reinbek: Rowohlt 1981), S. 52.

kauft sich gut (drei Stück) an ein paar Amis-à-go-home, unterwegs nach Hause."[5] Ein Quantensprung ist das gerade nicht, hier latscht einer alte Fußstapfen nur noch ein bißchen mehr aus. Am meisten Aufwand hat Bruckmaier noch darauf verwandt, die Texte zu ‚aktualisieren', indem er Anspielungen auf mittlerweile vergessene Personen und Gegebenheiten durch heutige ersetzt – statt „Sepp Berserker" wuselt nun „Maharishi Mahesh Löwi" im deutschen Text herum, Lennons „Priceless Margarine unt Bony Armstrove", von Rogosky in Gestalt von „Pfarrer Diba und Schah Rhesus Palaver" eingedeutscht, ersetzt Bruckmaier durch „Stehpfann Raps" und „Raff Zwickel", anderswo stoßen wir jetzt auf „Bauernführer Sonnpleitner" und „Geld wie Jauch". Das ist ein bißchen so, als würden in Shakespeare-Übersetzungen Möllemanns finaler Fallschirmsprung oder Wulffs Abgang aus dem Präsidentenamt verbraten werden.

Nun ist, wohl wahr, John Lennon nicht gleich William Shakespeare. Dennoch sind die Qualitäten seines Erstlingsbuches in höherem Maße literarische, als das in der deutschen Fassung deutlich wird. Karl Bruckmaier freilich betont in einem kurzen „Nachklapp" zur Blumenbar-Ausgabe eher das Gegenteil, stellt das Buch in den Kontext von „TWEN-Witzen", Blödeltextern und jenen raren Kotzproben britischen Humors, die um 1970 die deutsche Fernsehunterhaltung aufzupeppen begannen. Wie willkommen Lennons Buch damals von der entsprechend sozialisierten deutschen Sprücheklopfer-Jugend aufgenommen wurde, bringt Bruckmaier im Rückblick auf seine eigene Prähistorie ganz gut auf den Punkt, unterstreicht aber indirekt damit auch, daß *In seiner eigenen Schreibe* in Deutschland nie als literarisches Buch rezipiert wurde, sondern immer als Kuriosum aus den Randbezirken der Popkultur. Entsprechend hemdsärmelig und ungenau ist der Umgangston. Lennon, Kossodo und Rogosky seien „alle drei leider jung verschroben", witzelt Bruckmaier da herum und hämmert damit im Falle Kossodo meilenweit am Nagel vorbei (Helmut Kossodo, Jahrgang 1915 und mithin zur Zeit seiner Lennon-Übersetzung schon ein Fünfziger, starb 1994). Dieser groben Ungenauigkeit befleißigt Bruckmaier sich leider auch bei der Eindeutschung einer eigentlich recht instruktiven kleinen Einleitung von Jon Savage, geschrieben 1997 für einen englischen Paperback-Nachdruck und in der Blumenbar-Ausgabe nun deutsch in einer Übersetzung präsentiert, die so verfälschend ist, daß der Sinngehalt bisweilen auf den Kopf gestellt wird.

Auf eine nach literarischen Maßstäben angemessene Übersetzung von *In His Own Write* warten wir also auch weiterhin, ebenso auf eine solche des zweiten (literarisch um eine Spur bemühteren) Lennon-Buches *A Spaniard in the Works*, dessen seinerzeitige Übersetzung durch Kossodo unter dem Titel

---

5 John Lennon, *In seiner eigenen Schreibe*, mit einer Einleitung von Jon Savage, einem Vorwort von Paul McCartney und einem Nachklapp von Karl Bruckmaier, aus dem Englischen von Helmut Kossodo und Wolf D. Rogosky, Überarbeitung der deutschen Fassung durch Karl Bruckmaier (Berlin: Blumenbar 2010), S. 58.

Ein Spanier macht noch keinen Sommer lang vergriffen ist und bitteschön nicht durch Bruckmaier ‚aktualisiert', sondern durch eine ambitioniertere Neufassung von versierterer Hand ersetzt werden sollte. Ein drittes Buch Lennons, das sein englischer Verlag für 1966 vorgesehen hatte, kam damals nicht mehr zustande, vielleicht weil der prosperierende Jungautor seine sprachspielerischen Fähigkeiten just zu jener Zeit doch endlich auf seine Texte für Beatles-Songs anzuwenden begann (dies freilich nicht entfernt mit jener subversiven Frische, die *In His Own Write* auszeichnet). Erst Jahre nach Lennons Tod erschien unter dem Titel *Skywriting By Word Of Mouth* ein Buch mit den literarischen Texten, die er in seinen letzten fünfzehn Lebensjahren schrieb (und in denen dann doch zumindest ansatzweise eine Kenntnis des Werks von James Joyce auszumachen ist, freilich keine Nachahmung Joycescher Stiltechniken) – Alan Poseners deutsche Fassung *Zwei Jungfrauen oder Wahnsinnig in Dänemark*, als Übersetzung weitaus ernstzunehmender als die Bemühungen Kossodos und Rogoskys, wurde 1993 bei Pendragon verlegt, ist allerdings nur noch antiquarisch (und dies für Apple & Eye) zu bekommen. Diese späteren Texte sind intellektueller als die frühen, spiegeln Lennons Entwicklung vom sprachspielerisch-naiven Spotantexter zunächst zum psychedelisch bemühten, dann zum Agitprop- und schließlich zum abgeklärt-relaxten Literaten. An die sprachassoziativen Qualitäten der spontan-absurden Texte von *In His Own Write* reicht allerdings nichts von dem, was Lennon später mit ambitionierterem Anspruch zu Papier brachte, heran.

Hölle aus Ohnmacht und blinder Wut
William Faulkners *Schall und Wahn* ist der amerikanische *Ulysses*

Wenn William Faulkner der amerikanische Joyce ist (eine beiden Autoren gegenüber ungerechte Gleichung, die aber als erste Orientierungsmarke fraglos zutrifft), dann ist *Schall und Wahn* Faulkners *Ulysses*. Mit diesem Roman, seinem vierten, verläßt Faulkner 1929 das sichere Terrain herkömmlicher Erzählkunst und wagt sich so weit aufs Feld kühnster Darstellungstechniken vor wie späterhin nie wieder. Es liegt nahe, sogar von experimentellem Schreiben zu reden, aber „experimentell" klingt nach einem Gestus unsicheren Ausprobierens, und ein solcher Gestus ist Faulkners Roman gerade nicht abzulesen, der vielmehr eine geradezu traumhafte Sicherheit im Umgang mit Sprache, Perspektive, Innen- wie Außenwelten ausstellt. Selbst im tiefsten Dunkel, wenn wir als Leser jede Orientierung verlieren, scheint Faulkner immer präzis zu wissen, was seine Figuren treibt und was sie treiben, welche von vielen durcheinander redenden Stimmen woher kommt und worauf abzielt, welches Fitzelchen vergangenen oder gegenwärtigen Erlebens gerade ihr Denken, Fühlen und Handeln bestimmt – und welches Wort, welche Formulierung genau den richtigen Impuls sprachlich abzubilden vermag. Mit beherzten Pinselstrichen, die kraftvoll und zart zugleich sind, malt Faulkner uns ein grelles Familiengemälde aus und verschränkt äußere Realität und inneres Wähnen, linear ablaufende Zeit und verschlungen sich wiederholende Erinnerung nicht weniger virtuos als Joyce.

Familienalltag schildern sie beide, doch wo Joyce der Meinung ist, die Literatur habe das „Gewöhnliche" zu schildern[1], gilt Faulkners Augenmerk Konstellationen und Generationsabläufen voller archaischer Gewalt und oftmals hemmungsloser Boshaftigkeit, notdürftig überzogen mit einem Firnis aus Ehre und Bigotterie, dafür untergründig getrieben von einer wuchtigen Sexualität. Den Rahmen bildet wie in allen Büchern Faulkners die schwüle Atmosphäre der amerikanischen Südstaaten in den Anfangsjahrzehnten des 20. Jahrhunderts. Den endgültigen Niedergang der einst mächtigen Familie Compson erleben wir in der vierfachen Gestalt der Geschwister Benjamin, Quentin, Jason und Caddy.

---

[1] Vgl. Richard Ellmann, *James Joyce*, new and revised edition (New York: Oxford University Press 1983), S. 457: „'A writer,' he [= Joyce] remarked to Djuna Barnes in retelling the incident, 'should never write about the extraordinary. That is for the journalist.'"

Im ersten von vier Kapiteln torkeln wir – anfangs weitgehend orientierungslos – durch den inneren Monolog des geisteskranken Benjamin. In seinem Kopf mischen sich Eindrücke und Erinnerungsfetzen, die er nicht sortiert bekommt, und die Stimmen derer, die auf ihn ein oder an ihm vorbei reden; eine eigene Stimme hat er nicht, er kann nur sabbern, grunzen und brüllen. Mit Mühe bekommen wir mit, daß es sein 33. Geburtstag ist, er wünscht sich Kuchen, leidet an einem alten Verlust, dessen genaue Natur ihm unklar ist (mit seiner vor Jahren erfolgten Zwangskastration hat es einerseits nichts zu tun und andererseits doch etwas), und teilt die Welt in die Gerüche ein, die sie absondert: nach Bäumen, nach Regen, nach Hund. Im zweiten Kapitel springen wir 18 Jahre zurück, zum letzten Tag im Leben von Quentin, der ins Wasser geht, mutmaßlich der Verheiratung seiner Schwester Caddy wegen. Quentins Erlebnisse und Gedanken dieses Tages, wiederum in strenger Innenperspektive geschildert, bringen einiges Licht ins wahnhafte Dunkel des Benjamin-Kapitels, aber auch Quentin ist nicht frei von Wahnvorstellungen – ist das Inzestmotiv, das ihm immer wieder durch den Kopf schießt, Angst- oder Wunschtraum oder tatsächlich Wirklichkeit? Am Ende zerfließt sein Kapitel zu einem bruchstückhaften, Punkt und Komma und schließlich auch die Unterscheidung in Groß- und Kleinschreibung einbüßenden inneren Monolog voller offener Fragen: „auf uns liegt ein Fluch wir sind nicht dran schuld sind wir dran schuld“[2].

Ganz anders dann das dritte Kapitel, das wieder in die Zukunft springt, zum Vortag von Benjamins Geburtstag, gesehen und geschildert nun aus der Perspektive des brutalisierten Jason, der alles dran setzt, im Hier und Jetzt der Außenwelt zu reüssieren, und dafür seine Familienangehörigen und alle anderen Mitmenschen drangsaliert, hintergeht und einschüchtert. Ganz anders auch das Schlußkapitel, das nach der erwartbaren Logik eigentlich der geflohenen Schwester Caddie hätte gehören müssen, tatsächlich aber aus der Perspektive eines unpersönlichen Erzählers den Tag nach Benjamins Geburtstag erzählt, an dem alten Wunden neue hinzugefügt werden und es wieder einem Mädchen – der Tochter Caddies, von Jason lieblos erzogen – gelingt, der Familienhölle zu entfliehen. Faulkner kehrt tatsächlich weitgehend zum konventionellen Erzählen zurück wie im Bemühen, nachträglich Ordnung zu schaffen, die Leerstellen zu füllen und zu demonstrieren, daß die Welt dieses Romans keineswegs aus der Familienhölle allein besteht, sondern auch beispielsweise aus den schwarzen Dienstboten, die sich ohne Ende schinden müssen, die Hölle am Laufen zu halten und notdürftig erträglich zu machen. Ordentlich erzählen, so dürfen wir am Ende folgern, läßt sich nur zum Preis der Uneigentlichkeit, der Distanz. Nah dran an der Hölle aber sind wir allein im (von Faulkner mit ungeheuerlicher Kunstfertigkeit hergestellten) Chaos der

---

2 William Faulkner, *Schall und Wahn*, neu übersetzt und mit einem Nachwort von Frank Heibert (Reinbek: Rowohlt 2014), S. 168.

ersten beiden Kapitel, die sich erst bei der zweiten Lektüre aus der Kenntnis der späteren heraus langsam entwirren lassen.

Eine Hölle der Ohnmacht und der blinden Wut ist dieser brachiale Roman notwendigerweise auch für jeden Übersetzer. 1956 legten Helmut M. Braem und Elisabeth Kaiser eine erste deutsche Fassung vor, an der auch heute noch erstaunlich wenig zu kritisieren ist – dennoch ist Frank Heiberts Neuübersetzung ein echter Quantensprung. Wo Braem und Kaiser mit den Fesseln des verhältnismäßig schlafmützigen Deutsch und der Übersetzungskonventionen ihrer Zeit kämpften, geht Heibert mit der Beherztheit des 21. Jahrhunderts zuwerke und gewinnt Faulkner eine neue Frische ab. Im Detail ist sein Umgang mit dem Originaltext in syntaktischer, dialektaler und bisweilen auch lexikalischer Hinsicht recht frei, doch das Ergebnis wird Faulkner auch in den vertrackteren Passagen vollauf gerecht. Besonders zu loben ist der Übersetzer dafür, daß er – wie er es in seinem Nachwort formuliert – der Versuchung widerstanden hat, „einen verständlicheren deutschen Text zu produzieren, als ihn das Original bietet."[3] Dunkle Textwinkel hat er für sich selbst erhellen müssen, um sie übersetzen zu können, dann aber wieder in ein kunstvolles Dunkel getaucht, damit wir Leser den Roman mitsamt jener Schattenhaftigkeit erleben können, die das Faszinosum des Originals ausmacht.

3 Frank Heibert, „Die Tonspur des Niedergangs. Nachwort des Übersetzers", ebd., S. 363-378, hier S. 369.

Weh dem Übersetzer, der deutet!
Grundsätzliche Überlegungen, dargelegt anhand von Pound, Joyce, Schmidt und Beckett

Als Literaturübersetzer bin ich nie Herr im eigenen Haus, sondern immer Diener. Stellt sich die Frage: wem habe ich zu dienen? Den Lesern, sagen die einen. Dem Autor, sagen die anderen. Ich aber sage: dem Text, und zwar ausschließlich. Ich übersetze nicht für jene Teile der Leserschaft, die Schwieriges vereinfacht und Rätselhaftes aufgeschlüsselt haben wollen – was schwierig und was rätselhaft ist an einem Text, das bleibt es auch in meiner Übersetzung. Und wenn ich einen Text übersetze, dann übersetze ich nur diesen Text und nicht die geheimen Intentionen oder nachträglichen Ansinnen seines Autors. Vom Autor will ich nur das wissen, was in seinen Text eingegangen ist. Am liebsten sind mir deshalb tote Autoren, denn sie können mir nicht reinreden in meine Arbeit.

Eva Hesse hatte es da schwerer, als sie mit ihrer jahrzehntelangen Übersetzung des Werks von Ezra Pound begann. Als sie Pound fragte, was er an einer bestimmten Stelle gemeint habe, und dann nach Erhalt der Antwort bemängelte, das Gemeinte sei aber mit dem Geschriebenen nicht in Einklang zu bringen, bekam sie von Pound die Anweisung: „Damn it – don't translate what I wrote, translate what I meant to write.“[1] („Verdammt – übersetzen Sie nicht, was ich geschrieben habe, übersetzen Sie, was ich schreiben wollte.“) An diese Anweisung hat sich Eva Hesse nach Kräften gehalten, und im Resultat führt das zu zweifelhaften übersetzerischen Entscheidungen bis hin zu etlichen Stellen in den Cantos XVIII und XIX, an denen Hesse für die von Pound verwendeten Decknamen wieder die Klarnamen der gemeinten Personen einsetzt.[2] Das, was Eva Hesse hier macht, ist Deutung, Interpretation, Kommentierung; als solches mag es hilfreich sein – als Übersetzung hingegen ist es ein klarer Verstoß gegen die Regel, daß der Text und nur der Text übersetzt wird.

Stellen wir uns vor, in einem zu übersetzenden Text sei folgender Wortlaut zu finden: „Das rote Pferd schwang sich von Ast zu Ast.“ Wenn ich als Übersetzer den Autor frage und dieser mir mitteilt, er sei farbenblind und kenne sich in der Fauna nicht aus, eigentlich habe er eine schwarze Eule ge-

---

1 Hannes Hintermeier, „Warum kommen Sie nicht von Pound los? Im Gespräch: Eva Hesse“, in *Frankfurter Allgemeine Zeitung* 180 (4. August 2012), S. Z6.

2 Vgl. Ezra Pound, *Die Cantos*, üb. v. Eva Hesse u. Manfred Pfister, ediert v. Manfred Pfister u. Heinz Ickstadt, kommentiert v. Heinz Ickstadt u. Eva Hesse, zweisprachige Ausgabe (Zürich, Hamburg: Arche 2012), S. 126-137; außerdem den Kommentar ebd., S. 1223.

meint – was darf oder muß ich mit dieser Auskunft anfangen? Wäre mein Autor Ezra Pound, so würde er von mir verlangen, daß ich in der Übersetzung aus dem roten Pferd eine schwarze Eule mache; der Text wäre damit verdorben, sein spezieller Reiz dahin. Als Übersetzer weigere ich mich deshalb, den Autor danach zu fragen, was er „gemeint" hat oder was er „eigentlich" hätte sagen wollen; für mich zählt das, was der Text sagt und wie er es sagt, also übersetze ich: „Das rote Pferd schwang sich von Ast zu Ast."

Natürlich bietet ein solcher Satz, wenn ich ihn in einem Text lese, Deutungsspielraum, es besteht Interpretationsbedarf. Jeder Leser des Satzes wird diesen auf irgendeine Weise zu deuten versuchen. Soll das rote Pferd vielleicht eine symbolische Umschreibung für den Feuerball der Sonne sein, der hinter dem Geäst eines Baumes aufgeht? Könnte es sein, daß hier von einem Indianer namens Totes Pferd de Rede ist, der in einem Baum herumklettert? Symbolisieren die Äste etwa die Jahre eines kreatürlichen (verwundeten und blitzschnell wie ein Pferd dahinschnellenden) Lebens? Als Leser darf man solche Spekulationen anstellen, wie konsistent oder inkonsistent sie bei näherer Betrachtung auch sein mögen; als Übersetzer hingegen sollte ich all das vermeiden, unwillkürlich sich einstellende Deutungen muß ich unterdrücken. Ich darf nicht anders übersetzen als eben mit der präzisen Wiedergabe: „Das rote Pferd schwang sich von Ast zu Ast." Den Lesern meiner Übersetzung bleibt es überlassen, ebenso verwirrt zu reagieren wie die Leser der Originalfassung; und sie dürfen an dem übersetzten Satz ebenso herumdeuteln. Indem ich als Übersetzer selbst keine Deutung vorgebe, keine Erklärung liefere, die nicht schon im Originaltext steht, wahre ich das Bedeutungsspektrum (oder gegebenenfalls auch die Bedeutungsverweigerung) des Originals, und genau das ist mein Ziel. Ich nehme bewußt *keine* Deutung des zu übersetzenden Textes vor, weil jede Deutung eine Bedeutungsverengung ist, eine Festlegung auf eine von mehreren möglichen Bedeutungszuweisungen. Wenn ich mich auf eine Deutung festlege, verhindere ich andere Deutungen, und eben das darf ich als Übersetzer nicht. Der ideale Übersetzer deutet nicht. (Wobei gern eingeräumt sei, daß es einen solchen idealen Übersetzer nicht geben kann, denn man kann schlichtweg nicht nicht deuten; wer gesprochene oder geschriebene Sprache zur Kenntnis nimmt, nimmt unwillkürlich Deutungen vor – die Aufgabe des Übersetzers ist es folglich, sich die eigenen unwillkürlichen Deutungen bewußt zu machen und sie aus der Übersetzungsarbeit herauszuhalten, so gut es geht.)

In einem Aufsatz zur Übersetzungsarbeit an *Finnegans Wake*, dem schwer zu durchdringenden Spätwerk von James Joyce, bin ich sogar noch einen Schritt weitergegangen und habe behauptet, der ideale *Finnegans-Wake*-Übersetzer dürfe nichts verstehen.[3] Hintergrund dieser zugespitzten These ist

---

[3] Vgl. Friedhelm Rathjen, „Sprakin sea Djoytsch? *Finnegans Wake* into German", in *James Joyce Quarterly* 36.4 (Sommer 1999), S. 905-916, hier S. 906; Nachdruck in

die Überzeugung, daß niemand auf der ganzen Welt *Finnegans Wake* wirklich ohne Einschränkung versteht. Wer das Gegenteil behauptet, gibt sich einer Illusion hin; und wer mit dieser Illusion an die Übersetzungsarbeit geht, übersetzt nicht den Text in seiner vielfältig deutbaren Offenheit, sondern das eigene Verständnis vom Text, das immer ein illusorisches Verständnis ist, bestenfalls ein Teilverständnis – wenn ich etwas zu verstehen glaube, neige ich dazu, mein eigenes Verständnis in der Übersetzung zu betonen und andere Verständnismöglichkeiten (andere Deutungsmöglichkeiten) unter den Tisch fallen zu lassen. So machte es beispielsweise Arno Schmidt, der eine ganz eigene, sehr eigenwillige Deutung von *Finnegans Wake* entwickelt hat und vermeinte, „etwa 75%" von *Finnegans Wake* verstehen, sich „bei intensiver Beschäftigung" noch weitere 15 % erarbeiten zu können[4] – folgerichtig verengen Schmidts Übersetzungsversuche aus *Finnegans Wake* das Sinnspektrum des Textes erheblich, nämlich auf Schmidts eigene Auffassung vom Inhalt, und stellen zwar prächtige Arno-Schmidt-Texte dar, sind als Übersetzungen von *Finnegans Wake* aber überaus defizitär.

Nun ist *Finnegans Wake* zugegebenermaßen ein extremer Sonderfall. Auch in etwas einfacheren literarischen Texten allerdings ist es gefährlich, wenn sich der Übersetzer der Illusion hingibt, er verstehe völlig, was er da übersetze, und erst recht, wenn er meint, schlauer zu sein als der zu übersetzende Text, diesen also gar noch verbessern zu können. Im vorherigen, auch schwierigen, aber an der sprachlichen Oberfläche vergleichsweise gut zu durchdringenden Joyce-Roman *Ulysses* steht an einer Stelle der Zweizeiler: „The harlot's cry from street to street / Shall weave old Ireland's windingsheet."[5] Hier gibt es nicht viel zu verstehen, die Vokabeln sind allesamt leicht zugänglich und bieten kaum Anlaß zur Ausdeutung. Georg Goyert, der erste deutsche Joyce-Übersetzer, kam dennoch ins Grübeln und Nachdenken und gelangte zu folgender Übersetzung der Stelle: „Von Strass' zu Strass' der Hure Schrei / Wird weben Englands Leichentuch."[6] Arno Schmidt kritisierte an dieser Übersetzung nicht nur den entfallenen Endreim, sondern auch die Ersetzung Irlands durch England, die er für einen Irrtum Goyerts halten mußte.[7] Goyert allerdings wehrte sich mit dem Argument, hier handele „es

---

Friedhelm Rathjen, *Irish Company. Joyce & Beckett and more* (Scheeßel: Edition ReJoyce 2010), S. 97-106, S. 98. Deutsche Fassung: Friedhelm Rathjen, „Quadratur des Kreises. Zur Übersetzung von *Finnegans Wake* ins Deutsche", in ders., *Quadratur des Kreises. Zum Übersetzen* (Scheeßel: Edition ReJoyce 2009), S. 127-139, hier S. 128 f.

4 Arno Schmidt, „Der Triton mit dem Sonnenschirm. (Überlegungen zu einer Lesbarmachung von FINNEGANS WAKE von James Joyce.)", in ders., Bargfelder Ausgabe, Bd. II/3 (Zürich: Haffmans 1991), S. 31-69, hier S. 66.

5 James Joyce, *Ulysses. The Corrected Text*, hg. v. Hans Walter Gabler (Harmondsworth: Penguin 1986 [Student's Edition]), 15.4641.

6 James Joyce, *Ulysses*, üb. v. Georg Goyert (Zürich: Rhein-Verlag 1956), S. 601.

7 Vgl. Arno Schmidt, „Ulysses in Deutschland. (Zum 75. Geburtstage von James Joyce.)", in ders., Bargfelder Ausgabe, Bd. III/3 (Zürich: Haffmans 1995), S. 374-

sich augenscheinlich um einen Druckfehler im englischen Text"[8] – und damit ist dies ein eklatantes Beispiel für die schlimmste Sünde, die ein um Deutung und Verständnis des zu übersetzenden Textes bemühter Übersetzer begehen kann; das, was mit dem eigenen (notwendigerweise begrenzten) Verständnis nicht in Einklang zu bringen ist, wird schlichtweg als „Fehler" im Text gedeutet und eliminiert. Der zweifelhafte Vorteil, daß er den Originalautor noch befragen konnte, hat Georg Goyert nicht geholfen, und zum Nachteil gereichte ihm, daß seine Übersetzung sehr früh entstand und er noch nicht auf die ausufernde Joyce-Sekundärliteratur zugreifen konnte, die uns heute zur Verfügung steht. Aus der Lektüre dieser Sekundärliteratur hätte er lernen können, daß das Variieren und falsche Zitieren fester Floskeln und überhaupt die Anverwandlung und Verwandlung des Bekannten zum Formenrepertoire Joycescher Texte gehört.

Mein Deutungs- und Verständnisverbot heißt nämlich nicht, daß der Übersetzer sich nicht schlaumachen dürfte – ganz im Gegenteil. Der Übersetzer soll alles wissen über die Wörter und Sätze, die er zu übersetzen hat; er kennt das Bedeutungsspektrum der Vokabeln, durchschaut die grammatischen Konstruktionen, erkennt Anspielungen und Zitate, hört Echos anderer Textstellen und so weiter. Dabei helfen ihm jene Teile der Sekundärliteratur, die solche Textdetails aufarbeiten, ungemein, und er wird sie gern zu Rate ziehen. Er will und soll die einzelnen Wörter und Sätze „verstehen" – hüten sollte er sich hingegen davor, unbedingt verstehen zu wollen, *warum* diese Wörter und Sätze hier stehen, denn da, wo er sich das fragt, fängt die Deutung an. Und Deutungsfragen sollte der Übersetzer meiden wie die Pest – die Deutung muß den Lesern überlassen bleiben. Deswegen interessiert den idealen, den präzis arbeitenden Übersetzer auch nichts so wenig wie jene spekulativeren Teile der Sekundärliteratur, die dem Text tiefschürfende Interpretationen oder hochfliegende Theorien überstülpen.

Und das gilt gerade für die Arbeit an Texten, die nach Deutung und Interpretation geradezu schreien. Nehmen wir beispielhaft das Werk von Samuel Beckett, das bekanntermaßen voller Rätsel steckt. Chris Hirte, der jüngst einen Band mit Briefen Becketts übersetzt hat, umreißt in seiner Vorbemerkung die Schwierigkeiten und bekundet dann: „Doch übersetzen kann man nur, was man versteht. Wer hier versucht, zu orakeln, landet schnell im

---

380, hier S. 377 f. (Zuerst in der *Frankfurter Allgemeinen Zeitung* vom 26. Oktober 1957.)

8 Georg Goyert, „Noch einmal: Ulysses in Deutschland. Atnwort des Übersetzers Georg Goyert", in Arno Schmidt, *Das essayistische Werk zur angelsächsischen Literatur in 3 Bänden. Sämtliche Nachtprogramme und Aufsätze* (Zürich: Haffmans 1994), Bd. 3, S. 179-181, hier S. 181. (Zuerst in der *Frankfurter Allgemeinen Zeitung* vom 6. Dezember 1957.)

Abseits."[9] Damit scheint er auf den ersten Blick im Widerspruch zu meiner radikalen Zuspitzung zu stehen, der Übersetzer dürfe nichts verstehen, doch Hirte meint mit „verstehen" etwas anderes als ich – sein „verstehen" entspricht meinem „wissen", während jenes „verstehen", das ich dem Übersetzer versagen will, eher mit Hirtes „orakeln" zusammenfällt. Hirtes Bemerkung fällt in Zusammenhang mit einem Satz, den Beckett am 14. November 1930 an seinen Freund Thomas McGreevy schreibt: „Armistice Day & letters to the Irish Times and Luce & Ruddy and all the other means of the Spermopauleatic paroxysm."[10] In der Originalausgabe der Briefausgabe wird der Begriff am Satzende nicht erklärt, auch nicht in den editorischen Anmerkungen; Hirte hat folglich selbst nachgeforscht und festgestellt: „das Wort *spermopauleatic* gibt es nicht."[11] Beckett hat den Begriff erfunden. Über die Wortbestandteile läßt sich aber aufschlüsseln, was Beckett im Sinn gehabt haben muß; Hirte kommt zu dem Ergebnis, „Spermopauleatic paroxysm" meine „eine Art sexueller (bzw. kreativer [...]) Starrkrampf"[12]. Diese Erkenntnis teil Hirte uns auch mit, aber – und das ist wichtig! – nicht in seiner Eigenschaft als Übersetzer, sondern in editorischer Funktion, nämlich in einer Anmerkung; die Übersetzung selbst hält dem Originaltext die Treue, indem sie nichts erklärt, nichts vereinfacht und keine Deutung anbietet: „Tag des Waffenstillstands & Briefe an die Irish Times und Luce & Ruddy und all die anderen Mittel des spermopauleatischen Paroxysmus."[13] Genaugenommen muß der Übersetzer dieses Satzes gar nicht wissen, was ein „Spermopauleatic paroxysm" ist (bzw. was Beckett damit meinen könnte), ebensowenig wie er wissen muß, wer „Luce & Ruddy" sind; er muß nur wissen, daß „Spermopauleatic paroxysm" aus bestimmten teils lateinischen, teils pseudolateinischen semantischen Partikeln besteht, die sich im Deutschen mit angepaßten Endungen problemlos nachbilden lassen, und er muß wissen, daß „Luce & Ruddy" Personennamen sind, die folglich unangetastet bleiben. In dem Moment, in dem sich der Übersetzer um ein weitergehendes Verständnis bemüht, läuft er Gefahr, dieses Verständnis dann auch in seine Übersetzung einbringen zu wollen, was zu einer Verengung der Übersetzung führen würde – es ist nie auszuschließen, daß der Übersetzer sich irrt, also einer Fehldeutung unterliegt, was eine verfälschende Übersetzung zur Folge hätte, aber selbst wenn er das im Originaltext Gemeinte richtig deutet

9 [Chris Hirte,] „Vorbemerkung des Übersetzers", in Samuel Beckett, *Weitermachen ist mehr, als ich tun kann*, Briefe 1929-1940, hg. v. George Craig (Editor), Martha Dow Fehsenfeld (Founding Editor), Dan Gunn (Editor) u. Lois More Overbeck (General Editor), für die deutschsprachige Ausgabe üb. u. eingerichtet v. Chris Hirte (Berlin: Suhrkamp 2013), S. 67-76, hier S. 74.

10 *The Letters of Samuel Beckett*, Volume I: *1929-1940*, Editors: Martha Dow Fehsenfeld, Lois More Overbeck, Associate Editors: George Craig, Dan Gunn (Cambridge: Cambridge University Press 2009), S. 54.

11 Anmerkung in Beckett, *Weitermachen ist mehr, als ich tun kann*, a.a.O., S. 127.

12 Ebd.

13 Beckett, *Weitermachen ist mehr, als ich tun kann*, a.a.O., S. 125.

und diese Deutung seiner Übersetzung unterlegt, engt er schon das Spektrum möglicher Bedeutungen des Textes ein. Im vorgestellten Fall begeht Chris Hirte diesen Fehler erfreulicherweise nicht – als Übersetzer behält er das Verständnis, das er erlangt hat, für sich, seine Übersetzung bleibt ebenso offen wie der Originalwortlaut.

Beckett betont in seinen Texten immer wieder diese Offenheit, was soweit geht, daß Becketts Figuren und auch seine Erzähler immer wieder bekunden, sie würden nichts verstehen. Bisweilen ist dies mit einem Appell an die Leserschaft verbunden: „Verstehe, wer kann."[14] Oder: „das verstehe, wer kann, ich bin dafür nicht zuständig."[15] Wenn aber Becketts Erzähler nicht dafür „zuständig" sind, das Geschilderte zu verstehen, dann ist es der Übersetzer erst recht nicht. Den Lesern soll ermöglicht bleiben, ganz nach eigenen Dispositionen etwas zu „verstehen", also Deutungen vorzunehmen (was auch die Lizenz zum Mißverständnis – zu einer Fehldeutung – einschließt), und diese Chance bleibt nur gewahrt, wenn nicht schon der Übersetzer deutend und bedeutungsverengend eingreift. Solche Verengungen nimmt Christian Enzensberger in seiner Eindeutschung der frühen Beckett-Erzählungen *More Pricks than Kicks* unter dem Titel *Mehr Prügel als Flügel* leider allzu oft vor. An einer Stelle muß sich die Figur Smeraldina, die eben ihren Liebhaber verloren hat, von einem gewissen Hairy zweideutige Avancen gefallen lassen. Im Originaltext folgt der Satz: „'I don't understand' said the Smeraldina."[16] Es bleibt offen, ob Smeraldinas „I don't understand" sich konkret auf den zweideutigen Antrag Hairys bezieht oder vielleicht doch auf eine generellere Unfähigkeit, ihre Situation oder gar das Wirken der Welt zu begreifen. Christian Enzensberger aber interpretiert den Satz, indem er ihn leicht erweitert und ihm so einen umgangssprachlichen Ton gibt: „‚Ich verstehe nicht ganz', sagte die Smeraldina."[17] Durch die Einfügung des Wörtchens „ganz" ist die Offenheit dahin; in Enzensbergers Übersetzung verengt sich das Bedeutungsspektrum des Satzes auf einen konkreten Sinn, nämlich den, daß Smeraldina dem Ansinnen Hairys nicht gleich zu folgen vermag. Enzensbergers Fehler ist, daß er erstens zu verstehen glaubt, wie der Satz gemeint ist, und zweitens sein verengendes Verständnis der Übersetzung als einzig mögliche Deutung unterlegt. Naturgemäß gibt es Fälle, in denen solche Verengung schlichtweg unvermeidbar ist, nicht jede Offenheit und nicht jedes Bedeutungsspektrum läßt sich verlustlos in die Zielsprache transferieren – im vorliegenden Fall hätte es aber

---

14 Samuel Beckett, *Was wo*, üb. v. Elmar u. Jonas Tophoven, in ders., *Werke V. Supplementband I* (Frankfurt a.M.: Suhrkamp 1986), S. 141-151, hier S. 150.

15 Samuel Beckett, „Texte um Nichts", in ders., *Erzählungen und Texte um Nichts*, üb. v. Elmar Tophoven (Frankfurt a.M.: Suhrkamp 1962), S. 97-168, hier S. 124.

16 Samuel Beckett, *More Pricks than Kicks*, Stories (New York: Grove Press 1972), S. 190.

17 Samuel Beckett, *Mehr Prügel als Flügel*, üb. v. Christian Enzensberger (Frankfurt a.M.: Suhrkamp 1989), S. 212.

schon gereicht, sich strikt an den Wortlaut des Originals zu halten und auf die Einfügung des Wörtchens „ganz" zu verzichten.

Prüfen wir zum Schluß noch eine weitere Beckett-Stelle, an der eine Figur etwas nicht versteht. Im Roman *Mercier et Camier*, dem ersten, den Beckett in französischer Sprache schrieb, findet sich folgender Wortwechsel der beiden Titelhelden:

> Tu es sûr qu'on ne nous a pas vus? dit Camier.
>
> Le hasard fait bien les choses, dit Mercier. Au fond je n'ai jamais compté que sur lui.
>
> Heureusement que ce n'est pas loin, dit Camier.
>
> Te rends-tu compte de ce que ça signifie pour nous? dit Mercier.
>
> Je ne vois pas que ça change grand-chose, pour le moment, dit Camier.
>
> Ça ne devrait rien changer, dit Mercier, mais ça changera tout.
>
> Ça devrait tout changer, dit Camier, mais ça ne changera rien.
>
> Tu vas voir, dit Mercier. Les fleurs sont dans le vase, et les moutons sont rentrés au parc.
>
> Je ne comprends pas, dit Camier.[18]

In Elmar Tophovens deutscher Fassung lautet die Passage:

> Bist du sicher, daß uns niemand gesehen hat? sagte Camier.
>
> Der Zufall besorgt drei Viertel in dieser elenden Welt, sagte Mercier. Eigentlich habe ich mich immer nur auf ihn verlassen.
>
> Zum Glück ist es nicht weit, sagte Camier.
>
> Bist du dir im klaren darüber, was das für uns bedeutet? sagte Mercier.
>
> Ich wüßte nicht, warum das viel ändern sollte, im Moment, sagte Camier.
>
> Es dürfte nichts ändern, sagte Mercier, aber es wird alles ändern.
>
> Es dürfte alles ändern, sagte Camier, aber es wird nichts ändern.
>
> Du wirst schon sehen, sagte Mercier. Die Blumen sind in der Vase, und die Hammel sind in den Pferch zurückgekehrt.
>
> Ich verstehe nicht, sagte Camier.[19]

Merciers Satz über die Blumen und die Hammel ist nicht nur für Camier unverständlich, auch Lesern und Übersetzern kann nicht unmittelbar klar sein, was genau Mercier damit meint. Zum Glück ist diese Frage für den Übersetzer unerheblich; der Oberflächensinn aller Wörter der Satzes und damit des Satzes insgesamt bietet keinerlei Probleme, also reicht es hin, diesen Ober-

---

[18] Samuel Beckett, *Mercier et Camier* (Paris: Éditions de Minuit 1972), S. 137 f.

[19] Samuel Beckett, *Mercier und Camier*, üb. v. Elmar Tophoven (Frankfurt a.M.: Suhrkamp 1973), S. 144.

flächensinn zu übersetzen. Jeder Deutungsversuch könnte nur von Schaden sein; dieser Fall ist ähnlich gelagert wie unser Beispielsatz vom roten Pferd, das sich von Ast zu Ast schwingt. Das einzige, was der Übersetzer sich fragen darf (und sogar muß), ist, ob vielleicht der Satz von den Blumen in der Vase und den Hammeln im Pferch im Französischen ein Sprichwort oder eine feste Redewendung sein könnte – wäre es so, so müßte im Deutschen nach einer Entsprechung gesucht werden, denn der Floskelcharakter wäre in diesem Fall tatsächlich wichtiger als der Oberflächensinn.

Nun hat Beckett fast alle seine Texte selbst vom Französischen ins Englische oder umgekehrt übersetzt, und da bietet es sich immer an, einmal nachzuschauen, was er selbst aus seiner eigenen Vorlage gemacht hat. Wir dürfen voraussetzen, daß am ehesten Beckett selbst seine Texte verstanden hat, daß am ehesten er ihren Sinn „richtig" zu deuten wußte. Schauen wir uns also an, wie der zitierte Textausschnitt in Becketts englischer Selbstübersetzung aussieht:

> Are you sure we were not seen? said Camier.
>
> Chance knows how to handle it, said Mercier. Deep down I never counted but on her.
>
> I don't see what difference it makes, said Camier.
>
> You will, said Mercier. The flowers are in the vase and the flock back in the fold.
>
> I don't understand, said Camier.[20]

An dem rätselhaften Satz von den Blumen und den Hammeln hat Beckett wenig geändert, der Oberflächensinn bleibt gewahrt, eine Konkretisierung (also Verengung) auf eine bestimmte Bedeutung hin findet nicht statt – der Satz behält eben jenen Grad an Unverständlichkeit, den er im Original aufweist. Aber etwas anderes fällt auf. Beckett hat einen Teil des Wortwechsels einfach gestrichen, und zwar ausgerechnet denjenigen, in dem von „bedeuten" die Rede ist. Niemand außer dem Autor, der die Autorität seiner Autorschaft auch beim Übersetzen in Anspruch nimmt, dürfte sich dergleichen erlauben, aber das ist nicht der springende Punkt. Der Punkt, auf den ich hinaus will, ist vielmehr, daß Beckett seine Deutungshoheit mißbraucht, um den Text umzuschreiben. Beckett kann den Text ohne Skrupel nur verändern, weil er weiß (oder zu wissen meint), welcher Sinn und welche Bedeutung im Text stecken, was gut und was weniger gut an dem Text ist, was stärker herausgearbeitet und was besser unter Verschluß gehalten werden sollte. Beckett versteht den Text; Beckett deutet den Text – und sein Verständnis und seine Deutung stülpt er dem Text beim Übersetzen über. Beckett zeigt beispielhaft, was ein Übersetzer auf keinen Fall darf und worauf ein Übersetzer unbedingt ver-

---

20 Samuel Beckett, *Mercier and Camier*, translated from the original French by the Author (New York: Grove Press 1975), S. 94.

zichten muß. Ein Übersetzer darf den Text, den er übersetzt, nicht willentlich verändern; und damit er es nicht tut, ist es besser, er enthält sich jeder Deutung und achtet darauf, daß jede unwillkürlich sich einstellende Deutung aus der Übersetzungsarbeit herausgehalten wird.

Beispiele wie das vorgestellte finden sich in Becketts Selbstübersetzungen zuhauf. Als Übersetzungen wären diese Selbstübersetzungen damit eigentlich gründlich desavouiert. Akzeptieren können wir die Eingriffe vielleicht, wenn wir den Selbstübersetzer Beckett nicht als Übersetzer, sondern als Autor begreifen; ein Autor hat das Recht, von seinen eigenen Texten Neufassungen herzustellen, und genau das ist es, was Beckett macht. Genaugenommen gibt es von seinen Texten nicht ein französisches Original und eine englische Übersetzung (oder umgekehrt), sondern es gibt jeweils zwei Originale; oder eine Fassung erster Hand und eine Fassung letzter Hand. Ein entscheidender Unterscheid zwischen Becketts Eingriffen und den verengenden Eingriffen deutender Übersetzer liegt im übrigen darin, daß Beckett nicht etwa rätselhafte, unklare oder interpretationsbedürftige Textstellen aufklärt und vereindeutigt, sondern genau auf das Gegenteil zielt. In seinen Zweitfassungen bemüht sich Beckett in der Regel darum, verräterisch offene Stellen zu streichen und ungeschützt eindeutige und direkte Formulierungen durch mehrdeutige und indirekte zu ersetzen. Beispielsweise in der folgenden Passage des „Textes um Nichts“ VIII:

Französisches Original:

> Alors que je me sais pétant de mortalité là-haut quelque part en Europe probablement, sous le ciel aspirant et foulant chaque jour un peu plus blet comme hier dans la pompe de la matrice. Non, l'avoir dit me convainc du contraire, je n'ai jamais vu le jour, pas plus que lui, voilà la beauté toute négative de la parole, dont malheureusement les négations subissent le même sort, en voilà la laideur.[21]

Deutsche Fassung von Elmar Tophoven:

> Wobei ich doch weiß, daß ich vor Sterblichkeit platze, dort oben, irgendwo in Europa wahrscheinlich, unterm saugenden und drückenden Himmel, jeden Tag etwas mürber, wie gestern in der Pumpe der Gebärmutter. Nein, es gesagt zu haben, überzeugt mich vom Gegenteil, ich bin nie auf die Welt gekommen, ebenso wenig wie er, das ist eben die ganz [sic] negative Schönheit der Sprache, deren Negationen leider dasselbe Schicksal erleiden, was eben ihre Häßlichkeit ist.[22]

---

[21] Samuel Beckett, „Textes pour Rien“, in ders., *Nouvelles et Textes pour Rien* (Paris: Éditions de Minuit 1958), S. 113-206, hier S. 171.

[22] Beckett, „Texte um Nichts“, a.a.O., S. 142.

Becketts Selbstübersetzung ins Englische:

> Whereas to my certain knowledge I'm dead and kicking above, somewhere in Europe probably, with every plunge and suck of the sky a little more overripe, as yesterday in the pump of the womb. No, to have said so convinces me of the contrary, I never saw the light of day, any more than he, ah if no were content to cut yes's throat and never cut its own.[23]

Das Ziel der Beckettschen Eingriffe in der Selbstübersetzung ist nicht Mehrung von Verständnis, sondern Ausweitung des Spektrums der Deutungsmöglichkeiten. Beckett will nicht herausarbeiten, was er sagen wollte, sondern er will im Zweifel immer besser verbergen, was er sagen wollte. Damit will er das Gegenteil von dem, was Ezra Pound von Eva Hesse verlangte. Beckett will die Integrität des Werks schützen, nicht die Intentionen des Autors zur Richtschnur machen – und eben darauf sollte auch ein guter Literaturübersetzer abzielen.

---

[23] Samuel Beckett, „Texts for Nothing", translated by the author, in ders., *The Complete Short Prose, 1929-1989*, Edited and with an Introduction and Notes by S. E. Gontarski (New York: Grove Press 1995), S. 100-154, hier S. 133.

Von der Zeit angefressen
Joyce, Beckett, Jolas, Eich – eine kleine Gedankenflucht

Daß die Namensreihung meines Untertitels anfänglich überraschen muß, ist mir nicht nur klar, sondern sogar beabsichtigt. Ich hoffe, am Ende wird sich an dieser Reihung dann niemand mehr stoßen. Wer sich in Günter Eichs Werk gut auskennt – und man kann nur jedem wünschen, das zu tun –, der weiß immerhin zweierlei:

In dem Band *Maulwürfe*, mit dem sich 1968 der sogenannte ‚neue Eich' vorstellte, findet sich der Text „Begrüßung" und darin eine Stelle, die zeigt, daß Günter Eich jene Schallplattenaufnahme, auf der James Joyce das Ende des „Anna-Livia"-Kapitels aus *Finnegans Wake* liest, sehr gut kannte: „Nun will ich die Stimme von Joyce hören und das rollende r. Die Flußnamen ähneln sich. Verschollene Zitronenkerne werden bis in die Weltmeere geschwemmt."[1] In einem später entstandenen Maulwurf wird dann auch noch der langjährige Arbeitgeber von Joyce erwähnt, nämlich die „Berlitz School"[2]. Das ist das eine.

Nachdem Eich 1972 starb, gab sein Verleger den Band *Günter Eich zum Gedächtnis* heraus, und darin findet sich neben eher erwartbaren Hommagen auch eine solche von Samuel Beckett, nämlich in Gestalt des Prosatextes „As the story was told"[3] und der faksimilierten Widmung „A la mémoire de Günther [sic!] Eich"[4]. Das ist das andere.

Nun läßt sich mit einigem Recht einwenden, die Beckettsche Hommage an Eich lasse sich ganz simpel mit dem gemeinsamen deutschen Verlag erklären, also mit ausgesprochen außerliterarischen Gesichtspunkten, und der Name Joyce tauche bei Eich eben nicht zufällig erst im Alterswerk auf, zu

---

1 Günter Eich, „Begrüßung", in *Gesammelte Maulwürfe* (Frankfurt a.M.: Suhrkamp 197), S. 54 f., hier S. 54.

2 Günter Eich, „Verspätetes Frühstück", ebd., S. 127.

3 Samuel Beckett, „As the story was told", englischsprachiges Original samt Übersetzung von Wolfgang Hildesheimer, „Wie die Geschichte erzählt wurde", in *Günter Eich zum Gedächtnis*, hg. v. Siegfried Unseld (Frankfurt a.M.: Suhrkamp 1973, S. 10-13). Da dieser Band inzwischen vergriffen ist, seien Interessenten verwiesen auf den Wiederabdruck in Samuel Beckett, *Collected Shorter Prose 1945-1980* (London: Calder 1984), S. 211-212. – Zu diesem Prosatext Becketts gibt es eine kuriose biographische Deutung von James Hansford, „Seeing and saying in 'As the story was told'", in *Journal of Beckett Studies*, Nr. 8, Autumn 1982, S. 75-93, in der versucht wird, den Text als einen Text über Eich zu lesen, was nur funktioniert, weil der Autor von Eich nichts weiß – so behauptet er etwa, Eich habe Selbstmord begangen (S. 93), was zwar außer Hansford niemandem bekannt ist, aber dafür den Vorteil bietet, mit dem Beckett-Text vereinbar zu sein.

4 *Günter Eich zum Gedächtnis*, a.a.O., S. 9; datiert „Paris août 1973".

einem Zeitpunkt also, da Joyce schon als Klassiker ad acta gelegt und gefahrlosem name-dropping überantwortbar geworden sei. Richtig spannend wäre es nur gewesen, wenn sich ein früher Berührungspunkt hätte ausmachen lassen. Ganz recht – und eben darum soll's mir im folgenden gehen, und eben deshalb steht in meinem Untertitel auch noch der Name Jolas.

Doch greifen wir zunächst einmal in die biographische Trickkiste. Im Spätsommer 1928 treffen zwei junge Männer in Paris ein, beides hoffnungsvolle Jungakademiker aus dem Ausland. Der eine ist ein 22jähriger Ire, der eine Stelle als Austauschlektor an der Ecole Normale Supérieure antritt, der andere ist ein 21jähriger Deutscher, der sein Sinologie-Studium an der Sorbonne fortsetzt; der eine heißt Samuel Beckett, der andere heiß Günter Eich. Becketts Ankunft in Paris ist wohldokumentiert[5], und wohlbekannt ist, daß er schon bald in den engeren Kreis um James Joyce gerät; von den literarischen Aktivitäten Eichs in Paris hingegen weiß man relativ wenig, zumal der offenbar einzige Augenzeuge, Willi Fehse, zum Eichschen Aufenthalt in Paris ausgesprochen widersprüchliche und fehlerhafte Angaben macht, etwas diesen Aufenthalt um ein Jahr vorverlegt[6]. Immerhin läßt sich Fehses Bericht entnehmen, daß Eich Bekanntschaft mit Philippe Soupault machte, der bekanntlich seinerseits in Kontakt zum Kreis um Joyce stand.

Wichtiger scheint mir jedoch, daß Eich irgendeine Art von Kontakt zu Eugene Jolas bekommen haben muß, dem Herausgeber der legendären Zeitschrift *Transition*, in der Joyce von 1927 bis 1937 große Teile des Romans *Finnegans Wake* vorabdrucken ließ und in der 1929 Samuel Becketts erste Veröffentlichungen überhaupt publiziert wurden. Im Herbst 1928, also kurz nach der Ankunft sowohl Becketts als auch Eichs in Paris, erschien die Nummer 14 von *Transition* und darin zwar ausnahmsweise kein Vorabdruck von Joyce, erstaunlicherweise aber ein Gedicht von Günter Eich. Es handelt sich um einen reimlosen Text, den Eugene Jolas persönlich unter dem Titel „Verses on Many Evenings" übersetzt hatte. Allein die Tatsache, daß Eich überhaupt in *Transition* publikabel war, läßt das Klischee vom Naturlyriker, vom Lehmann- und Loerke-Nachfahren Eich doch arg ins Wanken geraten. Dem von Jolas übersetzten und übrigens auch dem einen oder anderen sonstigen ganz frühen Gedicht Eichs wird man mit dem bekannten Bennschen Diktum von den Bewisperern von Blättern und Gräsern keineswegs gerecht. „Verses on Many Evenings" ist eines jener Gedichte aus Eichs erstem Lyrikband *Gedichte* (1930), die bereits 1927 in der von Fehse und Klaus Mann herausgegebenen *Anthologie jüngster Lyrik* erschienen waren; drei davon sind in späteren Sammlungen gelegentlich unter dem Titel „Verse an vielen Abenden" zusammengefaßt worden,

---

[5] Am genauesten dokumentiert bei Susan Schreibman, „The Penman and his Bleaters", in *In Principle, Beckett is Joyce*, hg. v. Friedhelm Rathjen (Edinburgh: Split Pea Press 1994), S. 1-19.

[6] Vgl. Willi Fehse, „Ein ganz natürlicher junger Mann...", in *Günter Eich zum Gedächtnis*, a.a.O., S. 30-41.

doch offenbar wollte Eich diesen Titel auf jenes eine Gedicht beschränkt sehen, das in *Transition* zum Abdruck kam. Da Eich in der genannten Anthologie und auch bei einigen anderen verstreuten Publikationen in Deutschland zunächst das Pseudonym Erich Günter benutzte, ist „Verses on Many Evenings" möglicherweise sogar Eichs erste Veröffentlichung unter eigenem Namen[7]. Hier ist das Gedicht in der Übersetzung von Jolas:

> Trotting with steps of hungry wolves about your deserted cottage,
> watchman of the night, you, too, are untroubled
> by the quieting of time, and you bellow
> equal number with the seconds.
> Shaggily your skin rises in the wind grown grey and your snout
> has dipped itself moist into the dampness of the dew.
>
> Oh, time is eating me away and I am bored
> from my tenth to my eightieth year.
> Beautiful is the body at first, face and hands,
> but gradually the flesh will melt,
> and the bones will be covered with skin alone.
>
> When softly sing the birds and the animals in the forest gnaw
> at the young trees,
> when spring comes or the blue autumn that raps
> at the panes on afternoons,
> I shall walk perhaps over the forest-floor of paper, while
> the lights are on in the mines of the stars.
> Or else I may hang my longings to the wings of the clouds,
> to the mottled tails of dragons soaring above the winds,
> or lie in the grass by the river doing nothing.[8]

Dieses Gedicht steht zugegebenermaßen, was die Schulschubladensortierung angeht, auf der Kippe: man kann es, wenn man unbedingt will, natürlich noch so eben unter „Naturlyrik" verbuchen, und so ist es in der Eich-Sekundärliteratur bislang meist geschehen. Gerade angesichts des überraschenden Druckortes möchte ich aber hier doch eine Lesart bevorzugen, die auf das zaghaft Experimentelle in Form und Sprache abhebt. Der frühe Eich würde dadurch endlich einem Kontext entrissen, der nur aus den Namen Loerke und Leh-

---

7 In Deutschland publizierte Eich unter eigenem Namen erstmals 1928 im September-Heft der Zeitschrift *Die Neue Rundschau* Gedichte. Ob das *Transition*-Heft vorher oder später erschien, war bislang nicht zu eruieren.

8 Günter Eich, „Verses on Many Evenings", üb. v. Eugene Jolas, in *Transition*, Nr. 14, 1928, S. 260; wieder abgedruckt bei Fehse, a.a.O., S. 38 f., dort jedoch mit dem fälschlichen Titel „Verses *of* many Evenings" versehen. – Das deutsche Original findet sich natürlich in der Eich-Werkausgabe des Suhrkamp-Verlags; einfacher und billiger zugänglich ist es in dem Auswahlband *Fabula rasa. Gedichte und Maulwürfe aus den Jahren 1927-1972*, hg. v. Samuel Moser (Stuttgart: Reclam 1986), S. 7.

mann besteht und selbst bei wohlmeinenden Kommentatoren zu einem unangemessenen Bild geführt hat. So formuliert etwa Ulrich Greiner in seinem Versuch, Eich vor dem Vorwurf, er sei Nazi-Propagandist gewesen, in Schutz zu nehmen, ausgesprochen unzutreffend: „Eich, wie viele seiner Zeitgenossen, schrieb vor 1933 nicht anders als während der Nazi-Zeit und nach dem Krieg. In der Sammlung ‚Abgelegene Gehöfte' (1948) verwendet Eich noch durchweg das klassische Versmaß mit Endreim."[9] Schon allein das Gedicht, das Eugene Jolas für *Transition* übersetzte, stellt eindeutig klar, daß in dieser Aussage zumindest das Wörtchen „noch" völlig unangebracht ist: es stimmt zwar, daß Eich in dem Band von 1948 (dessen Gedichte zum Teil schon vor dem Krieg entstanden) recht konventionell vor sich hinreimt, doch er tat es eben nicht „noch", war vielmehr vor 1930 schon viel freier und experimentierfreudiger. Insofern kann man zwar trefflich darüber streiten, wie harmlos Eichs Gedichte aus Nazizeit und bundesrepublikanischer Restauration ästhetisch gewesen sein mögen – das ändert aber nichts daran, daß zumindest einige der ganz frühen Gedichte einem viel avancierteren Kontext angehören.

Benennen wir diesen Kontext, indem wir einige Namen aufzählen. Es muß ja nicht gleich Joyce und es muß auch nicht der spätere *Transition*-Beiträger Beckett sein; die deutschsprachigen Schriftsteller, die vor Eich in *Transition* publiziert worden waren, sind: Hans Arp, Gottfried Benn, Arno Holz, Franz Kafka, Else Lasker-Schüler, Rainer Maria Rilke, René Schickele, Kurt Schwitters, Carl Sternheim, Georg Trakl und eine gewisse Elsa von Freytag-Loringhoven; zu denen, die nach Eich noch in *Transition* zum Abdruck kamen, zählen Hugo Ball, Alfred Döblin, Carl Einstein, Paul Scheerbart und August Stramm – wahrlich keine schlechte Umgebung für den vermeintlichen Naturlyriker Eich. Im selben Heft, in dem sein Gedicht abgedruckt ist, erscheinen die *Tender Buttons* von Gertrude Stein, außerdem Texte von Marcel Brion, Richard Aldington, Edouard Roditi, Kasimir Edschmid und vielen anderen, und auch ein Aufsatz von John Rodker über die Wortstruktur des im Entstehen begriffenen *Finnegans Wake* ist dabei. Mitten zwischen Postdada und Spätexpressionismus, zwischen Joyce und Stein sieht man den frühen Eich in der Tat gerne, wenngleich wir nicht verhehlen wollen, daß es in *Transition* (wie wohl in jeder literarischen Zeitschrift) riesige Qualitätsschwankungen gegeben hat. Sollten wir womöglich wünschen, Eich wäre länger als nur ein Jahr in Paris geblieben? Immerhin brauchte er so rundweg drei Jahrzehnte, um sich wieder in den hier umrissenen Kontext zurückzuschreiben.

Setzen wir den frühen Eich in den so vielfach benannten *Transition*-Kontext, so wäre eventuell auch die eine oder andere von seinen schriftlichen Äußerungen aus der Prä-Nazi-Zeit etwas anders zu bewerten, als das bisher geschehen ist. Ich denke da konkret an Sätze aus einer Stellungnahme von 1930. „Ich bin zunächst Lyriker und alles, was ich schreibe, sind mehr oder

[9] Ulrich Greiner, „Ein Streit um Eich", in *Die Zeit*, Nr. 16, 16.4.93, S. 57.

mindere ‚innere Dialoge'. [...] Und Verantwortung vor der Zeit? Nicht im geringsten. Nur vor mir selber."[10] Das ist unpolitischer Eskapismus, Abwehr der Forderung nach politischer Wachsamkeit, heißt es dazu – mehr oder weniger freundlich verklausuliert – in der Sekundärliteratur. Ich möchte hingegen vorschlagen, die Aussage nicht politisch, sondern ästhetisch zu verstehen – wenn wir das tun, bleiben wir an dem Begriff „innere Dialoge" hängen, dessen terminologische Anklänge an den berühmtberüchtigten inneren Monolog à la Joyce mit Fug nicht mehr zu leugnen sind, sobald wir voraussetzen dürfen, daß Eich von Joyce etwas gewußt hat. Daß er das aber hat, sollte angesichts seines Paris-Aufenthaltes 1928/29 und vor allem seiner Publikation in *Transition* wenig bestreitbar sein.

Wenn Eich mit seinen „inneren Dialogen" auf Joyce anspielt, so können wir auch endlich den Kreis zu Beckett schließen. Auch der junge Beckett hat sich nämlich variierend auf die – in den späten zwanziger und den frühen dreißiger Jahren unauflöslich mit Joyce verbundene – begriffliche Wegmarke „innerer Monolog" bezogen, und zwar in seinem erst postum publizierten, aber schon 1932 entstandenen Roman *Dream of Fair to Middling Women.* Dort findet sich folgende Passage:

> Denken, nicht das Sich-abplagen fürs Leben, noch Leben als ein Hochjagen des Denkens zu Dreigroschengewißheiten, sondern lebendige Hirntätigkeit, die kein Gehalt bezog und keine Scheißkübel leerte. Im Stollen krümmte er sich in schweren Gedankenkrämpfen willkürlicher Art – seine Gedanken, frei und unfachmännisch, ehrenamtlich – ein Leben, wie es nur Geistern freisteht, zu leben. Und all das Theater, das gemacht wird um Monolog und Dialog und Polylog und Katalog, all das ausschließlich intérieur. Oh die belle blague! Die machte ihn wirklich müde. Und die GEDANKENFLUCHT![11]

Samuel Beckett, so schrieb Dylan Thomas 1938 in einer Rezension des Romans *Murphy*, sei einer von denen, die „noch nicht den Einfluß der Schriftsteller abgeschüttelt hat, die *Transition* zu ihrer dauernden Ruhestätte erkoren haben."[12] Von Günter Eich wird man das wohl nicht sagen können, was vielleicht doch ein bißchen schade ist. Und was Dylan Thomas selbst betrifft: der publizierte ab 1936 selbst in *Transition*[13]. Aber spätestens das ist dann wirklich eine ganz andere Geschichte.

---

10 Günter Eich, Antwort auf eine Umfrage an deutsche Schriftsteller zu den „Tendenzen ihres Schaffens", in *Die Kolonne*, Februar 1930, S. 7, zitiert nach Eich, *Gesammelte Werke in vier Bänden* (Frankfurt a.M.: Suhrkamp 1973), Bd. IV, S. 387.

11 Samuel Beckett, *Traum von mehr bis minder schönen Frauen*, üb. v. Wolfgang Held (Frankfurt a.M.: Suhrkamp 1996), S. 63.

12 Dylan Thomas, „Murphy", in *Samuel Beckett*, hg. v. Hartmut Engelhardt (Frankfurt a.M.: Suhrkamp 1984), S. 57-59, hier S. 57.

13 Mitteilung des Herausgebers in Dylan Thomas, *Unter dem Milchwald. Texte für Stimmen. Ausgewählte Briefe*, hg. v. Klaus Martens (München: Hanser 1996), S. 557.

Radikale Kunst
Zu Samuel Becketts 80. Geburtstag 1986

Kaum etwas ist heute mehr aus der Mode als die literarische Moderne, und wenn die Postmoderne niemanden hinter dem Ofen hervorzulocken weiß, so liegt das nicht zuletzt daran, daß eben jene Moderne, auf die sie sich bezieht, dem breiten Publikum (übrigens auch an den Universitäten) nur vom Hörensagen bekannt ist. Die Moderne: das ist, so scheint es, eine Angelegenheit der 20er und 30er Jahre, deren Autoren man kennt und deren Bücher man ad acta legen kann, ohne sie gelesen zu haben. Statt dessen ästhetische Restauration allenthalben, und das möglichst auch noch mit dem Selbstverständnis gesellschaftlicher Fortschrittlichkeit.

Etwas aus der Reihe fällt gewiß Samuel Beckett, jener spätmoderne (oder vielleicht schon frühpostmoderne?) Autor, der gerade erst in der zweiten Jahrhunderthälfte bekannt wurde, wenngleich er schon in der Zeitgenossenschaft eines Joyce zu schreiben begann. Auch Beckett freilich gilt inzwischen sehr als ungelesener Klassiker, nicht zuletzt, weil sein bekanntestes und vielleicht schwächstes Theaterstück *Warten auf Godot* eilfertig mit dem Etikett des „keine Aussage“ abgetan werden kann. Es gehört dabei auch zur bei Beckett existentiellen Ironie, daß dieser Meister der Prosa, der sich während der zermürbenden Arbeit an der Romantrilogie *Molloy / Malone stirbt / Der Namenlose* zur Erholung, wie er selbst angab, an die Niederschrift eines Bühnenstücks machte, noch heute vor allem als Dramatiker einen Namen hat. Die herrschende Distanz zum angeblichen Klassiker Beckett äußert sich auch in einer Frage, die der Beckett-Apologet immer wieder (und nicht nur von Ignoranten) zu hören bekommt: „lebt er eigentlich noch?“

Er tut es, sehr zur Überraschung des literarischen Tagesbetriebs, und er schreibt sogar noch. Am 13. April wird Samuel Beckett achtzig Jahre alt, und zumindest das kann als Anlaß herhalten, um sich einmal etwas näher mit diesem Autor zu beschäftigen.

Zunächst einmal: Becketts Dramen und Prosatexte haben keine Aussage, in der Tat – sie sind Aussage. Ästhetisch ausgedrückt heißt das, daß Becketts Arbeiten nicht aus Metaphern aufgebaut sind, also nicht als Allegorien zu lesen sind („Weh dem, der Symbole sieht“, schreibt Beckett mit Recht in *Watt*); vielmehr sind die Arbeiten als ganzes Metaphern. Und „Metaphern gehen abstrakten Begriffen historisch voraus“, wie es in Becketts frühem Essay „Dante ... Bruno . Vico .. Joyce“ zutreffend heißt. Bei Becketts Œuvre handelt es sich mit wenigen Ausnahmen wie dem *Film* eben nicht um dichterische Einkleidungen philosophischer (oder theologischer, soziologischer, psychologischer) Abstraktionen, wie in Interpretationen immer wieder angenommen wird, sondern um den Versuch, metaphorisch das auszudrücken, was sich abstrahierend für den Autor (und nicht nur für den) noch nicht fassen läßt. Beckett ist seinen Interpreten auch deswegen immer weit voraus.

Natürlich liegt darin auch eine gewisse Irrationalität oder auch Surrationalität ähnlich der Kafkaschen; gleichzeitig ist die Irrationalität der Beckettschen Fiktionen aber immer eine wohlkalkulierte (man schaue sich einmal die herrlichen, herrlich systematischen Schizophrenismen von *Watt* an), und das in einem Ausmaß, wie es nur noch mit Laurence Sternes *Tristram Shandy* vergleichbar ist.

Becketts Kosmos besteht im Grunde aus einer Trias von Perzeption, Ich und Expression, und wer sich befähigt fühlt, sollte einmal den müßigen Versuch unternehmen, diese Trias mit Kommunikations- und Sprachtheorien in Verbindung zu bringen, so etwa mit dem Bühlerschen Organonmodell von Sprache. Initialleistung dieser Trias ist natürlich die Wahrnehmung der Außenwelt, aus der heraus sich das Ich erst selbst begreifen kann. Das ist aber nur der Ausgangspunkt einer Beckettschen Rückzugsstrategie. Wenn Becketts Figuren sehen wollen, schließen sie die Augen (schon im ersten Prosaband *More Pricks than Kicks* ist dieser Mechanismus an zahllosen Stellen nachzuweisen) oder legen sich rück- oder bäuchlings in eine dunkle Raumlosigkeit. Die Außenwelt, deren abgründige Fürchterlichkeit als bekannt vorausgesetzt werden darf („So geht's zu in der Welt", heißt der summierende letzte Satz von *More Pricks than Kicks*), wird abgehakt; statt dessen geht es jetzt um die Wahrnehmung des Innenraums, d.h. des Bewußtseins und seiner Mechanismen. Der Protagonist des Romans *Murphy* rechtfertigt diese Einschränkung oder besser Umkehrung des Horizonts mit einer aus der Philosophie von Geulincx entwickelten Vorstellung, nach der im Universum des Geistes alle Elemente des äußeren Makrokosmos auch enthalten seien – und sei es virtuell.

Ein solches Verständnis speist sich natürlich mehr aus einer philosophischen Behauptung als aus der Erfahrung und hat damit etwas Konstruiertes an sich. Beckett setzt aber auch – in französischer Sprache – noch einmal neu an, indem er in der Romantrilogie, und hier besonders in *Molloy*, wieeer von einer Inventarisierung der (wenn auch begrenzten) Außenwelt ausgeht. Die wichtigste Kategorie der Trilogie ist aber das Ich, dessen Qualität sich zum *Namenlosen* hin zusehends verschiebt. War Becketts Werk bis zur Mitte der 40er Jahre eher eine Flucht vor dem Ich (und diese wiederum die logische Konsequenz der Flucht vor der Welt), so bringt *Molloy* die Kehrseite dieser Bewegung: das Ich stellt sich, und zwar auch und gerade das persönliche Ich des Autors.

Die Trilogie bringt aber nun zusätzlich auch das dritte Glied unserer Trias ins Spiel: die Expression. Die Ich-Protagonisten von *Molloy* und insbesondere *Malone stirbt* sind besessen von dem Zwang, auszudrücken. Unentwegt erzählen sie Geschichten – Lügen, wie sie meinen. Sie tun dies, bis die

Geschichten erschöpft sind, und das sind sie in dem Augenblick, als auch die Außenwahrnehmung versiegt: Malone ist gestorben, und es bleibt *Der Namenlose*.

Der Namenlose ist jener Punkt in Becketts Schaffen, an dem Perzeption und Expression ineinanderfallen: „ich sage, was ich höre, ich höre, was ich sage". Im *Namenlosen* gewinnt dabei aber auch das Ich eine neue Qualität, das hier immer noch das Ich des Autors ist, aber nicht mehr das Ich des Autors als Person, sondern das Ich des Autors als Künstler. Seit dem *Namenlosen* hat Beckett sein Thema, und dieses Thema ist das künstlerische Schaffen selber: der Akt der Imagination, in dem Wahrnehmung, Ich und Ausdruck vollends identisch sind. Nachdem es Beckett mit der Trilogie gelungen ist, sich allen Dreck von der Seele zu schreiben (jenen psychischen Dreck, der der Bodensatz des äußeren Drecks ist, und wer will, kann hier gar die Hebel zur Fahndung nach dem gesellschaftlichen Stellenwert der Beckettschen Fiktionen ansetzen), ist er frei, sich den Mechanismen jener Imagination an sich zuzuwenden, der Imagination von Imagination, dem Scheitern der Imagination und der Imagination des Scheiterns von Imagination, die sich in seinem gesamten Spätwerk unter dem Signum des Schädels im Schädel antreffen läßt.

Samuel Becketts Kunst ist die bis heute radikalste Kunst des Rückzugs, des Ich-Entzugs und des Sich-Infragestellens; Beckett nimmt in letzter Konsequenz die Illusionsbildung der Kunst zurück, um ihre Struktur in den Blick zu bekommen. Radikale Kunst, das macht gerade Beckett deutlich, ist nicht die Kunst der radikalen Botschaft, sondern sie ist die Kunst des radikalsten Ausdrucks, den es gibt: des Ausdrucks an sich, nicht mehr und nicht weniger. *Der Namenlose* sagt am Ende, „man muß Worte sagen, solange es welche gibt". Eben: er sagt es.

Unseld / Beckett
Fußnoten zu einer Verleger-Autor-Beziehung

Als Suhrkamp-Verleger Siegfried Unseld noch in seinem Haus in der Klettenbergstraße in Frankfurt residierte, in das er einmal jährlich zur Buchmesse zum „Kritikerempfang" einlud, konnte man an prominenter Stelle des Wohnzimmers über eine Stellage mit hintereinanderstehenden großformatigen Fotos stolpern, die alle das gleiche Motiv zeigten: den Hausherrn Unseld mit jeweils einem Autor seines Verlags. Beim Kritikerempfang 1991 zeigte das vorderste Foto Unseld mit dem in jenem Jahr verstorbenen Max Frisch; in *allen* anderen Jahren, zumindest soweit ich anwesend war und mich von der Anordnung überzeugen konnte, stand ein anderes Foto vorn, und zwar ohne Unterschied immer dasjenige, das Siegfried Unseld an der Seite Samuel Becketts zeigte. Ein Zufallsarrangement war das natürlich nicht.

Die bevorzugende Hochschätzung Becketts durch Unseld, die sich in der stolzen Präsentation des gemeinsamen Fotos ausdrückt, ist auch in schriftlichen Zeugnissen vielfach belegt. Beispielsweise notiert Unseld Ende April 1971 nach einem Treffen mit Beckett: „Das Gespräch mit ihm zählt zum Schönsten, was es für mich überhaupt gibt. Beckett ist für mich als Mensch wie als Autor vorbildlich und vollkommen"[1]. Die Formulierung „als Mensch wie als Autor" legt nahe, daß die Hochschätzung weit über das hinausgeht, was mit Unselds professionellem Interesse an Becketts Werk zu tun hat – aber für den Verleger ist dieses professionelle Interesse natürlich nie nachrangig. Schon 1968 – also vor der Vergabe des Nobelpreises an Beckett, die dessen Stellenwert immens erhöhte – schreibt Unseld an seinen neuen Verlagsautor Thomas Bernhard: „Sie wissen, daß im Suhrkamp Verlag Beckett als Nummer 1 aller Autoren rangiert und daß wir uns um ihn wirklich bemühen."[2] Anlaß der Bekundung ist Bernhards Gejammer, der Verlag verkaufe nicht genug Bücher von ihm; Unseld kann ihm entgegenhalten, vom Becketts 1954 erschienenem Prosa-Verkaufsschlager *Molloy* seien zu diesem Zeitpunkt erst 2554 Exemplare abgesetzt worden.[3] Damit ist dann auch klar, daß für den verlagsinternen Ehrentitel „Nummer 1 aller Autoren" keineswegs der wirtschaftliche Erfolg ausschlaggebend ist.

Was aber ist dann ausschlaggebend? Mitte der 70er Jahre formuliert Unseld über jenen Autor, der den Verlag in seinen Anfangsjahren wirtschaft-

---

1 Uwe Johnson / Siegfried Unseld, *Der Briefwechsel*, hg. v. Eberhard Fahlke u. Raimund Fellinger (Frankfurt a.M.: Suhrkamp 1999), S. 684.

2 Thomas Bernhard / Siegfried Unseld, Siegfried, *Der Briefwechsel*, hg. von Raimund Fellinger, Martin Huber u. Julia Ketterer (Frankfurt a.M.: Suhrkamp 2009), S. 79.

3 Vgl. ebd.

lich entscheidend gestärkt hat: „Hesse war – neben Samuel Beckett – der bescheidenste Autor, dem ich begegnet bin. „Geld und Macht“, Vermögen und Einfluß galten ihm nichts [...].“[4] Auf Beckett gemünzt wiederholt Unseld das ein Jahrzehnt später: „Dieser Dichter ist der bescheidendste [sic], den ich kenne. Ihm geht es um sein Werk, seine Fürsorge gilt anderen.“[5] Der „Fürsorge“ des Werks von Beckett hat Unseld sich und seinen Verlag verschrieben; für Beckett scheint dabei zu sprechen, daß er dem Fürsorger sein Amt relativ leicht macht: „jede Begegnung mit einem Autor ist ein diffiziler Vorgang. Nicht mit Beckett.“[6]

Wenn Unseld an Beckett vornehmlich die Bescheidenheit rühmt, so müssen wir hinzusetzen, daß Unseld selbst gerade nicht der bescheidenste aller Verleger war. In einem Versuch, Unselds Wesen als Verleger (und womöglich auch als Mensch) auf den Punkt zu bringen, beschrieb die österreichische Autorin Marianne Fritz ihn mir gegenüber einmal als „Panzer“, eine Charakterisierung, die durchaus positiv gemeint war: Unseld verfolge unbeirrt den Weg, den er sich gesetzt habe, und räume alles zur Seite oder mache alles platt, was sich ihm in diesen Weg stelle. Diese Methode, Macht und Dominanz auszuüben, ist das Gegenteil dessen, was Unseld nach eigenem Eingeständnis an Beckett schätzte; gleichwohl hat er seine Panzerhaftigkeit virtuos so eingesetzt, daß gerade der bescheidene, machtlose, ungepanzerte Beckett und sein Werk davon profitierten.

Basis dieser symbiotischen Beziehung zweier ungleicher literarischer Akteure sind die vor allem seitens des Verlags zielstrebig erweiterten, vertieften und unauflöslich verknüpften Bindungen geschäftlicher und persönlicher Natur – „als Mensch wie als Autor“ begriff Unseld in Beckett sein ideales Gegenüber, also suchte er selbst ihm „als Mensch wie als Verleger“ stets hilfreich zu begegnen. Damit erhält die Verleger-Autor-Beziehung einen Freundschaftsaspekt, den beide Seiten sorgsam pflegen; und dieser Aspekt geht offenbar schon auf Unselds Vorgänger in der Verlagsleitung zurück, also auf Peter Suhrkamp. An die Situation nach dem Tod Suhrkamps am 13. März 1959, der für Unseld die Übernahme des Verlegeramtes bedeutete, erinnerte er sich sehr viel später folgendermaßen:

> Suhrkamp war 1953 zur Uraufführung von Samuel Becketts „En attendant Godot“ gereist. Er war beeindruckt, er traf Beckett, und er entschied sich sofort für diesen ja nicht einfachen Autor. Die Übersetzung vertraute er seinem Freunde Erich Franzen an, es gab Schwierigkeiten wegen dieser Übersetzung, so dass es mir nach Suhrkamps Tode

---

4 Siegfried Unseld, *Begegnungen mit Hermann Hesse* (Frankfurt a.M.: Suhrkamp 1975 / st 218), S. 220.

5 Siegfried Unseld, „Bis zum Äußersten. Samuel Beckett zum 80. Geburtstag – 1986“, in: *Theater heute* 2 (Februar 1990), S. 23.

6 Ebd.

> auch aufgegeben war, mit der definitiven Übersetzung Elmar Tophoven zu betrauen.[7]

Dies ist eine etwas rätselhafte Darstellung, denn als Beckett-Übersetzer kam Elmar Tophoven keineswegs erst ab 1959 ins Spiel, sondern er übersetzte bereits *Warten auf Godot*, das 1953 bei Suhrkamp erschien, und auch alle weiteren dramatischen Texte; Erich Franzen übersetzte nur *Molloy* (die Übersetzung erschien 1954), der nächste Roman *Malone stirbt* folgte 1958 in Tophovens Übersetzung. Kein Zufall aber ist wohl, daß Unseld in seiner nicht ganz korrekten Erinnerung das Thema Freundschaft mit ins Spiel bringt; untergründig schwingt mit, in Sachen Beckett habe zunächst die Freundschaftsachse Suhrkamp/Franzen agiert und dann womöglich eine Freundschaftsachse Unseld/Tophoven. Entscheidend allerdings wurde schnell die übergeordnete Freundschaftsachse Unseld/Beckett.

Unselds erste Tat zugunsten der Verlagsbindung Becketts war 1956 – noch zu Zeiten Peter Suhrkamps – die Sicherung der Verlagsrechte am *Endspiel*.[8] Dieses Wirken trägt Unseld im August ein erstes Schreiben Becketts ein, das den Ton für viele weitere setzt: „ich war sehr glücklich, über Sie Neuigkeiten von Elmar Tophoven zu erhalten. [...] Vertrauen Sie, lieber Monsieur, auf meine treue Freundschaft."[9] Das, was Unseld im Gegenzug für diese „treue Freundschaft" zu bieten hat, schreibt er Beckett nach einer ersten persönlichen Begegnung am 8. August 1958: „Uns liegt viel daran, mit Ihnen in enger und lebendiger Verbindung zu stehen und Ihnen immer wieder zu bestätigen, wie intensiv und leidenschaftlich wir uns bemühen, für Ihr Werk im deutschen Raum ein Echo zu erzielen"[10]. In seinen Briefen an Unseld verwendet Beckett anfangs noch die Anrede „Cher Monsieur"; irgendwann

---

7 Siegfried Unseld, „Im Zug nach Frankfurt", in Günter Berg / Raimund Fellinger / Rainer Weiss (Hg.), *50 Jahre Siegfried Unseld im Suhrkamp Verlag 1952-2002* (Frankfurt a.M.: Suhrkamp 2002), S. 7-13, hier S. 12 f. – Zu Peter Suhrkamps ersten Kontakten zu Beckett unmittelbar nach der Uraufführung von *Warten auf Godot*, der Suhrkamp beiwohnte, vgl. auch Wiebke Sievers, „Becketts deutsche Stimme: Zur Übersetzung und Vermittlung seiner Werke im deutschsprachigen Raum", in Therese Fischer Seidel / Marion Fries-Dieckmann (Hg.), *Der unbekannte Beckett. Samuel Beckett und die deutsche Kultur* (Frankfurt a.M.: Suhrkamp 2005 / st 3674), S. 224-243, hier S. 225 f. Sievers betont die Rolle der persönlichen Sympathie bei der Entscheidung Suhrkamps, sich der Beckettschen Werks anzunehmen; offen bleibt, ob diese Einschätzung womöglich zumindest teilweise eine Rückprojektion von Suhrkamps Nachfolger Unseld gewesen sein mag, auf dessen Darstellung die Information zurückgeht.

8 Vgl. Jan Bürger / Magdalena Hack (Hg.), *Zur Ausstellung Suhrkamp-Insel 2: „Becketts Botschaften"*, Pressemappe (Marbach: Deutsches Literaturarchivs 2010), S. 1: „Der junge Siegfried Unseld befasste sich zum ersten Mal drei Jahre später intensiv mit Beckett, als es darum ging, die deutschen Rechte an dessen *Endspiel* für den Verlag zu sichern; das Stück erschien im Suhrkamp Verlag 1957 in der Übersetzung von Elmar Tophoven."

9 Ebd., Exponat 1/30.

10 Ebd., S. 3.

zwischen Oktober 1961 und August 1965 geht er aber zu „Cher ami" über, womit die Freundschaft als Leitmodus der Verbindung gleichsam besiegelt ist; spätestens nach einem folgenreichen Treffen in Paris am 14. März 1969 unterschreibt er zudem vertraulich als „Sam", und Unseld geht zu diesem Zeitpunkt vom vorherigen „Sehr geehrter Herr Beckett" zu „Lieber Sam" über (man siezt sich allerdings weiterhin)[11].

Wie man weiß, hatte Beckett die Angewohnheit, seine Freundschaften nach Möglichkeit separat voneinander zu pflegen und Treffen mit Freunden, Kollegen und Bewunderern so zu arrangieren, daß er es möglichst nur mit einem Gegenüber gleichzeitig zu tun hatte. Siegfried Unseld hat diese Gewohnheit entweder nicht zur Kenntnis genommen oder ignoriert. Bekannt ist Unselds Maxime, nicht einzelne Bücher, sondern Autoren zu verlegen; hinzu kommt allerdings noch das Bestreben, diese Autoren miteinander zu vernetzen und so eine Art Suhrkamp-Familie zu organisieren, deren Mitglieder sich gegenseitig gut behandeln, notfalls auch helfen und gegenseitig Glanz verleihen. Beckett profitiert von dieser Tendenz, weil Unseld namhafte Verlagsautoren für ihn einspannt – erinnert sei nur an Theodor Adorno, der Beckett zu Ehren eine große Rede hält, oder an Uwe Johnson, der zusammen mit Hans Mayer und dem Verlag eine Beckett-Tagung organisiert und leitet. Auf Beckett kommen dadurch allerdings auch Gegenleistungen zu, die er wohl kaum erbracht hätte, hätte es sich nicht um Dienstleistungen für den ihm so sehr verbundenen Verlag gehandelt: er erträgt es, bei Adornos Vortrag anwesend zu sein; er stellt unveröffentlichte Werke für einen Band zum Gedenken an Günter Eich und auch für eine Festschrift zu Ehren von Hans Mayer zur Verfügung. Und er erträgt es eben auch, daß Unseld zu ihren Treffen häufig andere Mitglieder der Suhrkamp-Familie mitbringt.

Als Unseld im April 1960 in Paris Beckett trifft, läßt er sich beispielsweise von Walter Boehlich und Uwe Johnson begleiten.[12] Wie wohl von Unseld beabsichtigt, überträgt Beckett sein dem Verlag gegenüber bestehendes Wohlwollen auf alle Personen, die Unseld mitbringt oder die für ihn erkennbar eng mit dem Verlag verbunden sind. In einem Aufsatz zu Becketts letztem runden Geburtstag 1986 schreibt Unseld:

> Es gibt ein Ritual für diese Begegnungen, einleitende Gesprächsfloskeln, wie geht es Ihnen, wie geht es Madame Unseld, wie geht es dem Sohn Joachim; wie geht es Hermann Hesse (so fragte er vor 1962), und (nach 1962) findet Hermann Hesse bei der Jugend immer noch so großen Anklang?[13]

---

[11] Vgl. Gaby Hartel, „'Cher ami' – 'Lieber Samuel Beckett'. Beckett and his German Publisher Suhrkamp Verlag", in Mark Nixon (Hg.), *Publishing Samuel Beckett* (London: The British Library 2011), S. 131-137, hier S. 132 f; Datierung des Treffens ebd., S. 137, Anm. 7.

[12] Vgl. Johnson / Unseld, *Der Briefwechsel*, a.a.O., S. 81.

[13] Unseld, „Bis zum Äußersten", a.a.O., S. 23.

Bemerkenswert an dieser Darstellung Unselds ist, daß hier die Suhrkamp-Familie – also der Verlag samt Autoren – und die Familie Unseld – also der Privatclan des Verlegers – tendenziell vermischt oder jedenfalls gleichbehandelt werden. Früh ist Beckett über private Entwicklungen im Hause Unseld im Bilde, so die Krise der Unseld-Ehe und Unselds private Verbindung mit einer Verlagsautorin. Mitte Mai 1988 setzt Beckett auf einer Briefkarte an Unseld vor den Abschiedsgruß „Herzliche Grüße an Sie + Joachim" noch den Satz „Freundliche Grüße an Ulla"[14]; einen Monat später wird er noch etwas konkreter und schreibt: „Herzliche Grüße an Euch beide + alles Gute für Euer Glück."[15] Auf den noch späteren Karten beschränkt Beckett sich dann auf Grüße an den Sohn Joachim und erwähnt Ulla Berkéwicz nicht mehr.) Einer nicht zu verifizierenden Quelle zufolge soll Beckett sogar „als Erster" erfahren haben, „dass Siegfried Ulla heiraten wird, und überrascht angeblich mit dieser Nachricht Joachim Unseld, den Sohn."[16] Soweit zur Rubrik ‚Klatsch und Tratsch' – in jeder Hinsicht wichtiger sind natürlich die Kontakte zu anderen Autoren, die Unseld stiftet und die von Beckett fügsam gutgeheißen werden. So schreibt Beckett am 24. Oktober 1961 im Vorlauf eines Treffens an Unseld: „Es freut mich sehr, dass Max Frisch Sie am Sonntag begleiten kann. Ich freue mich darauf, ihn sowie Ingeborg Bachmann zu treffen."[17]

Nicht immer allerdings führen solche Versuche Unselds, Beckett mit anderen Verlagsautoren zu verkuppeln, zu den gegenseitigen Befruchtungen, die Unseld sich wohl erhofft. Im Kontext des allerletzten Treffens mit Beckett in Paris erinnert er sich:

> Am Abend sprechen wir, Ulla Berkéwicz, E. M. Cioran, Paul Nizon und ich, noch lang über den erwarteten, den verpaßten, über den wieder zu erwartenden Beckett. [...] Paul Nizon ist begeistert von dem, was Beckett einst Peter Handke auf die Frage, was er im Fernsehen sehe, zur Antwort gab: Football ...[18]

Unseld erwähnt es hier nicht, aber die Anekdote, über die sich Nizon hier „begeistert" zeigt, ist unzweifelhaft eine, die Unseld bei dieser Gelegenheit auftischt – und auch bei etlichen anderen Gelegenheiten. Von dieser Anekdote existieren mehrere Fassungen, und es lohnt sich, ihnen einmal kurz nachzugehen.

Eine recht nüchterne Version hat Unseld 1991 an nüchternem Ort festgehalten, nämlich in seinem Buch *Goethe und seine Verleger*:

---

14 Bürger / Hack (Hg.), *Zur Ausstellung Suhrkamp-Insel 2*, a.a.O., Exponat 26/30.

15 Ebd., Exponat 27/30.

16 Ulrike Posche, *Weibliche Übernahme. Wie Frauen in Deutschland sich die Macht nehmen* (Frankfurt a.M.: Campus 2004), S. 101.

17 Bürger / Hack (Hg.), *Zur Ausstellung Suhrkamp-Insel 2*, a.a.O., Exponat 3/30.

18 Siegfried Unseld, „Das letzte Mal Beckett", in Berg / Fellinger / Weiss (Hg.), *50 Jahre Siegfried Unseld im Suhrkamp Verlag 1952-2002*, a.a.O., S. 17-22, hier S. 17. (Zuerst in *Die Zeit*, 5. Januar 1990.)

> Samuel Beckett empfing auf meinen Wunsch in kurzen Abständen Edward Bond und Peter Handke; beide redegewandten Schriftsteller versanken aus Respekt vor der poetischen Autorität und unter dem Eindruck von Becketts Erscheinung in Schweigen, und so entstanden sehr einseitige Unterhaltungen, nach denen Beckett wünschte, keine Schriftsteller mehr treffen zu müssen.[19]

Die Schlußformulierung – Becketts Wunsch, „keine Schriftsteller mehr treffen zu müssen" – verrät mehr, als Unseld bei den meisten Gelegenheiten verraten wollte, dafür läßt er hier den Clou unter den Tisch fallen, den er sonst wohl besonders gern ausbreitete. An „die von Siegfried Unseld oft erzählte Anekdote über das Zusammentreffen von Beckett mit Handke, bei der keinerlei Gespräch aufkommen wollte, die sich nichts zu sagen hatten"[20], erinnert sich Klaus Reichert in seinem Unseld-Nachruf 2002 folgendermaßen:

> Unseld redete gerne und viel, meist über den Verlag und über Autoren, und oft war er ein guter Anekdotenerzähler. Unvergesslich die Schilderung der Begegnung Handkes mit Beckett: Die beiden hatten einander nichts zu sagen, das Gespräch kam nicht in Gang, da fragte Handke plötzlich: „Do you watch television?" Beckett: „Only sports." Und Handke: „You are my man."[21]

Vermutlich hat Reichert die Anekdote selbst bei Gelegenheit von Unseld privat oder halbprivat erzählt bekommen; erzählt hat Unseld sie allerdings auch öffentlich, nämlich in einem *Stern*-Interview, und zwar folgendermaßen:

> Beckett war geradezu bemüht um Handke. Der junge Handke dagegen schwieg voller Scheu vor diesem auch für ihn großen Mann. Beckett war irritiert, stand früh vom Tisch auf und wollte gehen. Beim Abschied gab es dann noch einen überraschenden Dialog. Handke: ‚Beckett, jetzt habe ich doch eine Frage: Sehen Sie fern?' ‚Ja.' ‚Was sehen Sie denn?' ‚Nur Fußball.' Da schlug ihm Handke auf die Schulter und sagte: ‚Beckett, das finde ich prima!'[22]

---

19 Siegfried Unseld, *Goethe und seine Verleger* (Frankfurt a.M.: Insel 1991), S. 489.

20 Günter Schütz, *Peter Weiss und Paris. Prolegomena zu einer Biographie*, Bd. 1: *1947-1966* (St. Ingbert: Röhrig 2004), S. 252.

21 Klaus Reichert, „Stufen zum Glück. Über den Verleger Siegfried Unseld, der heute in Frankfurt am Main beerdigt wird", in *Der Tagesspiegel*, 2. November 2002. – Vgl. auch ebd.: „Unseld redete gerne und viel, aber er hörte nicht so gern zu. Redete einer für seinen Geschmack zu lang – das habe ich gegenüber Adorno und Gershom Scholem erlebt – wurde er unruhig auf seinem Stuhl, runzelte die Stirn, schob das Kinn vor wie ein Condottiere und schaute in die Ferne. Entweder wechselte er das Thema, oder er brachte die Rede seines Gegenübers auf den für ihn brauchbaren Punkt: ein Buch, eine Ausgabe, wenigstens ein Projekt. So oder so blieb er immer bei sich: bei seinen Zielen."

22 Sven Michaelsen, „‚Ungehörige Sachen machen mir Spaß'. Er hat sein Opus Magnum geschrieben – und die Titelseiten der Klatschpresse erobert: Peter Handke

Erzählt hat Siegfried Unseld die Anekdote also – und zwar durchaus zur Mehrung des Ruhms seines Verlags und zweier seiner Verlagsautoren – so, daß Handkes Frage nach Becketts Fernsehkonsum die zuvor etwas prekäre Situation gerettet und ein allseitiges wohlwollendes Vergnügen bewirkt habe. Daß das eine nachträgliche Stilisierung ist, ergibt die Gesprächsnotiz, die Unseld sich im Februar 1970 im direkten Anschluß an das betreffende Pariser Treffen gemacht hat:

> Am nächsten Tag hatte ich die Idee, Handke zu dem Mittagessen mit Beckett dazuzuladen. Ich werde so etwas nicht mehr tun, denn Handke [...] gab sich in der Unterhaltung nicht die geringste Mühe, sondern saß da und schwieg. Das geht eben nicht. Beckett versuchte mehrmals, mit ihm über seine Stücke „Publikumsbeschimpfung“ und „Kaspar“ zu sprechen, aber Handke war wenig gerührt und erkundigte sich seinerseits weder nach Beckett noch nach dessen Arbeit. In der ganzen Unterhaltung hatte Handke nur zwei Fragen an Beckett gerichtet: Haben Sie ein Fernsehgerät?, und als Beckett dies bejahte: Was sehen Sie da? – und darauf antwortete Beckett, er sähe prinzipiell nur Sportdarbietungen: Rugby, Cricket, Tennis und Fußball.[23]

Der springende Punkt beim Vergleich der diversen Versionen ist nicht (oder nicht nur), daß sich in der Erinnerung mit größer werdendem Abstand zum Geschehen etwas verschiebt; der springende Punkt ist vielmehr, daß das, was ursprünglich als unglückliche und unangenehme Situation erlebt wurde, späterhin umgedeutet wird zu einer Begebenheit, die den Ruhm sowohl Becketts als auch Handkes (und zumindest indirekt auch den Ruhm von Verlag und Verleger) mehrt. Dies alles gehört durchaus zu Siegfried Unselds Selbstverständnis als Verleger: er springt für seine Autoren in die Bresche, bringt und hält sie im Gespräch, fördert das Interesse an ihnen – eben auch durch Umdeutungen und Stilisierungen. Wenn wir über das stilisierte Bild, das Unseld selbst von der Verleger-Autor-Beziehung zeichnet, hinauskommen wollen, heißt das allerdings, daß wir Unselds öffentlichen und halböffentlichen Schilderungen grundsätzlich mit Skepsis begegnen müssen.

Instruktiver sind die Gesprächsnotizen und Aufzeichnungen, die Unseld unmittelbar nach seinen Treffen mit Beckett macht und die für seine

---

über schlaflose Nächte und die Liebe zu Katja Flint“, in *Stern*, 25. Januar 2002, S. 132. Zitiert werden hier Worte, die Siegfried Unseld bei früherer Gelegenheit im *Stern* „erzählt“ habe. – Handke hat seine eigene Erinnerung an das Treffen in einem Interview ebenfalls zu Protokoll gegeben; vgl. Peter von Becker, „Ich mag die Menschen nicht anfassen beim Schreiben ...“, in *Theater. Bilanz und Chronik der Saison* (Seelze: Friedrich 1992 / = *Theater heute*, Jahrbuch 1992), S. 11-21, hier S. 16.

23 Siegfried Unseld, *Reiseberichte. Ein Auswahl zum Jahreswechsel*, zusammengestellt v. Raimund Fellinger, Jahresgabe des Suhrkamp und des Insel Verlages 2010 (Berlin: Suhrkamp 2011), S. 22 f.

eigenen wie für verlagsinterne Zwecke, aber nicht für die Öffentlichkeit gedacht sind. Hier zeigt sich, daß die Treffen mit Beckett in der Regel projektbezogen sind. Am Vortag jenes Treffens, zu dem Unseld Handke mitnimmt, geht es beispielsweise um die projektierte Beckett-Werkausgabe, ein ambitioniertes Unternehmen, das Becketts Bindung an den Suhrkamp-Verlag weiter konsolidiert. Ich zitiere Unselds Gesprächsnotiz aus dem Februar 1970:

> Wir, Tophoven, Spies und ich, berieten lange über die Anlage der Gesamtausgabe. Beckett verhielt sich sehr dezidiert bei den Dingen, die er nicht wollte. Er hatte sich sehr lange überlegt, was er dafür freigibt und was nicht. Der entscheidende Punkt ist „Eleutheria", ein Stück, das 1947 entstanden ist, das er aber partout verleugnen möchte.
> An viele seiner Gedichte erinnere er sich gar nicht mehr. Entweder müsse ein Dichter diese Übertragungen machen, oder aber eine exakte wörtliche Übersetzung müsse erfolgen, dazu aber den Originaltext.
> Die Rezensionen will er alle als Jugendarbeiten bzw. als Jugendsünden verstanden wissen und möchte sie nicht in der Ausgabe seiner Werke sehen. Auch nicht Rilke, bei dem ihm damals der Zugang sehr schwergefallen sei.[24]

Das sind alles eher sachbezogene Notizen, abgesehen vielleicht von der leichten Andeutung von Differenzen, die in dem Satz steckt: „Beckett verhielt sich sehr dezidiert bei den Dingen, die er nicht wollte." Der Euphemismus „dezidiert" taucht in jener Passage von Unselds „Reisebericht" 1970, die dasselbe Arbeitstreffen beschreibt, ebenfalls auf:

> Es war gut, daß ich mich für das Gespräch vorbereitet hatte, indem ich auf jeweils verschiedenen Bogen die einzelnen Texte Becketts in der Gliederung Stück, Prosa, Kritik, Lyrik aufgeführt hatte. An sich sollten Tophoven und Spies eine Anlage entworfen haben, aber das geschah nicht. Beckett hat nun auf meinen Blättern eingezeichnet, was aufgenommen werden kann und was nicht. Wichtig ist die Freigabe der Erzählungssammlungen „More Pricks than Kicks" – „Mercier et Camier" – „Premier amour".
> Beckett hat nicht gestattet: die Aufnahme der drei unveröffentlichten Dramen, einiger Gedichte und einiger Rezensionen. Er hatte hier ganz dezidierte Auffassungen.
> Ich werde jetzt den definitiven Plan aufstellen.[25]

Bemerkenswert ist hier das entschiedene „Ich" des letzten Satzes: Unseld macht die Planung der Ausgabe zur Chefsache, dies seiner Darstellung zufolge

---

[24] Ebd., S. 22.

[25] Unseld, *Reiseberichte*, a.a.O., S. 18 f.; auch in Siegfried Unseld, *Chronik 1970. Mit den Chroniken Buchmesse 1967 Buchmesse 1968 und der Chronik eines Konflikts 1968*, hg. v. Raimund Fellinger (Berlin: Suhrkamp 2010), S. 118 f.

auch, weil andere Beteiligte sich als unzuverlässig erweisen. Bei den „drei unveröffentlichten Dramen" handelt es sich übrigens um „The Possessed", „Le Kid" und „Eleutheria"[26], also drei ausgesprochen unterschiedliche Arbeiten, von denen Unseld mit Sicherheit nicht mehr weiß als eben diese Titel. Natürlich hat Unseld sich für seine Zusammenstellung veröffentlichter und unveröffentlichter Beckett-Texte keineswegs mühsamer Archivstudien unterziehen können, für die der Leiter eines Großverlags schwerlich Zeit und Gelegenheit haben kann, sondern er hat in die nächstbesten Suhrkamp-Bände geschaut – Quellen der Werkübersicht sind ganz offensichtlich die von John Fletcher zusammengestellte Beckett-Bibliographie in dem 1966 bei Suhrkamp erschienenen Bändchen *Über Beckett* von Jean-Jacques Mayoux und ergänzend die knappere, aber aktuellere „Chronologie der Werke Samuel Becketts (1929-1967)" in dem 1969 erstmals bei Suhrkamp erschienenen Fletcher-Band *Die Kunst des Samuel Beckett*[27].

Wenn das Arbeitstreffen zur Vorbereitung der Werkausgabe (die tatsächlich erst sechs Jahre später, in deutlich anderer Gestalt und ohne direkte editorische Beteiligung Unselds erscheint) ein Schlaglicht auf Beckett „als Autor" wirft, so gerät in den weiteren Notizen Unselds vom selben Tage doch wieder Beckett „als Mensch" in den Blick: „Wir gingen dann zum Abendessen und fuhren dazu mit der Métro. Ich glaube, Beckett ist der einzige Nobelpreisträger, der als Transportmittel die Métro benützt."[28] Die Betonung liegt hier auf „Nobelpreisträger"; mit der Verleihung des Preises wenige Monate zuvor ist Becketts Rang „als Autor" für Unseld und seinen Verlag noch weiter gestiegen, und die Art und Weise, wie Beckett mit der Ehrung umgeht, scheint gleichzeitig seinen Rang „als Mensch" zu erhöhen. Im nächsten Satz notiert Unseld: „Von seiner Nobelpreissumme hat er einen Scheck mit einer namhaften Summe an Tophoven gegeben mit dem Hinweis, er soll das Geld anlegen für seinen Sohn."[29]

Nun sind gerade die Umstände der Nobelpreisvergabe und ihre Auswirkungen für den Autor einerseits und den Verlag andererseits ein sehr diffiziles Thema, anhand dessen sich das keineswegs widerspruchsfreie, aber im Effekt höchste erfolgreiche Zusammenwirken der Bemühungen Becketts und Unselds besonders schön zeigen läßt. 1986 benennt Unseld als einen der persönlichen Vorzüge Becketts, daß „er nie über mangelnde Ehrungen und Preise klagte; den Nobelpreis lehnte er bekanntlich nicht ab, er ging aber nicht

---

26 Vgl. die Faksimile der von Unseld erstellten und von Beckett kommentierten Werkausgabenpläne in Unseld, *Chronik 1970*, a.a.O., S. 136.

27 Vgl. John Fletcher, „Eine Bibliographie, zusammengestellt von John Fletcher", üb. v. Rolf Dornbacher, in Jean-Jacques Mayoux, *Über Beckett* (Frankfurt a.M.: Suhrkamp 1966 / es 157), S. 121-143; John Fletcher, *Die Kunst des Samuel Beckett*, üb. v. Karin Reese (Frankfurt a.M.: Suhrkamp 1969 / BS 224), S. 172-174.

28 Unseld, *Reiseberichte*, a.a.O., S. 22.

29 Ebd.

nach Stockholm, und er verteilte die Preissumme großzügig, unter anderem auch an seinen deutschen Übersetzer“[30]. Hinter dieser Formulierung verbirgt sich die Erinnerung an einen Eiertanz, den Unseld seinerzeit vollführen mußte, was er auf bravouröse Weise tat.

Der Nobelpreis war zwischen Beckett und Unseld schon Thema, bevor Beckett ihn erhielt. Am 22. März 1969, nachdem er von Unseld sowohl besucht worden ist als auch einen Brief erhalten hat, schreibt Beckett seinem Verleger:

> Zwei Dinge beunruhigen mich: der drohende [Nobel-]Preis und die Frage nach unveröffentlichten Werken. Sie erfordern es – das fühle ich ganz deutlich –, sehr schwierige Entscheidungen zu treffen, die meine ganze kleine problematische Zukunft als Schriftsteller beeinflussen – die im Begriff ist, zu Ende zu gehen, wenn sie nicht sogar schon zu Ende ist. Wenn es nur um mich ginge, wäre es leicht. Ich weiß noch nicht, was ich machen werde. Ich halte Sie natürlich auf dem Laufenden.[31]

Das Schreiben endet mit dem Gruß „In Freundschaft“ („Bien amicalement“), und zusammen mit dem Satz „Wenn es nur um mich ginge, wäre es leicht“, ist die Problemlage klar umrissen. Es geht nicht nur um Becketts eigenes Wohl, sondern auch um das des ihm freundschaftlich verbundenen Verlags; für den Verlag wäre die Preisvergabe an Beckett ein Segen, und wenn es zu einem solchen Preisentscheid käme, bräuchte der Verlag rasch unveröffentlichte Beckett-Texte zur Befriedigung des Käuferinteresses – beides hat Unseld Beckett offensichtlich in hinlänglicher Deutlichkeit vermittelt, und damit ist nun Becketts Loyalität und Solidarität gefragt.

Wie wir wissen, hat Beckett seinen Verleger in dieser Hinsicht nicht enttäuscht. Am 6. November 1969, nach der Preisvergabe, schreibt Beckett von seinem Zufluchtsort in Tunesien an Unseld:

> Ich weiß, was Sie alles für meine Arbeit getan haben und bin davon sehr gerührt. Leider, wie Sie wissen, wollte ich so etwas wie diesen [Nobel-]Preis nicht. [...] Ich erinnere mich mit Rührung an Ihre Freundlichkeit mir gegenüber in und zwischen Berlin und Frankfurt.
> Es versteht sich von selbst, dass ich Top[hoven] nicht vergesse.[32]

Der Schlußsatz klingt sehr danach, daß Unseld Beckett explizit oder zumindest durch die Blume aufgefordert hat, Tophoven zu unterstützen, was Beckett dann ja durchaus tut und von Unseld später als besonders edle Tat Becketts auch öffentlich benannt wird. Wenn wir der Darstellung und Be-

---

[30] Unseld, „Bis zum Äußersten“, a.a.O., S. 23.
[31] Bürger / Hack (Hg.), *Zur Ausstellung Suhrkamp-Insel 2*, a.a.O., Exponat 6/30.
[32] Ebd., Exponat 7/30.

wertung von Wiebke Sievers folgen, die darauf hinweist, wie branchenüblich knapp der Suhrkamp-Verlag den Übersetzer an Becketts Erfolg beteiligt habe[33], so erkennen wir, daß Tophoven nach der Preisvergabe, die ihn selbst quasi zum Nobelübersetzer machte, allen Grund gehabt hätte, etwas einzufordern – beim Verlag. Auch Beckett hätte für seinen geschätzten Übersetzer beim Verleger etwas einfordern können; statt dessen fordert der Verleger bei Beckett etwas ein, und das mit Erfolg. Hier liegt ein Fall von Loyalität vor, von zumindest indirekt eingeforderter Loyalität, und Beckett ist derjenige, der sich wunschgemäß loyal verhält.

Aber Unseld hat auch seinen Anteil an dem, was alle Welt außer dem Hauptbetroffenen als Erfolg begreift. Am selben 6. November 1969 schreibt Unseld an Beckett, versichert ihm, er sei der würdigste aller denkbaren Preisträger und werde nun in aller Welt noch mehr Anerkennung als ohnedies erfahren; aber Unseld schreibt auch, Beckett wisse ja sicherlich, daß er – Unseld – die Preisvergabe nicht unwesentlich beeinflußt habe[34]. Es ist einigermaßen paradox: Beckett will den Preis nicht und macht Unseld dies vorab klar; Unseld will den Preis für Beckett, macht Beckett vorab klar, wie wichtig das für der Verlag wäre, und fädelt im Hintergrund gleichzeitig die Preisvergabe an Beckett ein; als Beckett dann zu seinem Verdruß tatsächlich den Preis erhält, dankt er Unseld für dessen unermüdlichen Einsatz; für Unseld wiederum ist fortan die Tatsache, daß Beckett den von allen anderen Autoren erstrebten Preis gar nicht haben wollte, eine der Begründungen dafür, daß Beckett für ihn „als Mensch wie als Autor vorbildlich und vollkommen" sei – oder vielleicht ist die eigentliche Begründung doch eher, daß Beckett den Preis trotz alledem angenommen hat. Und hier liegt in der Tat der Kern der so erfolgreichen Zusammenarbeit zwischen Beckett und Unseld: Unseld schafft es durch verschiedene Beweise besonderer Wertschätzung (beispielsweise schöne mehrsprachige Ausgaben und die Aufnahme komplexer Texte in eigentlich eher massenkompatibler Literatur vorbehaltene Reihen), Beckett die Erlaubnis abzuringen, für ihn Dinge zu bewirken, die Beckett eigentlich gegen den Strich gehen, die seinen Ruhm aber unaufhörlich mehren – und Beckett findet sich am Ende nicht nur damit ab, daß Unseld all das treibt, sondern er ist dafür auch noch dankbar und fühlt sich seinem deutschen Verleger in besonderer Weise verbunden.

Eine solche eigentlich paradoxe Folge seines Einsatz für den von Beckett nicht gewollten Nobelpreis vermerkt Unseld in seinem Reisebericht von Mitte Februar 1970 nach seinem ersten Treffen mit dem nobelpreisgekrönten Autor:

> Beckett möchte einen Revers unterschreiben, wonach alle seine Werke im Deutschen ausschließlich und für alle Zeiten beim Suhrkamp Verlag

---

33 Vgl. Sievers, „Becketts deutsche Stimme", a.a.O., S. 229.

34 Vgl. Hartel, „'Cher ami' – 'Lieber Samuel Beckett'", a.a.O., S. 136.

> erscheinen sollen. Wir sollen ihm eine entsprechende Formulierung zuschicken. Er wird dann die Vertragspartner verständigen.
> An den Verträgen selbst kann oder will er nichts ändern. An Honorarabsprachen ist er nicht interessiert. Aber sollten Differenzen auftreten, wird er sicherlich auf unserer Seite sein.[35]

Und Unseld fügt dann auch noch hinzu, was eigentlich keiner besonderen Erwähnung mehr bedarf: „Insgesamt verlief die Unterhaltung mit Beckett sehr, sehr freundlich. Er hat ein großes Wohlwollen dem Verlag gegenüber.“[36] Ähnliche Formulierungen notiert Unseld nach seinen diversen Treffen mit Beckett immer wieder, beispielsweise am 20. November 1975: „Er war wie immer ungemein freundlich, eher freundschaftlich, sympathisch. Er erkundigte sich nach Frisch, Handke, Hildesheimer, nach der Resonanz der Eich-Ausgabe, nach Hesses Wirkung [...].“[37] Wie wir sehen, verübelt Beckett seinem Verleger also auch nicht, seinerzeit den Schweiger Handke zu ihm mitgeschleppt zu haben, sondern fügt sich willig in die illustre Suhrkamp-Familie ein. An seine Grenzen stößt der Familienfriede höchst selten, und wenn, dann eher behutsam – nachzulesen beispielsweise in Unselds Reisebericht vom 11.-14. Juli 1978, in dem der uns bereits bekannte Euphemismus für Meinungsverschiedenheiten wieder auftaucht: „dezidiert wird Beckett immer dann, wenn es um sein Werk geht, hier schwindet Freundlichkeit, hier wird er unerbittlich.“[38] Echte Probleme zwischen Autor und Verlag sind selten; eine rare Ausnahme ergibt sich aus Becketts Beteiligung an dem Gedächtnisband des Verlags für Günter Eich – am 24. August 1973 schreibt Beckett an Unseld:

> Es ist eine Ehre für mich, von Wolfgang Hildesheimer, den ich herzlich grüße, übersetzt zu werden, aber ich hatte angenommen, dass Sie den Text Tophoven geben würden, und kann nur bedauern, dass Sie es nicht getan haben. Er kennt meine *Manien* und ich bin es gewohnt, mit ihm zu arbeiten. Ich fürchte, dass er aufgebracht sein wird. Ich halte zu ihm.[39]

Es ist bemerkenswert, daß Beckett hier die Bestallung eines anderen als des gewohnten Übersetzers nicht mit der Rücksicht auf sein Werk begründet,

---

[35] Unseld, *Reiseberichte*, a.a.O., S. 17; auch in Unseld, *Chronik 1970*, a.a.O., S. 116 f.

[36] Unseld, *Reiseberichte*, a.a.O., S. 21; auch in Unseld, *Chronik 1970*, a.a.O., S. 121.

[37] Bürger / Hack (Hg.), *Zur Ausstellung Suhrkamp-Insel 2*, a.a.O., S. 2.

[38] Ebd., S. 3. – Anlaß war ein Arbeitsgespräch in Paris am 11. Juli 1978, bei dem es – wie wohl auch schon am 13. April 1978 – um die Übersetzung der *Mirlitonnades* ging. Vgl. dazu die in Details widersprüchliche, womöglich beschönigende Darstellung bei Unseld, „Bis zum Äußersten“, a.a.O., S. 23. Der Verdacht der Beschönigung betrifft vor allem Becketts Urteil über Bestallung und Arbeitsergebnisse von Unselds Freund Karl Krolow als Übersetzer.

[39] Bürger / Hack (Hg.), *Zur Ausstellung Suhrkamp-Insel 2*, a.a.O., Exponat 11/30.

sondern mit der Rücksicht auf seinen angestammten Übersetzer – Tophovens Leistung und Tophovens Loyalität, so deutet Beckett seinem Verleger gelegentlich an, würden von diesem nicht immer hinreichend gewürdigt. Aber mag Beckett auch „dezidiert“ erklären, er halte zu Tophoven: am Ende erscheint sein Text im Eich-Gedächtnisband dann eben doch in der Hildesheimer-Übersetzung. Die Pflege seiner Verlagsautorenfamilie ist für Unseld im Zweifel immer wichtiger als die Qualität von Übersetzungen.

Damit kommen wir zu den Grenzen, die sich in Unselds Verständnis für Becketts Wesen und Becketts Werk durchaus finden lassen. Im Februar 1970 schildert Beckett seinem Verleger auch das spezielle Problem, das er mit seiner Beteiligung an Kenneth Tynans New Yorker Revue *Oh! Calcutta!* hat; Unseld teilt Becketts Empörung und notiert sich das Problem folgendermaßen:

> Eines Tages besuchte ihn Kenneth Tynan. Er erzählte ihm von einem großen Plan, bei dem alle bedeutenden Schriftsteller und Musiker mitmachen sollen. Beckett wußte aber nicht, daß es sich um eine Revue handelt, bei der alle Texte anonym vorgetragen wurden. Nach der Aufführung in den USA protestierte Beckett und verlangte, daß sein Text gezeichnet würde.[40]

Dies ist natürlich ein krasses Mißverständnis. In Wahrheit war es bekanntlich so, daß Beckett empört war, weil Tynan sein minimalistisches Kurzdrama *Breath* gerade *nicht* wie versprochen anonym in die Revue einbaute, sondern im Programmheft gesondert hervorhob. Trotz seiner jahrelangen Zusammenarbeit mit Beckett scheint Unseld nicht imstande gewesen zu sein, sich vorzustellen, daß Beckett sich die Anonymität gerade wünschte. Unselds Maxime war es, mit möglichst viel Wirkung und möglichst viel Widerhall öffentlich zu handeln; daß Beckett fundamental nach dem Gegenteil strebte, hat Unseld zwar als Zeichen höchster Bescheidenheit öffentlich bewundert und belobigt, aber wirklich begriffen und akzeptiert hat er diese Tugend offensichtlich nicht. Aber auch damit tat er natürlich seinen Dienst an Beckett; hätte der Verleger seinen Autor bescheiden im stillen Kämmerlein hocken lassen und niemandem davon erzählt, so hätte Becketts Werk ebenso wenig wie Beckett selbst überlebt; indem Unseld aber Beckett seine Texte abrang und – notfalls gegen den Willen des Autors – öffentlich für diese Texte und den bescheidenen Menschen, der sie geschrieben hatte, trommelte,

---

40 Unseld, *Reiseberichte*, a.a.O., S. 18; auch in Unseld, *Chronik 1970*, a.a.O., S. 117. – Vgl. die Herausgeberanmerkung in Unseld, *Chronik 1970*, a.a.O., S. 118: „Der Ärger zwischen Tynan und Beckett entstand, weil Beckett – anders als S. U. es beschreibt – davon ausgegangen war, sein Beitrag werde anonym, wie alle anderen, in den Gesamttext montiert. Tynan hatte aber *Breath* als einzigen Text mit Nennung des Autors im Programmheft aufgeführt [...].“

machte er Beckett für alle wahrnehmbar zu jener Figur, die „als Mensch wie als Autor vorbildlich und vollkommen" war.

Und die Faszination für Beckett „als Mensch wie als Autor" sowie der daraus resultierende Umgangsmodus einer ebenso zielgerichteten wie nutzorientierten professionellen Freundschaft waren wohl das Geheimnis des Umgangs dieses Verlegers mit diesem speziellen Autor – wenn es denn dabei ein Geheimnis gab. Ob Unseld Beckett und sein Werk wirklich so gut kannte, wie er glauben machte, ist damit verglichen eine müßige und unerhebliche Frage. Insofern paßt es, daß jener Text, mit dem Unseld von Beckett Abschied nahm, nämlich der pathostriefende Nachruf „Das letzte Mal Beckett", zwar die Freundschaft zwischen Autor und Verleger feiert, aber in seinem abschließenden Versuch, zum Wesen des Beckettschen Werks vorzudringen, katastrophal scheitert. Die Schlußsequenz des Nachrufs lautet folgendermaßen:

> Seine Abschiedsworte werde ich nicht vergessen, ich habe sie aufgeschrieben, aber sie sind jetzt nicht mitteilbar. In anderer Form sind sie nachzulesen in Becketts englisch geschriebenem Roman *Watt*, auf jenen Seiten, in denen ein Grundgeheimnis seines Werkes aufscheint. „Gott möge Sie segnen, Mr. de Baker, sagte Louit. Und Sie, Mr. Louit, sagte Mr. Baker. Nein, nein, Sie Mr. de Baker. Sie, sagte Louit. Warum eigentlich mich, Mr. Louit, na, wenn es denn unbedingt sein muß, jedenfalls auch Sie, sagte Mr. de Baker. Sie meinen, Gott möge uns beide segnen, Mr. de Baker? sagte Louit, Diable, sagte Mr. de Baker."[41]

Bemerkenswert an diesem Passus sind keineswegs die raunenden Andeutungen von tiefsinnigen Abschiedsworten, die „jetzt nicht mitteilbar" seien; bemerkenswert scheint mir eher, daß Unseld hier aus den Tiefen eines der umfänglichsten und unzugänglichsten Texte Becketts eine seines Erachtens treffende Stelle zu zitieren verstand. Als ich seinerzeit den Nachruf las (er erschien am 5. Januar 1990 in der Wochenzeitung *Die Zeit*), zog ich den Hut vor Unseld, denn so gründliche Beckett-Werkkenntnis hatte ich ihm nicht zugetraut. Schon wenige Tage später allerdings setzte ich den Hut wieder auf, als mir nämlich der Nachruf zur Kenntnis gelangte, den Werner Spies, über Jahrzehnte hinweg einer der wichtigsten Gewährsleute Unselds für die französische Literaturszene allgemein und Beckett im Speziellen, bereits am 27. Dezember 1989 in der *Frankfurter Allgemeinen* veröffentlicht hatte. Gegen Ende des Beckett-Nachrufs von Spies findet sich folgende Passage:

> Jeder sollte hier einmal „Watt" in die Hände nehmen, den noch auf englisch verfaßten Roman, in dem der Held die Dialektik der Aufklärung mit der Wucht an seinem Leibe erfahrt, mit der Voltaires „Candide" die Leibnizsche prästabilierte Harmonie ertrug: „Gott möge

41 Unseld, „Das letzte Mal Beckett", a.a.O., S. 22.

> Sie segnen. Mr. de Baker, sagte Louit. Und Sie, Mr. Louit, sagte Mr. de Baker. Nein, nein. Sie, Mr. de Baker, Sie, sagte Louit. Warum eigentlich mich, Mr. Louit, na, wenn es denn unbedingt sein muß, jedenfalls auch Sie, sagte Mr. de Baker. Sie meinen, Gott möge uns beide segnen, Mr. de Baker? sagte Louit. Diable, sagte Mr. de Baker.[42]

Es besteht kein Zweifel daran, daß Unseld sich hier bediente, im Nachruf seines Freundes Spies auf Beckett, und keineswegs über eine hinreichende eigene Beckett-Werkkenntnis verfügte, um für einen kurzfristig zu verfassenden Artikel ein solches Zitat aufspüren zu können. Mit bösem Willen könnten wir hinzufügen: Unseld renommiert mit einer Nähe und Vertrautheit, über die er in Wahrheit keineswegs verfügte.

Zweifel seien im übrigen auch daran erlaubt, daß die von Unseld angeblich aufgezeichneten tiefsinnigen Abschiedsworte wirklich solche waren. Walter Asmus hat in seinem Nachruf auf Beckett etwas beschrieben, was er als übliches „Abschiedsspiel" bei Beckett-Besuchen bezeichnet, und zwar handelt es sich um folgenden Wortwechsel, der doch sehr an die von Unseld zitierte *Watt*-Stelle erinnert:

> „God bless you. Thank you for all."
> „No, thank you ..."
> „I'm obliged to you."
> „No, I'm obliged to you ..."[43]

Sollte es möglich sein, daß Unseld, der Beckett mehr als dreißig Jahre lang persönlich kannte, am Ende ein kleines Scherzritual fälschlich für eine geheimnisvoll tiefsinnige Botschaft gehalten hat?

---

[42] Werner Spies, „Ein ungespieltes Leben. Zum Tode von Samuel Beckett", in *Frankfurter Allgemeine Zeitung*, 27. Dezember 1989. – Das *Watt*-Zitat ist – vollständiger als in der *FAZ*-Version und damit auch vollständiger als in Unselds Nachruf – auch enthalten in Werner Spies, *Das Auge am Tatort. 80 Begegnungen mit Kunst u. Künstlern* (München: Prestel 1979), S. 232.

[43] Walter D. Asmus, „Lieber Sam. Fünfzehn Jahre Arbeit und Freundschaft mit Beckett, bis zum Tod am 22. Dezember 1989 – Walter D. Asmus schreibt einen letzten Brief zum langen Abschied", in *Theater heute* 2 (Februar 1990), S. 2-6, hier S. 2.

Beckettbücher, Joycebücher
Rathjen-Räte und Rathjen-Abräte

Samuel Beckett

Bibliographischer Überblick für Einsteiger

Wer Beckett auf deutsch lesen will, kommt um den Suhrkamp-Verlag nicht herum, wo fast alle Texte Becketts in diversen Einzel-, Auswahl- und Sammelausgaben vorliegen. Die *Werke* in fünf Bänden[1] sind leider keineswegs komplett und zudem editorisch überholt; wer alles Verfügbare ohne Überschneidungen haben will, besorge sich lieber die Bände *Dante und der Hummer*[2], *Nacht und Träume*[3], *Drei Romane*[4], *Drei Stücke*[5] und ergänzend die Taschenbuchausgaben *Traum von mehr bis minder schönen Frauen*[6], *Mehr Prügel als Flügel*[7], *Watt*[8], *Eleutheria*[9], *Mercier und Camier*[10], *Wie es ist*[11] und Das Gleiche nochmal anders[12]. In anderen Verlagen greifbar sind der zum Lektüreeinstieg empfehlenswerte Roman *Murphy*[13], der Essay *Proust*[14] und die *Gedichte*[15]. Wie akribisch Beckett

---

1 Samuel Beckett, *Werke*, üb. v. Elmar Tophoven u.a. (Frankfurt a.M.: Suhrkamp 1976; Bd. 5 1986).

2 Samuel Beckett, *Dante und der Hummer*, gesammelte Prosa, üb. v. Elmar u. Erika Tophoven u.a. (Frankfurt a.M.: Suhrkamp 2000).

3 Samuel Beckett, *Nacht und Träume*, gesammelte kurze Stücke, üb. v. Erika u. Elmar Tophoven (Frankfurt a.M.: Suhrkamp 2006).

4 Samuel Beckett, *Drei Romane*, üb. v. Erich Franzen u. Elmar Tophoven (Frankfurt a.M.: Suhrkamp 2005 / = st 3672); enthält *Molloy*, *Malone stirbt* und *Der Namenlose*.

5 Samuel Beckett, *Drei Stücke*, üb. v. Elmar u. Erika Tophoven (Frankfurt a.M.: Suhrkamp 2005 / = st 3751); enthält *Warten auf Godot*, *Endspiel* und *Glückliche Tage*.

6 Samuel Beckett, *Traum von mehr bis minder schönen Frauen*, üb. v. Wolfgang Held (Frankfurt a.M.: Suhrkamp 1998 / st 2883).

7 Samuel Beckett, *Mehr Prügel als Flügel*, üb. v. Christian Enzensberger (Frankfurt a.M.: Suhrkamp 1996 / st 2683).

8 Samuel Beckett, *Watt*, üb. v. Elmar Tophoven (Frankfurt a.M.: Suhrkamp 1995 / st. 2404).

9 Samuel Beckett, *Eleutheria*, üb. v. Simon Werle (Frankfurt a.M.: Suhrkamp 1996).

10 Samuel Beckett, *Mercier und Camier*, üb. v. Elmar Tophoven (Frankfurt a.M.: Suhrkamp 1995 / st 2405).

11 Samuel Beckett, *Wie es ist*, Roman, üb. v. Elmar Tophoven (Frankfurt a.M.: Suhrkamp 1995 / st 2409).

12 Samuel Beckett, *Das Gleiche nochmal anders*, Texte zur bildenden Kunst, hg. v. Michael Glasmeier u. Gaby Hartel, üb. v. Elmar Tophoven u.a. (Frankfurt a.M.: Suhrkamp 2000 / st 3114).

13 Samuel Beckett, *Murphy*, Roman, üb. v. Elmar Tophoven (Reinbek: Rowohlt [20]2005).

14 Samuel Beckett, *Proust*, Essay, üb. v. Marlis u. Paul Pörtner u.a. (Zürich: Arche 2001).

bei Inszenierungen auch seine deutschen Texte überarbeitete und verbesserte, zeigt exemplarisch das Faksimile seines Handexemplars von *Warten auf Godot*[16].

Als konzise Beckett-Einführung unter biographischem Blickwinkel findet meine Bildmonographie[17] kompetente Konkurrenz in der „BasisBiographie" von Gaby Hartel und Carola Veit[18]. Ein dritter solcher Band von Andreas P. Pittler[19] ist leider so grotesk unzuverlässig und fehlerhaft, daß er das Papier nicht wert ist.

Die Beckett-Standardbiographie stammt von James Knowlson[20], der mit seiner Frau Elizabeth unter dem Titel *Beckett Erinnerung*[21] Mitschriften der Interviews, die er mit Beckett führte, um Erinnerungen von Freunden und Weggefährten ergänzte. Anderswo publizierte Erinnerungen fallen meist peinlich aus: Wieland Schmied sah Beckett einmal beim Inszenieren zu und stilisiert dies zu einer *Begegnung mit Beckett in Berlin*[22]; André Bernold verfolgt in *Becketts Freundschaft 1979-1989*[23] erfolgreich das Ziel, pathetisch raunend nichts zu sagen; Anne Atik verrät in *Wie es war*[24] etwas mehr, gibt jedoch dem Hang zu Aufzählungsorgien allzu oft nach. Mel Gussow notiert in Begegnungen mit Beckett[25] unverbindliches Geplauder, gelegentlich aber auch überraschende Erkenntnisse – und sei es nur, daß der alte Beckett für Steffi Graf schwärmte.

Daß umgekehrt junge Mädchen für Beckett schwärmen können, erzählt uns in *Samuel Beckett und seine Landschaften*[26] Ria Endres, die zudem unter angenehmem Verzicht auf Sinnfragen Becketts Texte liest. Wie hilfreich es ist, sich aufs Faktische zu konzentrieren und metaphysische Höhenflüge zu unterlassen, zeigt facettenreich der von Therese Fischer-Seidel und Marion Fries-

---

15 Samuel Beckett, *Gedichte*, üb. v. Eva Hesse u. Elmar Tophoven (München: Nymphenburger 1999).

16 Samuel Beckett, *Warten auf Godot*, üb. v. Elmar Tophoven (Frankfurt a.M.: Suhrkamp 2006 / es 2465).

17 Friedhelm Rathjen, *Samuel Beckett* (Reinbek: Rowohlt 2006).

18 Gaby Hartel u. Carola Veit, *Samuel Beckett* (Frankfurt a.M.: Suhrkamp 2006).

19 Andreas P. Pittler, *Samuel Beckett* (München: dtv 2006).

20 James Knowlson, *Samuel Beckett*, eine Biographie, üb. v. Wolfgang Held (Frankfurt a.M.: Suhrkamp 2001).

21 James u. Elizabeth Knowlson, *Beckett Erinnerung*, üb. v. Christel Dormagen (Frankfurt a.M.: Suhrkamp 2006).

22 Wieland Schmied, *Begegnung mit Beckett in Berlin* (Aachen: Rimbaud 2006).

23 André Bernold, *Becketts Freundschaft 1979-1989*, üb. v. Ulrich Krafft (Berlin: Berenburg 2006).

24 Anne Atik, *Wie es war*, Erinnerungen an Samuel Beckett, üb. v. Wolfgang Held (Frankfurt a.M.: Suhrkamp 2003).

25 Mel Gussow, *Begegnungen mit Beckett*, Gespräche mit und über Beckett, üb. v. Ulrike Harnisch u. Thoralf Seiffert (Berlin: Alexander 2006).

26 Ria Endres, *Samuel Beckett und seine Landschaften*, Essays (Aachen: Rimbaud 2006).

Dieckmann edierte Essayband über Beckett und die deutsche Kultur[27]. Ein Thema dabei ist Becketts mittlerweile legendäre Deutschlandreise 1936/37, deren wichtigste Stationen in zwei üppig illustrierten Bänden dokumentiert sind: von Erika Tophoven in *Becketts Berlin*[28] und von Roswitha Quadflieg in einer akribischen Recherche zu Beckett in Hamburg unter dem Titel *Beckett was here* (dazu unten mehr).

Deutungen und Undeutliches

Die genannten neueren Veröffentlichungen heben sich deutlich ab von den Interpretationen, mit denen Becketts Texte und Theaterstücke in der Sekundärliteratur früherer Jahrzehnte überzogen wurden. Eine passende Metapher für das Verhältnis zwischen ihm und seinen Interpreten fand Samuel Beckett schon vorab mit seinem 1948 geschriebenen Roman *Molloy*. Das Buch handelt von dem Invaliden Molloy, der sich auf die Reise zu seiner tauben, bettlägerigen Mutter macht und dessen Körperfunktionen sich immer mehr auf das Rudimentärste reduzieren – zuletzt kann er sich nur noch an seiner Krücke voranziehen –, und von Moran, der den Auftrag bekommt, Molloy zu finden, dessen Suche allerdings erfolglos bleibt – abgesehen davon, daß der Suchende dem Gesuchten immer ähnlicher wird: auch Morans Körper verfällt zusehends. Beckett selbst ist es, der die beschwerliche Reise ins Reich des Schweigens und der Reglosigkeit angetreten hat; die Beckett-Philologie müht sich ohne Erfolg, ihn aufzufinden – ihre ursprünglich eher universal anmutenden Deutungsversuche aber bewegen sich in seiner schon Beckettschen Manier auf die Reduktionsstufe des absoluten Nichts zu.

Seit ihren zaghaften Anfängen gegen Ende der 50er Jahre sieht sich die Beckett-Kritik unentwegt dem Dilemma ausgesetzt, daß das Werk des irischen Nobelpreisträgers sich aus konkretisierten Abstraktionen – gleichsam entweltlichten Ideen, die in einer artifizellen Gegenwelt neu realisiert werden – zusammensetzt, aus denen im Versuch der Deutung regelmäßig wieder nur klinisch keimfreie Ideen abstrahiert werden, wobei das spezifisch Becketthafte verlorgengeht: die Qualität des Werks gründet sich eben gerade nicht auf die ihm zugrundegelegten, relativ beliebigen Ideen, sondern auf deren künstlerische Konkretisationen.

Materialien

Die zweite Welle der Beckett-Kritik, die in den 70er Jahren einsetzte, verzichtet kategorisch auf jeglichen philosophisch-hermeneutischen Deutungsanspruch und fügt sich in das Schicksal kleinkrämerischer Motiv- und Strukturuntersuchungen – so auch das Studienbuch von Henner Laass und Wolfgang

---

[27] Therese Fischer-Seidel u. Marion Fries-Dieckmann (Hg.), *Der unbekannte Beckett. Samuel Beckett und die deutsche Kultur* (Frankfurt a.M.: Suhrkamp 2005 / st 3674).

[28] Erika Tophoven, *Becketts Berlin* (Berlin: Nicolai 2005).

Schröder[29]. Der Leser dieses Bändchens kann sich allerdings mitunter des Eindrucks nicht erwehren, daß die Verfasser das Licht der einschlägigen Forschung allzusehr unter den Scheffel stellen. Zu oft wird er hier mit Paraphrasen bedient, wo er nach Bedeutungen fragt. Am ärgsten ist in dieser Hinsicht das knappe Kapitel über Becketts Lyrik geraten. „Wer einmal an einer Meeresküste gewesen ist," heißt es etwa über ein frühes Gedicht (die späten werden ohnehin nicht behandelt), „erkennt, daß in der Anordnung: ‚shingle – sand – dune' präzise die topographischen Gegebenheiten erfaßt sind." Wer häufiger solche Sätze lesen muß, erkennt bald, daß hier beständig abgedroschenes Stroh gemahlen wird.

Das gilt auch für die Einleitung, in der dem ungeübten Englischlehrer – für den vor allem das Buch geschrieben zu sein scheint – auf geradezu haarsträubende Weise der Nutzen der Beckett-Lektüre für den Unterricht nahegebracht wird. Tenor: Beckett sei bereits in den Literaturunterricht eingedrungen und daher nicht zu ignorieren; da ihm mit gängigen Interpretationskategorien nicht beizukommen sei, könne man deren Nützlichkeit an ihm überprüfen; außerdem sei seine stilistisch präzise und syntaktisch überschaubare Sprache leicht zugänglich, „wenn es gelingt, die gedanklichen Schwierigkeiten zu verringern." Letzeres zu leisten, setzen sich Laass und Schröder zum Ziel. Sie bedienen sich dabei eines verblüffend einfachen Verwandlungstricks: *Samuel Beckett*, so der schlichte Titel des Büchleins, wird von den Autoren reduziert auf drei zum Erscheinungszeitpunkt ihres Bandes mehr als zwanzig Jahre alten Dramen und einige sämtlich bereits vor 1950 abgeschlossene Romane. Das für Becketts Ästhetik eminent wichtige Prosawerk der 70er und 80er Jahre („das u.E. einen kryptischen Charakter hat") wird in wenigen unbeholfenen Sätze abgetan. Und der letzte Satz eines kurzen biographischen Aufrisses legt gar den (völlig unzutreffenden) Schluß nahe, der Dichter könne schon seit Jahren nicht mehr schreiben: „Beckett lebt heute, fast völlig erblindet, in Paris." Nur der Ort stimmt.

Daß Samuel Beckett zu diesem Zeitpunkt noch emsig schreibt, erfahren wir dagegen aus dem gleichzeitig erschienenen Materialienband gleichen Titels, den Hartmut Engelhardt zusammengestellt hat[30]. Hier spiegelt sich die ganze Bandbreite des Beckettschen Schaffens, von der Lyrik der 30er Jahre und dem ersten veröffentlichten Roman *Murphy* (in der Brechnung einer Rezension des 24jährigen Dylan Thomas) bis zu den Stücken und der Prosa der beginnenden 80er Jahre. Engelhardt hat eine Fülle interessanter Originalbeiträge und Übersetzungen wichtiger englischsprachiger Aufsätze zumeist neueren Datums versammelt, in denen zwanzig Autoren alle Spielarten der Beckett-Kritik in gültigen Beispielen vorführen. Besonders aufschlußreich

---

29 Henner Laass / Wolfgang Schröder, *Samuel Beckett*, UTB 1285 (München: Fink 1984).

30 Hartmut Engelhardt (Hg.), *Samuel Beckett*, st 2044 (Frankfurt a.M.: Suhrkamp 1984).

sind dabei die Arbeiten über die Werke der letzten Jahre, so John Pillings (wenn auch streckenweise gedanklich etwas zerfasert wirkende) Überlegungen zu *Schlecht gesehen schlecht gesagt* und Manfred Smudas ambitionierter Beitrag über „Becketts späte Prosa und das Imaginäre“, der allerdings die Aktualität nicht ganz hält, die er verspricht: über 1970 greift Smuda leider kaum hinaus.

Bemerkenswert ist die Art der Reaktion einiger Autoren auf die zunehmende ästhetische Formalisierung in den Texten Becketts: hier wird bereits mit elektronischen Speichergeräten gearbeitet. Elmar Tophoven berichtet von seinen Erfahrungen mit dem computerunterstützten Übersetzen, und J.M. Coetzee reduziert gar einen Prosatext auf die verwendeten lexikalischen Einheiten und die Gesetzmäßigkeiten ihrer Kombinationen („Eine Aufgabe in Dekomposition“) – ein Fall für hartgesottene Mathemuffel! „Erstaunlich, wie die Mathematik einem hilft, sich kennenzulernen“, so steht es schon in *Molloy*.

Die Kleinodien der Sammlung aber sind drei in deutscher Sprache zuvor unveröffentlichte Texte Becketts über moderne Malerei, die verblüffend offene Einsichten in sein eigenes Schaffen gewähren: „Glücklicherweise geht es nicht darum, zu sagen, was noch nicht gesagt worden ist, sondern wiederzusagen, so oft wie möglich, auf möglichst engem Raum, was schon gesagt worden ist.“ Nicht um das Was des Ausdrucks geht es, sondern einzig um das Wie; Ziel der reduzierten Kunst Becketts ist die Eliminierung des Inhalts in der Konkretisation des reinen Ausdrucks. „Es ist klar, daß es für den Künstler, der von seiner Bestimmung, auszudrück, besessen ist, nichts gibt, was nicht dazu bestimmt wäre, Anlaß von Ausdruck zu werden, einschließlich des Fehlens eines Anlasses und der autogenetischen Orgien eines Immaterialismus à la Kandinsky.“ Hätten sich alle Beiträger an diese Aussagen gehalten, so wäre auch die – immer noch überdurchschnittlich informative – Sammlung Engelhardts mit der Hälfte des Umfangs ausgekommen.

Briefe, erste Lieferung

Vom späten Beckett weiß man, daß er seine gar nicht so wenigen Freunde und Bekannten gern auf Distanz zueinander hielt, sich gern mit einem, aber ungern mit mehreren von ihnen traf. Beckett war kein Mann der Gruppen-, sondern einer der Einzelkommunikation. Seinem Freund Thomas McGreevy schreibt er im Juni 1939: „alle Gruppen sind entsetzlich.“ Drastischer noch hat er diesen Befund neun Jahre zuvor ausgedrückt, ebenfalls in einem Brief an McGreevy: „Aren't people shits?“ (Wir übersetzen das lieber nicht.) Die „people“, von denen Beckett sich abgestoßen fühlt, sind Menschen in Gruppen oder auch Menschen, die sich gruppenkonform verhalten. Wer Beckett deswegen für einen Misanthropen hält, geht freilich fehl, denn für einzelne Menschen hat er sich immer interessiert, auch eingesetzt, ihnen notfalls Opfer gebracht.

Und was wäre besser geeignet, mit einzelnen Menschen zu kommunizieren, als der Brief? In den Briefen Samuel Becketts aus den Jahren 1929 bis

1940, die im ersten Band[31] einer auf vier Bände angelegten Edition versammelt sind, ist immer wieder mit Händen zu greifen, wie sehr es Beckett nach der Gesellschaft einzelner Menschen verlangt, die ihm wichtig sind – und dieses Verlangen wird umgesetzt in der Produktion von Briefen. Gelegentlich gibt Beckett dem Bedauern Ausdruck, daß sein Gegenüber nicht bei ihm ist; weitaus häufiger allerdings bekundet er seine Freude darüber, von diesem Gegenüber einen Brief erhalten zu haben – es ist die einzige Freude, die Beckett jemals als solche bezeichnet.

In den Ausdruck dieser Freude mischt sich in aller Regel allerdings sogleich das Bedauern darüber, nicht auch selbst Anlaß zur Freude bieten zu können – immer wieder entschuldigt sich Beckett für das Klagen und Jammern, das seine Briefe durchzieht: „entschuldige diese Jeremiade." Beckett beklagt seine Enttäuschungen und Frustrationen (Mutter und Bruder verstehen ihn nicht, Verleger wollen seine Bücher nicht drucken, Redakteure lehnen seine Beiträge ab), vor allem aber beklagt er seine eigenen Unzulänglichkeiten. Als er sich mit der Übersetzung der „Anna Livia Plurabelle" von Joyce ins Französische quält, formuliert er seine Klage über die Unmöglichkeit dieses Unterfangens so, daß sie wie die Negierung aller Möglichkeiten überhaupt klingt: „Ich weiß, daß nichts zu machen ist und daß nichts von irgendwelchem Wert gemacht werden wird, aber man macht weiter, getrieben von einem Wind wie die Trägen." Als McGreevy ihn um Hilfe bei der Suche nach einem Zitat bittet, antwortet Beckett: „Alles, was ich tun kann, will ich nur zu gerne tun. Aber Du kannst Dir sicher sein, ich mach es alles falsch & schlecht." Als er sich in einer ungeliebten Lektorenstelle in Dublin gefangen sieht, gelähmt von der Befürchtung, er könne sich an seine eigene „professorale Inkompetenz" gewöhnen, bekundet er: „Ich kann hier gar nichts machen – weder lesen noch denken noch schreiben." Dabei verbringt Beckett doch lange Zeiten damit, sich quer durch die Weltliteratur zu lesen: Augustinus liest er „auf Formulierungsjagd", ein immenses Pensum diverser Nationalliteraturen zur Mehrung der eigenen Kenntnisse, und gelegentlich findet er sogar zurück zum „alten kindlichen Schmökern, mit dem ich Schatzinsel & Oliver Twist und vieles andere las – frei von allen Ausschlachtabsichten."

Vor allem in den Zeiten, die Beckett aus finanziellen Gründen bei seiner Familie in Irland („Land meiner erfolgreichen Abtreibung") verbringen muß, ist er wie gelähmt („die Tage gehen über mich hinweg & ich tue gar nichts") und kann sich höchstens dazu aufraffen, zu Fuß oder mit dem Fahrrad über die Berge zu hetzen: „Ich mag das Wandern mehr & mehr, & je zielloser, desto besser." Am schlimmsten ist ihm die Vorstellung, in Irland hängenzubleiben: „Das Gefühl, an einem Ort Wurzeln zu schlagen wie ein

---

[31] *The Letters of Samuel Beckett*, Volume I: 1929-1940; Editors: Martha Dow Fehsenfeld, Lois More Overbeck; Associate Editors: George Craig, Dan Gunn (Cambridge: Cambridge University Press 2009).

Polyp, ist grauenvoll, zu leben von einer Art Schleim der Konformität. Und ausgerechnet an diesem Ort."

Jede Rückkehr von Irland nach London, wo Beckett sich 1934/35 einer Psychotherapie unterzieht, ist ihm eine „gewaltige Erleichterung", und das Wort „Erleichterung" ist in Becketts Wortschatz die größtmögliche Annäherung an einen Ausdruck der Freude (wenn eines der Gedichte, die Beckett gelegentlich seinen Briefen beilegt, vom Adressaten gelobt wird, reagiert er auch darauf mit „Erleichterung"). Dennoch findet er auch in London keine Perspektive für sich und fühlt sich zu allem unfähig: „Wie schwer es doch ist, ein erträgliches Arrangement zwischen Arbeiten & Leben zu erzielen." (Auch „erträglich" ist eine Vokabel, die bei Beckett schon die größtmögliche Annäherung ans unerreichbare Glück bezeichnet.) Nur mit Mühe gelingt es ihm, wenigstens am Schreiben festzuhalten („Die einzige Ebene, auf der ich meine Niederlage nicht als erwiesen begreife, ist die literarische"), nachdem er ein Weilchen zuvor noch befürchtet hatte, er könne „vom Juckreiz des Schreibens kuriert" sein, und seinen Roman *Murphy* fertigzustellen. Über diesen Roman äußert er sich zwar auch nicht gerade begeistert („Am Ende ist das doch ein verdammter Langweiler, Murphy O'Blomow"), verwendet aber auf die Versuche, ihn publiziert zu bekommen, mehr Energien als auf irgend etwas anderes.

Vielleicht rührt dieser Energieschub auch daher, daß nur professionelle oder öffentliche Anerkennung die Schuld- und Minderwertigkeitsgefühle, die Beckett seiner Familie gegenüber verspürt, lindern könnte. Becketts vorrangiges Bestreben ist es, sich auf eigene Füße stellen und das fesselnde Zuhause hinter sich lassen zu können; zu diesem Zweck erwägt er alle möglichen und auch unmöglichen Schritte (einmal will er, der nichts über das Fliegen weiß, sogar Pilot werden), deren Umsetzung aber in der Regel daran scheitert, daß er über keinerlei Fähigkeiten zu verfügen glaubt: „Wenn ich doch wenigstens einen Platten flicken könnte." Wenn er etwas kann, dann allenfalls auf dem Feld der Literatur oder vielleicht noch auf dem der Kunstkritik (in vielen Briefen finden sich scharfsinnige Analysen von Gemälden und Malstilen).

Becketts Erwägungen, sich auf Lektorenstellen in Harvard, Mailand oder Rhodesien zu bewerben, sind eher getrieben von dem Wunsch, den Verstrickungen in Irland zu entkommen, als von der Hoffnung auf Karrieren, und auch seine ausgedehnte Deutschlandreise 1936/37 ist, wie Beckett selbst vermerkt, mehr eine Reise „weg von" als eine Reise „zu" etwas. Tatsächlich beworben hat er sich auf eine Universitätsstelle in Kapstadt; aufschlußreich ist, womit er in dem einzureichenden Lebenslauf die Tätigkeitslücke der Jahre 1932-37 füllt: „Privatstudien und Schreibübungen. Reisen in Frankreich und Deutschland." Daß Beckett weitaus mehr gemacht, erlebt und geschrieben hat, als ein dürrer Lebenslauf preisgeben kann, zeigen uns die Briefe dieser Jahre. „Ich kann nicht lesen, schreiben, trinken, denken, fühlen oder mich bewegen", klagt Beckett im November 1936 aus Hamburg und belegt doch mit fast jedem Satz seiner Briefe das Gegenteil.

Die Jahre von 1929 bis 1940, aus denen die hier versammelten Briefe stammen, waren für Beckett Jahre des Erlebens, der (oft erzwungenen, bisweilen ersehnten) Bewegung, durchaus auch des Handelns. Als lückenlose Dokumentation dieser Zeit oder gar als Biographie in Selbstzeugnissen können die Briefe freilich nicht hinreichen, dazu sind sie viel zu lückenhaft – wichtige Themen und Ereignisse wie etwa Becketts Beziehungen zu Lucia Joyce und Peggy Guggenheim oder seine lebensgefährliche Verletzung durch einen Messerstecher kommen nicht oder nur indirekt vor (Beckett bekundet „Erleichterung", als der Messerstecher nur zu zwei Jahren Gefängnis verurteilt wird). So ist die Lektüre dieser Briefe erst sinnvoll, nachdem man sich auf anderem Wege über Becketts Lebensumstände der fraglichen Jahre informiert hat, beispielsweise aus der grundlegenden Biographie James Knowlsons. Da Knowlson seinerzeit fast alle hier abgedruckten Briefe schon gesichtet hat und viele ausführlich zitiert, sind uns allerdings die wirklich aufschlußreichen Briefstellen großteils schon bekannt; als Kenner der Beckett-Biographie erfahren wir im Briefband kaum Neues.

Nun war es freilich gerade Samuel Beckett, der immer wieder darauf insistiert hat, es gehe in der Literatur nicht darum, etwas Neues zu sagen, sondern darum, die selben Dinge immer wieder zu sagen, und immer wieder neu. Und in der Tat hat die Lektüre vollständiger Beckett-Briefe eine Qualität, die mit zusammenfassenden Paraphrasen und ausschnitthaften Zitaten so nicht zu haben ist. Erst beim Lesen der Briefe selbst eröffnet sich der unvergleichliche Beckett-Sound. Es ist dies im übrigen kein Sound des Immergleichen, denn Beckett weiß seinen Ton anzupassen: dem verhandelten Gegenstand und vor allem dem jeweiligen Adressaten. Bisweilen wird der Beckett-Sound beinahe lethargisch, dann aber auch wieder aufgekratzt oder gar überspannt, und einige Briefe, die Beckett von und nach seiner Deutschlandreise schreibt, sind übersät mit deutschen Floskeln, die Beckett in offen satirischer Absicht benutzt: „Heil, Sieg, fette Beute and a Merry Xmas"; „Gehorsamst Sam".

Eines immerhin ist allen Tonschattierungen des Beckett-Sounds gemein – hier fallen fast durchgängig Distanziertheit und Beteiligung in eins. Becketts Ton ist ein Ton der unablässigen unterschwelligen Distanzierung, einer Distanzierung vor allem von sich selbst; einmal gibt er zu: „Es ist ein großes Handicap für mich [...], daß ich mich nicht in einer direkten Weise ausdrücken kann." Bei oberflächlichem Hinsehen könnte man meinen, die Dinge, von denen Beckett schreibt, und die Personen, denen er sich zuwendet, interessierten ihn nicht wirklich. Dieser Eindruck allerdings ist ein Trugschluß. Becketts Ton der ganz feinen Distanzierung zielt darauf ab, unerträgliche Dinge durch sprachliche Verwandlung erträglich zu machen - genau diese Distanzierung erlaubt es ihm dann wiederum, sich mit Dingen zu befassen, die ihm eigentlich gerade doch zu nahe gehen, als daß er sich dazu äußern könnte. Die distanziert scheinende sprachliche Umsetzung und auch Formalisierung dient also paradoxerweise dazu, ganz nah an Abgründe und Entsetzlichkeiten (auch des Ichs) heranzukommen, die ansonsten unerreichbar und nicht zu fassen wären. Dieses Phänomen, eng an den Beckett-Sound gekoppelt, scheint in den hier versammelten Briefen auf, durchzieht aber natürlich auch das Werk Becketts, und zwar vor allem das reife, das später entstandene Beckett-Werk. Insofern haben die Herausgeberinnen recht, wenn sie einleitend schreiben: „Briefe ermöglichen vielleicht ein Schreiben, eine Stimme, deren Ausbreitung sein öffentlicheres Werk noch nicht wagt."

Vermutlich ist diese Formulierung aber auch taktisch begründet. Schon 1985 hat Beckett selbst Martha Fehsenfeld autorisiert, eine Ausgabe seiner Briefe zu erstellen, allerdings mit der Einschränkung, es dürften nur Briefpassagen publiziert werden, die relevant für sein Werk seien. Diese Einschränkung hat das Erscheinen der Ausgabe um Jahrzehnte verzögert, zumal Becketts erster Nachlaßverwalter, der Verleger Jérôme Lindon, die Einschränkung sehr eng ausgelegt sehen wollte. Nach Lindons Tod hat sich der Rechtsnachfolger, Becketts Neffe Edward, zu einer großzügigeren Auslegung bekannt, derzufolge auch die Briefe selbst ein „Werk" konstituieren, aber Beschränkungen, die vor allem private Inhalte betreffen, bleiben. Etliche Briefe konnten deswegen nur gekürzt und andere gar nicht gedruckt werden.

Dies ist allerdings nur der eine Grund, warum wir Becketts Briefe nur in einer Auswahl-, nicht in einer Komplettausgabe bekommen; der andere ist der kaum publizierbare Gesamtumfang. Insgesamt 15.000 Briefe Becketts sind bisher gefunden worden; 2500 davon sollen in den vier Bänden der Ausgabe abgedruckt, weitere 5000 im Anmerkungsapparat zitiert werden. So verständlich die Entscheidung für eine Auswahl ist – mißlich ist sie doch, wie der erste Band zeigt. Er enthält gut 200 Briefe, davon die Hälfte an Becketts wichtigsten Freund dieser Zeit, Thomas McGreevy – aber es existieren noch viel mehr Briefe an McGreevy, von dessen (allerdings großteils verlorenen) Antworten ganz zu schweigen, und die Auswahl verhindert alle Kontinuität. Eine Publikation des kompletten erhaltenen Briefwechsels Beckett / McGreevy bleibt deswegen unser Wunsch an die Zukunft.

Für die verhinderte Kontinuität versuchen die Herausgeberinnen der Auswahlausgabe mit Anmerkungen und Zeitleisten zu sorgen, die allerdings nicht immer glücklich formuliert und auch nicht immer korrekt sind (Hitler wurde nicht wie behauptet am 1. Januar 1933 Reichskanzler, und die Illustrierte, in der Beckett ein Foto schachspielender Affen fand, ist nicht „unbekannt", sondern wurde inzwischen von der Beckett-Forscherin Carola Veit und dem Berliner Literaturhausmitarbeiter Lutz Dittrich ermittelt). Vielleicht ist die Ausgabe auch weniger für die kontinuierliche als für eine gezielt springende Lektüre geeignet, die allerdings durch ein äußerst fehlerhaftes Register erschwert wird. Hoffen wir, daß solche kleinen Schönheitsfehler in den drei ausstehenden Bänden unterbleiben – und daß diese nicht nochmals ein Vierteljahrhundert Vorbereitungszeit brauchen. Becketts Briefe führen ins Zentrum der Existenz eines Autors, der das 20. Jahrhundert vielleicht besser verkörpert als jeder andere, und deswegen möchten wir von diesen Briefen lesen, soviel nur möglich ist.

Disjecta

Samuel Beckett war zeit seiner Karriere bekannt als Autor, der sich standhaft weigerte, das eigene Werk zu kommentieren oder sich theoretisch über Literatur zu äußern. Wo die Kollegen plapperten und plauderten, war Beckett nicht nur wortkarg, sondern stumm. Dabei hatte alles ursprünglich ganz anders ausgesehen, als junger Mann hatte Beckett eine akademische Karriere im Sinn, ging 1928 für zwei Jahre als Austauschlektor nach Paris, um genau das zu machen, was er sich späterhin versagte – *über* Literatur zu schreiben. Heraus kam dabei ein Buch über Proust; wichtiger aber wurde die persönliche Begegnung mit James Joyce. Unter Anleitung von Joyce schrieb Beckett seinen ersten und im Grunde auch schon letzten gelehrten Essay, betitelt „Dante ... Bruno . Vico .. Joyce", dessen koketter Eingangssatz („Die Gefahr liegt in allzu säuberlichen Identifikationen") schon ahnen läßt, daß hier einer den Gesetzen des Sortiergewerbes, als das man die Literaturwissenschaft mit einigem bösen Willen bezeichnen könnte, nicht gehorchen will.

Tatsächlich veranlaßt Joyce nicht nur Becketts erste Veröffentlichung, sondern weckt in ihm auch den Wunsch, fortan selbst literarisch zu schreiben, und damit endet Becketts Karriere als Akademiker und Essayist, bevor sie recht begonnen hat. Als Abschiedsgeschenk an die akademische Welt hält Beckett Ende 1930 an der Dubliner Universität eine Vorlesung über den „Konzentrismus", eine französische Dichterschule, die er (mitsamt ihrem Hauptvertreter Jean du Chas und intrikaten Textproben) zu diesem Zweck frei erfindet. Der Text endet mit einer typischen Beckett-Formel: „vollkommen verständlich und vollkommen unerklärlich."

Was Beckett hernach an im weitesten Sinne essayistischen Texten verfaßt, ist kaum der Rede wert. In den mittdreißiger Jahren läßt er sich unter schwierigen persönlichen Bedingungen dazu verleiten, Buchrezensionen und ähnliches für Zeitschriften in London und Dublin zu schreiben, ein Dutzend Textchen über zumeist recht ephemere Anlässe. 1937/38, im Anschluß an eine verkorkste Deutschlandreise und im Begriff, sein Leben neu zu sortieren, arbeitet er nicht nur an einem Fragment gebliebenen Drama *Menschenwünsche*, sondern entwirft auch einen kurzen stochernden Text über „Die beiden Bedürfnisse", der auf den ersten Blick wie eine rationalisierende Selbstvergewisserung über sein Künstlertum aussieht, sich bei näherem Hinsehen aber wiederum als pseudotheoretische Fiktion entpuppt: „Einen der Hoden dem anderen vorzuziehen, hieße der Metaphysik in die Quere zu kommen." Ungefähr zur selben Zeit läßt Beckett sich dann doch ein einziges Mal verleiten, seinen Wunsch nach einer „Literatur des Unworts" schriftlich zu fixieren, freilich nicht öffentlich, sondern in einem Privatbrief an die Reisebekanntschaft Axel Kaun, abgefaßt in deutscher Sprache. Kurz nach dem Krieg dann, wiederum in einer Phase der Neuorientierung, schreibt er eine Handvoll kurzer Texte für und über seine Malerfreunde, entwickelt darin ansatzweise eine Ästhetik des Scheiterns, und der Rest ist Schweigen.

Wenn Ruby Cohn, die all diese Arbeiten zum Band *Disjecta*[32] kompiliert hat, diesen als „Sammlung essayistischer Kritiken plus einem szenischen Fragment" beschreibt, so ist das etwas beschönigend. Als der Band 1983 im Original erschien, wurde er dennoch von Beckettianern freudig aufgenommen, vor allem des zuvor unbekannten Kaun-Briefs wegen; ebenfalls ungedruckt war der Roman *Traum von mehr bis minder schönen Frauen*, aus dem *Disjecta* einen semi-theoretischen Ausschnitt bringt. Heute allerdings ist der Nährwert dieser Brosamen geringer, auf deutsch liegen der *Traum*-Roman komplett und die gesammelten Texte zur bildenden Kunst vorzüglich kommentiert vor, deshalb sind die Auswahlkriterien der Wundertüte *Disjecta* nicht mehr plausibel. Erst recht gilt dies für die magere Zusammenstellung von Briefexzerpten, die Becketts Blick aufs eigene Werk repräsentieren sollen – 1983 war mehr Briefliches nicht bekannt, aber inzwischen sind so große Teile von Becketts Korrespondenz veröffentlicht, daß diese Auswahl vollkommen willkürlich wirkt. Die Kraut-und-Rüben-Sammlung *Disjecta* ist so gesehen Post aus einer sehr fernen Vergangenheit.

Echo's Bones: Beckett prä Beckett

Meister der Literatur fallen nicht vom Himmel, sondern müssen sich erst zu solchen entwickeln, oft unterstützt von Verlegern und Lektoren, bisweilen von diesen eher behindert. Samuel Beckett könnte ein Fall sein, in dem Unterstützung und Behinderung in eins fallen. Beckett war, wie seine frühesten Arbeiten aus den späten 20er und den frühen 30er Jahren zeigen, als Autor ausgesprochen frühreif, dazu intellektuell das, was man übermotiviert nennen könnte; vor eine breitere Öffentlichkeit trat er aber erst zwei Jahrzehnte später mit Arbeiten im Gestus ernüchterter Selbstbeschränkung. Diese Entwicklung vom extrem vielversprechenden, an den Gesetzen des Literaturbetriebs und vielleicht auch an den eigenen Ansprüchen freilich scheiternden Junggenie zum abgeklärten Verfechter konzentrierter Kargheit ist eines der faszinierendsten Phänomene der Literaturgeschichte überhaupt.

Im Detail verfolgen läßt sich diese Entwicklung anhand der großteils erst posthum publizierten Frühwerke, wobei uns ein wichtiger Schritt bisher fehlte, nämlich die lange Erzählung *Echo's Bones*[33], geschrieben 1933 für den

32 Samuel Beckett, *Disjecta*, vermischte Schriften und ein szenisches Fragment, hg. u. mit einem Vorwort versehen von Ruby Cohn, üb. v. Wolfgang Held u. Erika u. Elmar Tophoven (Berlin: Suhrkamp 2010).

33 Samuel Beckett, *Echo's Bones*, edited by Mark Nixon (London: Faber & Faber 2014).

Erzählungsband *More Pricks than Kicks* (*Mehr Prügel als Flügel*), in dem sie aber dann doch nicht erschien. Bei den in jenem Band gedruckten Texten handelte es sich zum Teil um wiederverwertetes Material aus Becketts erstem Roman *Dream of Fair to Middling Women* (*Traum von mehr bis minder schönen Frauen*), einer virtuosen, aber auch wirren Melange aus grotesken Erzählepisoden in angeberisch überdrehtem Sprachgestus voller gelehrter Anspielungen, schwer ergründbarer Doppeldeutigkeiten und übermütiger selbstreflexiver Kabinettstückchen. Publizierbar war dieser Roman nicht; Beckett muß das wohl bald eingesehen haben und schlachtete ihn für den Erzählband aus, der zwar immer noch keine leichte Kost ist, die sprachlichen wie inhaltlichen Exzesse aber ein wenig zügelt und die Episoden verschlankt. Mit dieser Verschlankung hatte gewissermaßen Becketts zukünftige Entwicklung ihre Richtung gefunden.

Tatsächlich war aber der Erzählungsband so schlank geworden, daß Charles Prentice als verantwortlicher Lektor des Verlags Chatto & Windus, der den Band zur Publikation angenommen hatte, Beckett vorschlug, er möge das Skript durch eine zusätzliche Erzählung erweitern. Beckett griff diesen Vorschlag sogleich auf und schrieb als neue Schlußerzählung des Bandes *Echo's Bones*, worin sein Held Belacqua noch einmal von den Toten aufersteht. Prentice freute sich über das vermeintliche Happy End und darüber, daß der Umfang des Bandes um fast ein Viertel zunahm, dies allerdings nur, bis er *Echo's Bones* gelesen hatte – dann erfolgte prompt die Ablehnung, und der Erzählungsband erschien ohne die Zugabe, die achtzig Jahre unter Verschluß blieb, bis heute.

Warum Prentice die Erzählung ablehnte, ist bei der Lektüre schnell ersichtlich. Beckett fällt hier in die wirre Virtuosität seines *Traum*-Romans zurück, der Text überwuchert inhaltlich, sprachlich und formal alle Grenzen, schlank ist hier nichts mehr. Vor allem ist die Erzählung desintegrativ angelegt, kombiniert mehrere Erzählstränge, Sprachregister und Diskurse, die sich nicht organisch verschränken, sondern mutwillig auseinanderfallen.

„Die Toten sterben schwer, sie sind Eindringlinge im Jenseits": auf diese Eingangsformulierung folgen drei völlig unverbundene Episoden, die sich freilich in einem parabolischen Diesseits abspielen. Belacqua kauert anfangs auf einem Zaunpfahl und wird von der Prosituierten Miss Zaborovna Privet angesprochen. „Glücklicherweise bin ich heut nacht nicht gebucht", gibt sie ihm zu verstehen, woraufhin ihm ein Uhland-Gedicht einfällt; er verschreckt sie, indem er ihr zeigt, daß er keinen Schatten wirft. Unvermittelt schließt sich die ausführlichere zweite Episode an, die Begegnung mit dem glatzköpfigen Lord Gall of Wormwood, der von Belacqua etwas über die „Liebe" wissen will: „erzählen Sie mir, was Sie von diesem Krankheitsbild wissen." Der wortreiche, aber tatenarme Belacqua wird vom zeugungsunfähigen Lord Gall in Dienst genommen, um an dessen Stelle einen Erben für den Adelssitz zu zeugen, der sonst an einen verhaßten Rivalen fiele. Belacqua kommt der

Aufgabe zwar nach, allerdings bringt Lady Gall nur ein Mädchen zur Welt. Vor den Konsequenzen retten sich Beckett und Belacqua durch den abrupten Sprung in eine dritte Episode; Belacqua, jetzt wieder auf seinem Pfahl sitzend, begegnet dem Friedhofswärter Doyle, der nebenbei als Grabräuber tätig ist und Belacquas Gruft ausplündern will – die naturgemäß leer ist.

Floskeln des Leerlaufs perforieren den Text: „Etwas mußte einfach geschehen"; „Wohin, glauben Sie, soll all dies hier führen?"; „Kommen Sie auf den Punkt"; „ich habe dieses nicht enden wollende Gespräch satt"; „Dies ist grober Unfug, meine Leser werden mit ihrer Geduld am Ende sein." Jenseits solcher Floskeln kommt der ganze Text aber mit einer solchen gelehrten Plapperhaftigkeit daher, daß Herausgeber Mark Nixon mit seinen zum vollen Verständnis unerläßlichen Anmerkungen mehr Seiten füllen muß als die Erzählung selbst. Mit *Echo's Bones* gibt sich Beckett ein letztes Mal als der auftrumpfende intellektuelle Tausendsassa, der die komplette Kulturgeschichte von der Antike bis zu Marlene Dietrich in petto hat und zu schlüpfrigen Witzen zu destillieren vermag. Seinem Freund Thomas MacGreevy schreibt Beckett, in dieser Erzählung habe er alles untergebracht, was er wisse – diese Allwissenheit des Belesenen verbindet sich allerdings bereits mit jenen Gesten lebenspraktischer Ohnmacht, die fortan Becketts Werk regieren werden.

Jener auftrumpfenden Gelehrsamkeit, die *Echo's Bones* zum Exzeß treibt und gleichzeitig persifliert, sollte Beckett schon im Jahr drauf mit dem Gedicht „Gnome" seine endgültige Absage erteilen: „In den Lehrjahrn niemals spare / Die Courage für Wanderjahre / Durch die Welt, die ganz gesittet / Das Gelehrte sich verbittet". „Gnome" markiert Becketts freiwillige Selbstverzwergung; fortan gibt er – beginnend mit dem Roman *Murphy* – den Meister virtuoser Selbstbeschränkung. *Echo's Bones* präsentiert gewissermaßen den Scheinriesen Beckett prä Beckett, ein frühreifes Genie, das seine Lehrjahre als Herrenjahre begreift. Er weiß alles, er kann alles; aber seine Ambitionen münden in Frust und Selbstblockade. Und in Neuanfänge: Beckett wird Beckett, dem ablehnenden Bescheid seines Lektors sei Dank.

Alles und nichts

Wenn Verleger bei unpassendsten Gelegenheiten ihre Verlagsprodukte rühmen, so ist das gar nicht albern, sondern durchaus ihre Aufgabe. Peinlich wird es erst dann, wenn sie von Büchern reden, die sie nicht kennen. Suhrkamp-Chef Unseld beispielsweise flocht gerne ein Lob auf die in seinem Hause erschienene „Beckett-Biographie" von Alfred Simon[34] in jedes Beckett-Gespräch ein – und hatte wohl gar nicht gemerkt, daß das Ding gar keine Biographie ist, sondern eine umfassende Werkeinführung (bzw. der Versuch einer solchen). Zugegebenermaßen beschäftigen sich 50 (von 350) Seiten des Buches auch mit Becketts Leben; gerade dieser Teil ist aber so schludrig

[34] Alfred Simon, *Beckett*, üb. v. Michael Bischoff (Frankfurt a.M.: Suhrkamp 1988).

abgefaßt und redigiert, daß man's gar nicht glauben mag. Als wären alle Namen durch einen Fleischwolf à la *Finnegans Wake* gedreht, laufen Leute rum mit so seltsamen Namen wie Valery-Larbaud, Gisle Freund oder Oliver St. Cogarthy; Joycens Geburtstag wird auf den 15. Februar verlegt und Becketts sogar in den September; Dylan Thomas' Verriß von Becketts *Murphy* ist plötzlich eine „besonders lobende Besprechung" und die Beckett-Biographin Deirdre Bair ein Mann – um nur ein paar der denkwürdigsten Leistungen zu nennen. Als ich den Verlag nach dem Erscheinen auf diese Dinge aufmerksam machte, bedankte man sich artig, doch für die Taschenbuchausgabe, die später erschien, wurde kein Buchstabe geändert, auch nicht im Register, das riesige Lücken hat – was freilich vielleicht sogar gut so ist, denn das, was drin ist im Register, ist zumeist mit falschen Seitenzahlen versehen. Nur gut, daß im Suhrkamp-Verlag keine Telefonbücher gedruckt werden.

Schwarz

Bei Nennung des Namens „San Quentin" werden viele zuerst an das berüchtigte kalifornische Zuchthaus denken. Theaterfans, insbesondere Beckett-Anhänger wissen, daß der „San Quentin Drama Workshop" ein Bühnenensemble ist – die einzige Amateurgruppe, mit der Beckett selbst einmal zusammengearbeitet hat. Als das Ensemble 1986 mit *Godot*, *Endspiel* und *Das letzte Band* in Deutschland gastierte, fertigte Axel E. Krüger eine Reihe von Szenenfotos, die sogar das Lob des Meisters in Paris erhielten.

Der querschnittgelähmte Krüger (1951-87) schuf aber nicht nur Porträt- und Bühnenfotos, sondern auch künstlerisch eigenständige Selbstinszenierungen. 1985 und 1986 entstand so seine „Schwarze Serie": elf Bilder, die den Künstler mit seinem Rollstuhl, einem Schädel, einem Kreuz und einer Prothese in drastisch variierten, reliquienhaften Bildkompositionen zeigen. Wo die Beckett-Fotos immer nur isolierte Standbilder aus einem umgreifenden Geschehen sind, die ihren Ausschnittcharakter nicht verleugnen können, entfalten die Fotos der „Schwarzen Serie" eine ganz und gar eigene narrative Kraft von einer grotesken Intensität, der die Nachbarschaft zur Beckett-Bühne nicht schlecht bekommt.

Jochen Schwarzer und Justus Randt haben beide Bildserien Krügers in einem gemeinsamen Bändchen ediert. Der Band *Beckett / Schwarze Serie*[35] enthält angemessen sparsame Angaben zum Künstler und den beiden Bildserien. Hinzu kommen eine Bibliographie und ein Verzeichnis aller Gruppen- und Einzelausstellungen Axel E. Krügers.

Beckett 2000

Ist Beckett tot? Bei der Eröffnung des internationalen Beckett-Symposiums, das im September 2000 an der Berliner Humboldt-Universität veranstaltet

---

[35] Axel E. Krüger: *Beckett / Schwarze Serie*, hg. v. Jochen Schwarzer und Justus Randt (Berlin / Bremen / Hannover: Privatdruck 1990).

wurde und dessen wissenschaftlicher Ertrag sich in dem Band *Samuel Beckett: Endlessness in the Year 2000*[36] dokumentiert findet, mußte man das fast befürchten, und die mutmaßliche Todesursache lautet: Verschlagwortung. Noel Fahey, der irische Botschafter, rief Beckett zum „europäischen Ideal im 20. Jahrhundert" aus, und sein französischer Kollege machte sich nicht einmal mehr die Mühe, seine hohltönenden drei Worte in syntaktische Form zu bringen: „Zweisprachigkeit, Multikulturalismus, Europa!" Freilich wäre es unfair, solchen toten Worthülsen allzu viel Beachtung zu schenken; die in Berlin versammelten knapp hundert Beckett-Spezialisten aus aller Welt hatten durchaus Lebensrettendes im Sinn.

Den pfiffigsten Versuch, einen lebendigen Beckett ins 21. Jahrhundert hinüber zu retten, unternahm der Medienwissenschaftler Eckart Voigts-Virchow. Er widersprach Harald Schmidts ketzerischer Bemerkung, Beckett könne mit Big Brother nicht mithalten, indem er auf gewitzte Wisse die Ästhetik des Beckettschen Fernsehspiels *Quadrat* mit den Teletubbies verglich, und präsentierte eine Apple-Anzeige, die Becketts schrilles Konterfei mit dem Firmenslogan „Think different" bestempelt. Beckett ist also durchaus vermarktbar – dies freilich sehr wider Willen. Daß ein kardinales Kennzeichen der Beckettschen Ästhetik die Widerständigkeit sei, darauf legte gerade Voigts-Virchow denn doch Wert.

Das Jahrhundert des Widerstands ist gewiß das auslaufende. „Beckett und das 20. Jahrhundert": so war die zentrale Podiumsdiskussion überschrieben, die manch einer eher zur Paarung „Sam und ich" umfunktionierte. Mit persönlicher Beckett-Bekanntschaft läßt sich immer noch vorzüglich renommieren, was leider auch heißt, daß die raren Selbstaussagen des Meisters allzu gläubig nachgeraunt werden. Dabei wollte dieser Heilige nie einer sein. Martin Esslin identifizierte Beckett als einen Autor, dessen Werk alle seligmachenden Religionen und Ideologien zu toten Mythen erkläre: es sei bar jeder Illusion, jeden Trostes und jeder Hoffnung. Und doch ist es ein Werk, in dem ein grimmiges Lachen überlebt. Manfred Pfister deutete Becketts Lachen als ein „Lachen des Unglaubens", als das Lachen dessen, der seine letzte Träne schon vergossen hat angesichts des Horrors der Menschenexistenz: das Lachen sei am Ende doch die einzige Impfung gegen alle leeren Heilsversprechungen.

Wenn Becketts Werk mit seinem widerständig fragenden Gestus als Einspruch gegen geschlossene Systeme gesehen wird, wie dies auch der Shakespeare-Spezialist Yasunari Takahashi tat, so ist es um so verwunderlicher, daß auch aus der Beckett-Philologie die Foucault- und die Lacan-Jünger mit ihren begrifflichen Scheuklappen noch nicht verschwunden sind. Daneben feiert die Rezeptionsästhetik seligen Angedenkens fröhliche Widerauf-

---

[36] *Samuel Beckett: Endlessness in the Year 2000 / Samuel Beckett: fin sans fin en l'an 2000*, hg. v. Angela Moorjani u. Carola Veit (Amsterdam / New York: Rodopi 2001 / = *Samuel Beckett Today / Aujourd'hui* 11).

erstehung: der Leser oder Zuschauer, war öfter zu vernehmen, trage selbst zum Kunstwerk bei. Das bleibt ebenso richtig wie banal, solange nicht Becketts Sabotage am Individuum in den Blick genommen wird. Becketts setzt jenem Kollektiv, das im sterbenden Jahrhundert so oft gepriesen wurde, den Menschen im Singular entgegen, der freilich sogleich eine Entindividualisierung erfährt: indem sich der Körper entkörpert, der Geist in Einzelfacetten zersplittert. Das Individuum wird zum Kollektiv, zum Platzhalter; Véronique Védrenne sprach (mit Dank an Lacan) vom leeren Spiegel, Xerxes Mehta von der Projektionsfläche, in deren Angesicht wir als Leser oder Theatergänger unser eigenes subjektives Befinden entdecken können.

Schwerer haben es da die Regisseure und Schauspieler, deren subjektive Kreativität sich nur mit Maßen entfalten darf: die Beckett-Erben verhindern nach wie vor alle Inszenierungen, die am Dogma der sogenannten Werktreue rütteln. Die Meinungen der Beckettianer dazu gehen im Detail sehr, im Grundsatz freilich kaum auseinander: uninspirierte Werktreue, so Mehta, füge den Stücken mehr Schaden zu als rücksichtsloses Experimentieren, und auch der dogmatischere Tom Bishop räumte ein, schlechte Inszenierungen solle man lieber kritisieren als verbieten. Beckett-Biograph James Knowlson brachte es auf den Punkt: „Keine Zensur!"

Und er meinte nicht nur Aufführungs-, sondern auch Druckrechte. Becketts Erben blockieren nicht nur die Erstellung einer ordentlichen kritischen Ausgabe von Becketts Werken, sondern auch die Herausgabe der gesammelten Korrespondenz, etlicher Notizbücher und eines 500seitigen Tagebuchs, in dem Beckett im Winter 1936/37 seine Reise durch das faschistische Deutschland festhielt: private Verzweiflung mischt sich darin mit politischer Zeitzeugenschaft. Die Reise sei eigentlich bloß eine Flucht aus der Heimat gewesen, weiß Knowlson, aber es wurde doch eine Flucht nach vorn. Im kalten Hamburg verwandte Beckett seine Sprachkenntnisse darauf, eine Frühfassung des eigenen Gedichts „Cascando" ins Deutsche zu übersetzen.

Erika Tophoven ist es gelungen, dieses Manuskript aufzufinden. Als widerständlerische, weil nicht autorisierte Welturaufführung verlas Schauspieler Klaus Herm in der Akademie der Künste Becketts im Tagungsband dann leider nicht wiedergegebene deutsche Dichterworte mit den entschieden diesseitigen Zeilen „besser Mißgeburt als keine" und „besser zu früh als niemals". Und was die Blockadepolitik der Beckett-Erben angeht, so hatte Biograph Knowlson dann doch noch einen Trost parat: „Nichts dauert ewig!" Beckett lebt.

Juden auf der Flucht

Samuel Becketts erstes und berühmtestes Theaterstück *Warten auf Godot* spielt bekanntlich überall und nirgendwo, in einem absurden Raum des zeitlosen Nichts. Die beiden Protagonisten Wladimir und Estragon (kurz Didi und Gogo) stehen für die Menschheit schlechthin, für alle, die auf der Stelle treten und auf Erlösung warten. Als clowneske Landstreicher führen sie Dialoge, die sich im Leerlauf erschöpfen und höchstens metaphysisch etwas bedeuten können. Jener Godot, auf den sie warten, ist und bleibt Chimäre, eine Leerstelle, die die Allgemeingültigkeit der getroffenen metaphysischen Aussagen unterstreicht.

Bekanntlich, ja. Aber ist es wirklich so?

Der neunzigjährige französische Theaterhistoriker Valentin Temkine bekam beim Anschauen der x-ten *Godot*-Aufführung eine Idee, überprüfte sie am Text, fand sie durch viele Details bestätigt, schrieb darüber einen Aufsatz und erzählte von alledem auch seinem Enkel Pierre Temkine, der Aufsatz, Gespräch und allerlei Seitenstücke zu einem hübschen kleinen Büchlein[37] zusammenschnürte. Und die erweiterte Idee Valentin Temkines, die in diesem Büchlein vielfach ausgebreitet wird, besagt kurzgefaßt folgendes:

Warten auf Godot spielt im Frühjahr 1943 an einer Straße auf einem Hochplateau in den südlichen französischen Alpen, auf dem Weg nach Italien. Dido und Gogo sind gebildete Juden, stammen aus Paris, sind einige Zeit zuvor dort den Deutschen entkommen und haben sich ins ‚freie' Südfrankreich abgesetzt, wo sie freilich, seitdem Ende 1942 auch dort die Nazis die Kontrolle ausüben, in höchster Gefahr sind. Deswegen haben sie sich auf den gefahrvollen Weg über die Berge begeben. Notgedrungen leugnen sie Namen und Identitäten, legen immer dann, wenn andere Menschen auf der Bildfläche erscheinen, Wert darauf, nichts und niemanden zu kennen. Eine Schleuserorganisation hat versprochen, sie im dünnbesiedelten Terrain auf Wegen, die Fremde nicht finden würden, über die Grenze zu bringen; den Fluchthelfer, der sie hoffentlich bald in ihre Obhut nehmen wird, nennen sie Godot.

Absurd? Für absurd mag man jeden Versuch halten, *Warten auf Godot* auf eine einzelne Interpretation festnageln zu wollen, doch das wollen die Temkines gar nicht, sie wollen eher das Spektrum der möglichen Interpretationen erweitern. Absurd ist vielleicht eher, daß frühere Interpreten versuchten, Becketts Stück auf Teufel komm raus in einem unspezifischen Absurdistan zu verorten, obwohl der wahre Teufel halt auch hier im spezifischen Detail steckt. Es fallen Ortsnamen in *Warten auf Godot*, es sind auch Zeitangaben zu finden, aus denen sich schließen läßt, daß wir uns ungefähr in der Mitte des 20. Jahrhunderts bewegen. Didi und Gogo erwähnen Dinge, die außer Leuten, die sich in einem ganz bestimmten von Juden bewohnten Viertel von Paris auskennen, niemand weiß. Gogo hieß in Becketts erstem Entwurf nicht Estragon, sondern Lévy. Erwähnt wird auch einer der Bauern in dem Dorf Roussillon in der Vaucluse, bei dem Beckett selbst sich als Landarbeiter verdingte, als er sich während des Krieges in Südfrankreich verbarg – auf der Flucht vor den Nazis, weil er in Paris als Mitglied eines Résistance-

[37] Pierre Temkine u.a., *Warten auf Godot. Das Absurde und die Geschichte*, hg. v. Denis Thouard u. Tim Trzaskalik, üb. v. Tim Trzaskalik (Berlin: Matthes & Seitz 2008).

Netzes enttarnt war. Daß Beckett überhaupt für die Résistance tätig geworden war, hing unmittelbar mit seinem Entsetzen über die Judenverfolgung zusammen; naturgemäß waren dann unter den Mitflüchtlingen, in deren Mitte er in Roussillon lebte, etliche Juden, so vor allem sein Freund, der Maler Henri Hayden.

Wenn man all dies und etliches mehr zusammendenkt, wirkt die Temkinesche These bald nicht mehr so abwegig, wie sie zunächst scheinen mag. Mehrmals in *Warten auf Godot* ist von Menschen die Rede, die drangsaliert, verprügelt, umgebracht werden, womöglich in großer Zahl; die keine Rechte mehr haben; Didi und Gogo spielen unentwegt mit dem Gedanken, sich aufzuhängen, weil ihre Situation so ausweglos scheint. Sind das alles wirklich nur Anspielungen auf den Daseinsnotstand des Menschen schlechthin jenseits benennbarer historischer Gegebenheiten?

Die Autoren dieses Büchleins – neben Valentin und Pierre Temkine sind es noch Raymonde Temkine, Denis Thouard, François Rastier und Tim Trzaskalik – rufen mehrmals dazu auf, in *Warten auf Godot* nach Indizien zu suchen, die dem Temkineschen Befund widersprechen; sie selbst haben, wie sie wiederholt unterstreichen, solche Indizien nicht finden können. Tun wir ihnen also den Gefallen und lesen wir *Warten auf Godot* erneut, diesmal mit einem Blick nicht für die ‚Schönheiten des Absurden', die viele Möchtegernmetaphysiker in dem Stück haben entdecken wollen, sondern für die durchaus weniger schönen Relikte der Welt von 1943. Ein bißchen historisches Bewußtsein ist also schon vonnöten.

Zum historischen Bewußtsein gehört freilich, daß wir nicht alles ungeprüft glauben, was jemand voller Entdeckerstolz verkündet. Valentin Temkines Initialzündung wurde ausgelöst, als er dem Sinn einer Textstelle nachgrübelte, an der Wladimir jammert, er habe sich nicht rechtzeitig vom Eiffelturm gestürzt: „Jetzt ist es zu spät. Die würden uns nicht einmal rauflassen." Valentin Temkines „Erleuchtung", wie er selbst es nennt, war der Gedanke, daß Juden zwischen 1940 und 1945 das Betreten des Eiffelturms verboten war, und dies war der Anfang der von ihm verfolgten Indizienkette. Freilich beruhte gerade dieses erste Glied der Kette auf einer Fehleinschätzung, wie uns in dem hier zu rezensierenden Band auch gleich mitgeteilt wird: im Krieg war der Eiffelturm nämlich nicht nur für Juden, sondern für die gesamte Bevölkerung gesperrt.

Eine Interpretation, die die Fehler und die unzuverlässigen Glieder ihrer Argumentationskette ganz offen als solche benennt und zudem dazu aufruft, Indizien für den Gegenbeweis zu sammeln: das ist methodologisch sehr erfreulich; hier geht es nicht darum, die Scheuklappen, mit denen jede deutende Textlektüre notgedrungen arbeitet, für alle Zeit festzuschreiben. Insofern könnte man dieses Buch eigentlich nur rundum empfehlen – wäre nur der Wiederholungseffekt nicht so übertrieben groß. Die ‚Entdeckung' Valentin Temkines samt ihren diversen Details (die ich hier keineswegs alle preisgeben möchte) werden von Text zu Text penetrant wiederholt, lediglich der Gestus der Präsentation wechselt zwischen informellem Gesprächsprotokoll, textanalytischem Aufsatz und interpretationskritischer Polemik. So schön manches Detail ist: wenn wir es zum dritten oder vierten Mal serviert bekommen, sind wir doch schon ein bißchen übersättigt und möchten lieber einmal etwas anderes kosten. Die Gefahr, die damit heraufbeschworen wird, ist die, daß unsere Aufmerksamkeit bei der Lektüre von Beitrag zu Beitrag rapide schwindet und wir am Ende gar nicht mehr so genau hinlesen; dabei geht es der Temkineschen *Godot*-Deutung doch gerade um die Genauigkeit, ums genaue Lesen und darum, Dinge zur Kenntnis zu nehmen, die bei flüchtigem Drüberweghuschen allzu leicht übersehen werden.

Beckett in Hamburg I

Neun Wochen, die zwar nicht die Welt, aber vielleicht die Weltliteratur und ganz gewiß Samuel Beckett veränderten: das waren diejenigen, die der 30jährige Dubliner Ende 1936 in Hamburg verbrachte. Mit diesen neun Wochen begann seine Bildungsreise durch Deutschland, die insgesamt ein halbes Jahr dauerte und dem knospenden Schriftsteller denkwürdige Begegnungen mit Künstlern und Intellektuellen, neue Eindrücke vielfältigster Art, aber auch allerlei Frustrationen und einen anschaulichen Einblick in das Wirken der Nazi-Diktatur einbrachte. Die Zeit in Hamburg war dabei besonders wichtig, nicht nur weil der Aufenthalt in der Elbmetropole länger dauerte als jede andere Station der Reise, sondern auch weil Beckett hier die Kontakte knüpfte, die ihm auch anderswo dann Zugang zu Menschen und Kunstwerken verschafften, die aus der Öffentlichkeit verschwunden waren. Als Beckett nach Deutschland kam, waren die Museen des Landes nämlich schon weitgehend von allem gesäubert, was der faschistischen Ideologie als ‚entartet' oder ‚undeutsch' galt, vor allem von Werken der Moderne, die Beckett besonders interessierte. Vieles, was bleibende Eindrücke hinterließ, sah Beckett nur in Kellern, Magazinen und Privatsammlungen; auch manches Buch, das er haben wollte, konnte er nur unter der Ladentheke erstehen oder in privaten Bibliotheken einsehen.

Daß Beckett damals eine Reise durch Deutschland unternahm, ist seit Jahrzehnten bekannt, doch über das, was er dabei erlebte, konnte lange nur spekuliert werden – bis nach Becketts Tod sein Neffe im Nachlaß eine sensationelle Entdeckung machte: Beckett hatte auf seiner Reise akribisch Tagebuch geführt, und dieses Tagebuch ist komplett erhalten. James Knowlson hat es für seine Beckett-Biographie, die 1996 auf englisch und 2001 in deutscher Übersetzung erschien, auswerten dürfen, doch leider sperrt sich der Neffe dagegen, das Tagebuch insgesamt veröffentlichen zu lassen. Eine Ausnahme machte er nur für eine Luxusedition, in der Roswitha Quadflieg 2003 den Hamburg-Teil des Tagebuchs (er reicht vom 2. Oktober bis zum 4. Dezember 1936) veröffentlichen durfte, allerdings zu einem so horrenden

Preis, daß Normalsterbliche sich den Band kaum leisten konnten. So wartet die überwiegende Mehrzahl der Beckett-Leser weiterhin vergebens auf den größten aller denkbaren Glücksfälle, nämlich den Zugang zu den kompletten Reiseaufzeichnungen.

Was Roswitha Quadflieg uns unterdes mit dem Band *Beckett was here*[38] vorlegt, das ist gewissermaßen der zweitgrößtmögliche Glücksfall. Tag für Tag präsentiert sie charakteristische Auszüge aus dem Hamburger Tagebuch, verbunden durch erläuternde Zwischentexte, die all das mitteilen, was sie nicht im Originalwortlaut wiedergibt. Auf diese Weise bekommen wir sozusagen die Essenz des Tagebuches geliefert, die die Würze des Originals weitgehend bewahrt, es aber gleichzeitig bestens verdaubar macht; Zusammenhänge werden erklärt, erwähnte Personen mit biographischen Skizzen vorgestellt, topographische Einzelheiten auch für Leser, die in Hamburg nicht zu Hause sind, durchschaubar gemacht, und dies alles auf so knappe wie anschauliche Weise, daß die Freude des Lesens keine kleine ist.

Und was lesen wir da? Vielfach sind es die Banalitäten des Alltags, die Beckett aufzeichnet, und zwar in aller Regel in einem pointierten Gemisch aus Englisch und Deutsch, das zu allem und jedem ein deutliches Urteil formuliert. Alles wird kommentiert – die unfreundliche Witterung: „Hundewetter again“; das bedrückende politische Klima: „Alle Klowärter sagen Heil Hitler“; die Konversation: „the usual Quatsch“; seine leeren Taschen: „Money knapper & knapper“; das Essen: „Sülze. Gräßlich.“ Wenn er einigermaßen bei Stimmung ist, scheint ihm Hamburg immerhin halbwegs zu gefallen, er nimmt Anteil an dem, was um ihn herum geschieht, und als eine Sturmflut die Deiche entlang der Elbe bedroht, will er sich sogar den Rettungsmannschaften anschließen.

Beckett überwindet seine natürliche Schüchternheit und versucht, mit möglichst vielen Leuten ins Gespräch zu kommen, um sein Deutsch zu trainieren, denn ohne Sprachkenntnis nützt die beste Schweigsamkeit nichts: „To be really wortkarg one must know every Wort.“ Bisweilen verwirrt sich ihm dann aber auch alles: „phrases rattling like mashinegun fire in my skull...“ Einmal spürt er ein „dim desire for female company“; der Versuch, bei einer kultivierten Schönen zu landen, scheitert leider. Auf seine Bitte vermittelt die Akademische Auslandsstelle ihm eine ‚Lotsin‘, die ihn bei Spaziergängen und Veranstaltungsbesuchen begleitet und mit ihm Konversation macht; dieses Fräulein Asher ist allerdings nicht ganz nach Becketts Gusto: „Her Kraft durch Freude conversation kills me.“ Sie empfiehlt ihm Bücher von Ernst Wiechert, doch Beckett ist für derlei Zeugs nicht zu begeistert, auch andere Proben großdeutschen Kunstgeschmacks, die ihm vor Augen und Ohren kommen, haben deutliche Bemerkungen im Tagebuch zur Folge: eine Lesung

---

[38] Roswitha Quadflieg, *Beckett was here. Hamburg im Tagebuch Samuel Becketts von 1936*, mit einem Vorwort v. Mark Nixon (Hamburg: Hoffmann und Campe 2006).

Hermann Stehrs ist für ihn „Earnest Kitsch, delivered in a senile whisper"; als im Radio ein Konzert mit Musik des in Deutschland geschätzten Edward Elgar übertragen wird, etikettiert Beckett ihn als den „Galsworthy of music"; auch der Großteil der Gemälde, die Beckett bei insgesamt elf Besuchen in der Kunsthalle in Augenschein nimmt, beschwört sehr abfällige Bemerkungen herauf.

Und doch ist es die Kunst, die am Ende den stärksten Eindruck hinterläßt. Beckett schätzt die wenigen Beckmann-Bilder, die er noch zu sehen bekommt, steht lange vor Noldes „Christus und die Kinder" und begeistert sich für Werke von Munch und Otto Müller – sie findet er freilich nicht in öffentlichen Ausstellungen, sondern durch private Vermittlung. Auf diese Weise lernt er schließlich auch die beiden Maler Willem Grimm und Karl Ballmer kennen, mit denen er freundschaftlich verkehrt und an deren Bildern er „the stillness & the unsaid" bewundert. Beckett-Kenner sind mit diesen Namen schon lange vertraut, denn die beiden Künstler werden in späteren kunstkritischen Essays Becketts gepriesen.

Nicht-Beckett-Kenner freilich wissen mit diesen Namen sicherlich erst einmal wenig anzufangen, und das hat seinen unguten Grund. Wie Roswitha Quadflieg mit ihren Zwischentexten und insbesondere mit kleinen biographischen Skizzen immer wieder zeigt, ist genau jene Künstler-Szene, in die Beckett zu Ende seines Aufenthalts gerät und die eigentlich die Spitze der Hamburger Kultur hätte ausmachen können, von den Nazis planmäßig verfolgt und zerstört worden. Daß Roswitha Quadflieg die Schicksale aller Personen, mit denen Beckett in Hamburg in Berührung kommt, akribisch verzeichnet, ist zwar für den unmittelbaren Beckett-Kontext unerheblich, verleiht dem Büchlein jedoch eine zusätzliche Dimension und macht es lesenswert für alle, die sich ganz unabhängig von Beckett für die Sozialgeschichte der Künstler- und Intellektuellenschicht Hamburgs (oder überhaupt Mitteleuropas) interessieren.

Roswitha Quadflieg hat mühevoll allem und jedem nachgeforscht, was irgendwie mit Becketts neun Wochen in Hamburg zu tun hat; etliche verschollene Personen hat sie ermittelt, mit ihren Nachkommen gesprochen, Fotoalben studiert – und dabei einige kleine Schätze gehoben, etwa Briefe und Ansichtskarten von Becketts Hand und behördliche Aufzeichnungen über die Versuche des jungen Iren, verbotene Kunst zu sehen. Daß im Anhang nicht nur die 21 Bücher aufgelistet sind, die Beckett in Hamburg kaufte, sondern auch die vielen weiteren, die er sich auslieh oder sonstwie erwähnte, versteht sich angesichts des Quadfliegschen Rechercheeifers fast von selbst; auch die üppigen Bildbeigaben sind mehr als ein hübsches Beiwerk. Alles in allem ist *Beckett was here* eine so liebevoll präsentierte und auch im Detail so anregende Darstellung, daß wir es der Autorin gerne durchgehen lassen, wenn sie im Übereifer Becketts Lieblingsgetränk „Whisky" schreibt (irischer Whiskey schreibt sich nie ohne das -e-!) und in der Zeittafel am Ende Becketts Heirat falsch datiert.

Am Tag vor seiner Abreise aus Hamburg notiert Beckett ein Epigramm, mit dem er die Mitmieter in seiner Pension zu belustigen sucht, wenn auch leider vergeblich: „Ich weiß ungefähr was ich tue, was ich bin weiß ich gar nicht.“ Wir Beckett-Leser wissen nach der Lektüre von *Beckett was here* nun aber besser als zuvor, was Beckett war – und bis ins Detail, was er tat.

Beckett in Hamburg II

Am 28. November 1936 schreibt Samuel Beckett einem Freund, er habe sich sagen lassen, Hamburg sei „eine Insel“; seit fast zwei Monaten durchstreift er diese „Insel“ zu diesem Zeitpunkt schon. Beckett ist nach Deutschland gekommen, um fern der irischen Heimat seine privaten Schwierigkeiten zu vergessen, bleibt freilich skeptisch, ob ihm das gelingen wird: „Aber was wird Deutschland anderes sein, 6 Monate lang, als bloß Herumlaufen, hauptsächlich?“ Er läuft viel herum, fast pausenlos, und was er dabei sieht und hört und denkt und erlebt, notiert er in umfangreichen Tagebüchern als ein von Sarkasmen und pointierten Kommentaren strotzendes deutsch-englisches Sprachgemisch. Seit diese Tagebücher nach Becketts Tod 1989 entdeckt wurden, hat sich Becketts halbjährige Deutschlandreise zu einem fruchtbaren Schwerpunkt der Beckett-Forschung entwickelt. Die Tagebücher insgesamt sind leider noch ungedruckt, doch ihr Inhalt ist durch etliche zitierfreudige Veröffentlichungen weitgehend bekannt. Vom Oktober 1936 bis April 1937 durchwanderte Beckett nicht nur etliche Städte, sondern prägte sich in Museen und Privatsammlungen die Details unzähliger Gemälde vornehmlich der Romantik und der Moderne ein.

Die ergiebigste Reisestation war gleich die erste: zwei Monate blieb Beckett in Hamburg und drang hier erstaunlich schnell in den inneren Zirkel der Künstler vor, die mit Arbeits- und Ausstellungsverboten drangsalierten wurde. In der Kunsthalle, die er elfmal aufsuchte und in der er sich seine Eindrücke zu nicht weniger als 150 Bildern notierte, erhielt er sogar Zugang zu sekretierten Magazinen, wofür die Verantwortlichen hochoffiziell gemaßregelt wurden. Hautnah erlebte Beckett die beiden Deutschlands: den öffentlichen Alltag unter den Nazis und die zum Scheitern verurteilten Versuch, im Hamburger Untergrund kulturell zu überleben.

Mit dem, was Beckett in diesen Wochen sah und hörte, mit den Dingen, die ihm durch den Kopf gingen, und den Personen, bei denen er ein- und ausging, beschäftigen sich die inspirierendsten Beiträge des Bandes *Das Raubauge in der Stadt*[39], geschrieben für das wissenschaftliche Symposium, das im Rahmen des Festivals „Beckett in Town“ im Herbst 2006 in der Universität

[39] *Das Raubauge in der Stadt. Beckett liest Hamburg*, hg. v. Michaela Giesing, Gaby Hartel u. Carola Veit (Göttingen: Wallstein 2007).

Hamburger abgehalten wurde. Die Beiträge gehen bewußt in die Tiefe, stellen Becketts Hamburg-Aufenthalt in den Kontext kulturhistorischer oder werkanalytischer Überlegungen. Vorgestellt und analysiert werden Becketts Begegnungen mit Hamburger Künstlern (Maike Bruhns: „Ausgegrenzte Avantgarde", Carola Veit: „Becketts Hamburger Künstlergespräche"), seine politischen Wahrnehmungen (Mark Nixon: „Gospel und Verbot"), seine Eindrücke für Auge (Matthias Mühling: „Bildschön!", Franz Michael Maier: „Beckett betrachtet ein Bild von Karl Schmidt-Rottluff") und Ohr (Frank Kaspar: „Beckett Is Listening"), aber auch das Stadtwandern als Methode (Annelie Lütgens: „Wohin gehen, wie gehen, warum gehen"). All dies geschieht durchweg anregend, gerade weil manche These auch zum Widerspruch reizt.

„I can't go on, I'll go on."

Dies ist keine Rezension. Das Angebot, Andreas P. Pittlers in der Reihe „dtv portrait" erschienenen Band über Samuel Beckett[40] zu rezensieren, mußte ich aus grundsätzlichen Erwägungen ablehnen, denn mein eigener Band *Samuel Beckett* (in den Rowohlt-Monographien) steht dazu in direkter Konkurrenz, folglich liefe jedes negative Urteil, zu dem ich kommen könnte, Gefahr, als nicht objektive Ausgeburt meiner Konkurrentenmißgunst abgetan zu werden. Zu Fragen von Darstellung, Stil, Gewichtung, Werkinterpretation, biographischen Schlußfolgerungen, gezogenen Parallelen und dergleichen in Pittlers Buch werde ich mich deswegen öffentlich gar nicht äußern; solche Dinge sind immer Ermessenssache. Im folgenden beschränke ich mich statt dessen darauf, einige faktische Fehler aufzulisten und zu korrigieren, die mir bei der raschen Lektüre des Buches aufgefallen sind, wobei ich selbstredend nur Dinge, über die in Fachkreisen Konsens herrscht, aufführe. Punkte, deren Faktenlage strittig oder zweifelhaft ist, vernachlässige ich grundsätzlich. Hintergrund der Liste ist die Überzeugung, daß gerade der Präzisionsschriftsteller Beckett auch seitens seiner Biographen ein Mindestmaß an Präzision verdient hat.

S. 12: Pittler zufolge ist der irische Politiker Charles Stewart Parnell „zum Rücktritt und in die Verbannung gezwungen" worden; tatsächlich ging Parnell keineswegs in die Verbannung, sondern starb.

S. 13: Es heißt, Beckett sei in einem „Vorort in Dublin, in Foxrock", geboren; tatsächlich lag der Vorort Foxrock damals nicht „in", sondern weit außerhalb von Dublin.

S. 20: Becketts Schulrektor wird als „ein Franzose namens Alfred le Peton" vorgestellt; tatsächlich war der Mann (trotz seines Namens) Engländer.

---

40 Andreas P. Pittler, *Samuel Beckett* (München: dtv 2006).

S. 26: Pittler schreibt: „Austin Starkie schließlich führte Beckett in die Welt Dantes ein", tatsächlich hieß der Mann erstens Walter Starkie, zweitens äußerte Beckett sich stets sehr abfällig über ihn und machte sich deswegen anderswo als in Starkies Seminaren mit Dante vertraut.

S. 33: Pittler zufolge werden Beckett und James Joyce „niemals aufhören, sich wechselseitig mit ‚Herr' anzureden"; tatsächlich betonen alle biographischen Quellen, daß Joyce Beckett gegenüber das „Mr.", auf dem er bei allen anderen Bekannten beharrte, wegließ und ihn einfach „Beckett" nannte.

S. 34: Pittler beschreibt, wie Beckett seinen Essay „Dante... Bruno. Vico... Joyce" veröffentlicht und daraufhin vom geschmeichelten Joyce „endgültig in den Kreis seiner ‚Apostel'" aufgenommen worden sei; tatsächlich wurde er zu dem Essay eigens von Joyce beauftragt, gehörte also schon zuvor dessen Kreis an.

S. 34: Es heißt, Joyce habe Beckett „sogar als Figur in sein Werke [sic] ‚Finnegans Wake' einfließen" lassen; tatsächlich ist inzwischen bekannt, daß jene Stelle in *Finnegans Wake*, die lange als Anspielung auf Beckett galt, von Joyce schon vor der Bekanntschaft mit Beckett geschrieben wurde und deshalb nicht auf ihn anspielen kann.

S. 34 f.: Pittler gibt eine verbreitete Anekdote wieder, derzufolge Beckett, als er sich von Joyce diktieren ließ, ein Klopfen an der Tür überhörte und deshalb das Joyce'sche „Herein" mitschrieb, weswegen es jetzt in *Finnegans Wake* stehe; tatsächlich steht dort nirgends „Herein" oder ähnliches, und nach neueren Untersuchungen ist auch höchst zweifelhaft, ob Beckett je von Joyce Diktate aufnahm.

S. 35 und 43: Der von Pittler angeführte „Bloom's Day" ist allen Joyceanern vielmehr als „Bloomsday" bekannt.

S. 42: Über Becketts Leben ab Dezember 1931 schreibt Pittler: „Statt wie geplant nur einige Wochen in Kassel zu bleiben, hält er sich fast ein halbes Jahr in Deutschland auf, dabei ziellos umherwandernd, ohne zu wissen, was er nun tun soll." Tatsächlich ist Beckett nur wenige Wochen in Deutschland (und zwar doch in Kassel) und reist sodann nach Paris, um dort recht zielstrebig seinen ersten Roman zu schreiben; von ziellosem Umherwandern in Deutschland kann keine Rede sein – derlei läßt sich allenfalls von Becketts Deutschland-Aufenthalt 1936/37 sagen, mit dem Pittler diese Phase womöglich verwechselt.

S. 42 f.: Pittler schreibt über Becketts ersten Roman: „‚The Dream of fair to middling women' (Der Traum von mehr bis minder schönen Frauen) wird ihn bis 1934 beschäftigen, ohne den Text formell zu beenden"; tatsächlich heißt der Roman *Dream of Fair to Middling Women* (ohne

Artikel, entsprechend auch im Deutschen; Pittlers Fehlzitierung des Titels wiederholt sich in seiner Zeittafel am Schluß des Bandes); Beckett schließt den Roman im Juli 1932 ab und reicht ihn einem Verlag ein, der ihn jedoch schließlich ablehnt.

S. 43: Pittler schreibt, Beckett sei „im Mai 1932 endgültig nach Paris zurückgekehrt"; tatsächlich ist er bereits seit Januar oder Februar wieder in Paris – allerdings nicht endgültig, sondern nur bis Mitte Juli, als er nach London zieht (der Aufenthalt dort fällt bei Pittler fort).

S. 44: Pittler schreibt im Zusammenhang mit dem Frühsommer 1932: „Nicht umsonst erfuhr Beckett nun auch von Joyce höchstes Lob, ließ dieser sich doch mit den Worten ‚Er hat Talent, glaube ich' vernehmen." Tatsächlich stammt das Zitat aus einem privaten Brief, den Joyce erst 1934 an seine Schwiegertochter schreiben wird – nach Lektüre des Buchs *Mehr Prügel als Flügel*, das Beckett 1932 noch nicht einmal begonnen hat.

S. 44: Pittler zufolge sieht Beckett sich seiner prekären Lage als Ausländer in Paris wegen 1932 gezwungen, „sich über den Sommer wieder nach Irland zu begeben"; tatsächlich siedelt er Mitte Juli nach London und erst Ende August wieder nach Irland um.

S. 47: Becketts nächsten Umzug nach London zur Jahreswende 1933/34 kommentiert Pittler: „Beckett hat sich kaum in London eingelebt, als er die Arbeit an seinen Kurzgeschichten wieder aufnimmt. Statt eines Romans plant Beckett nun eine Reihe von Erzählungen, die sich in Summe doch zu einer Geschichte fügen." Auf S. 48 ergänzt er: „In England hat Beckett Glück, er findet rasch einen Verleger". Tatsächlich hat Beckett die fertige Sammlung der Geschichten *Mehr Prügel als Flügel* bereits im September 1933 – also Monate vor dem Umzug nach London – bei einem Verlag unterbringen können.

S. 49: Pittler schreibt: „Im Januar 1935 scheint sich Beckett abermals auf einen Zusammenbruch zuzubewegen. [...] Die fehlende künstlerische Anerkennung läßt ihn darüber nachdenken, nach Irland auch England zu verlassen, und so schreibt er dem sowjetischen Regisseur Sergej Eisenstein einen Brief nach Moskau". Tatsächlich schreibt Beckett diesen Brief erst im März 1936, und zwar von Dublin aus, wohin er zwischenzeitlich für ein Dreivierteljahr zurückkehrt; diese Rückkehr nach Dublin kommt bei Pittler nicht vor.

S. 50: Becketts Aufbruch nach Deutschland im Herbst 1936 kommentiert Pittler mit dem Hinweis, damit habe „Beckett nicht nur Irland, sondern auch England endgültig hinter sich gelassen"; einmal abgesehen davon, daß Beckett zwischen seinem London-Aufenthalt und der

Deutschland-Reise längere Zeit wieder in Irland lebt (was Pittler verschweigt), bedeutet auch die Reise nach Deutschland keineswegs einen „endgültigen" Abschied von der Heimat, denn Beckett wird anschließend wieder dort leben. (In der Zeittafel am Schluß des Bandes ist Becketts Weggang aus London fälschlich auf 1936 datiert, und die Zeit von Ende 1935 bis Ende September 1936, die Beckett in Irland verbrachte, fällt unter den Tisch.)

S. 52: Pittler erwähnt die Erzählung „Erste Liebe" und schreibt, Beckett habe sie „Ende Oktober, Anfang November 1945 verfaßt"; tatsächlich entsteht der Text im Oktober und November 1946, also ein Jahr später.

S. 53 f.: Pittler schreibt, „die Bekanntschaft des ehemaligen Leiters der Galerie im Zwinger" (gemeint ist Will Grohmann) hätten ihm seine früher in Kassel ansässigen Verwandten, die Sinclairs, „vermittelt"; tatsächlich kontaktierte Beckett Grohmann auf Empfehlung von Reisebekannten, die mit den Sinclairs nichts zu tun haben.

S. 59: Den Mann, von dem Beckett im Januar 1938 lebensgefährlich mit dem Messer verletzt wird, nennt Pittler einen „Strichjungen", tatsächlich handelte es sich um einen Zuhälter.

S. 59: Anläßlich der Messerstecher-Episode schreibt Pittler: „In diesem Augenblick kommt Suzanne Deschevaux-Dumesnil, eine junge Pianistin, des Wegs, die Beckett flüchtig kennt"; diese Version vom Entstehen der Beziehung Becketts zu seiner zukünftigen Frau hat Deirdre Bair 1978 in ihrer Beckett-Biographie lanciert, ist aber von allen späteren Biographen als Fehlinformation entlarvt worden; tatsächlich erschien Suzanne keineswegs am Tatort, sondern las später in der Zeitung von dem Vorfall und besuchte Beckett im Krankenhaus.

S. 64: Pittler erwähnt „ein sehr intimes Verhältnis" zwischen Beckett und der Verlegerin Nancy Cunard, und schildert, wie Cunard „wild entschlossen" ist, „ihre alte Beziehung zu Beckett aufleben zu lassen"; die Beziehung der beiden war jedoch nie eine intime.

S. 67: Pittler nennt das Spätwerk von Joyce „Finnegan's Wake"; der falsche Apostroph ist offensichtlich ein Druckfehler, anderswo wird der Titel korrekt zitiert.

S. 73: Pittler erwähnt, Anfang 1943 in Roussillon habe Beckett „mit der Arbeit an einem neuen Roman, ‚Watt'", begonnen; tatsächlich ist der Roman bereits im Januar 1941 begonnen worden, jetzt wird die Arbeit freilich wieder aufgenommen. (In der „Zeittafel" am Ende des Bandes ist der „Beginn der Arbeit an ‚Watt'" abweichend, aber ebenfalls falsch, auf 1942 datiert.)

S. 73: Pittler schreibt über die Zeit in Roussillon: „Beckett gleicht in dieser Zeit dem Krapp seines Stücks ‚Das letzte Band': ‚I can't go on, I will go on.' (Ich kann nicht weitermachen, ich werde weitermachen.)" Tatsächlich stammt das Zitat nicht aus dem genannten Stück, sondern aus der sehr bekannten Schlußsequenz des Romans *Der Namenlose*, zudem zitiert Pittler nicht ganz korrekt, der Schlußhalbsatz muß lauten: „I'll go on." (Vgl. auch unten, zu S. 101).

S. 75: Pittler zufolge erhielt Beckett „im Herbst 1944, als die Kontaktsperre endlich aufgehoben war, erstmals wieder Nachricht aus Irland"; tatsächlich kam es bereits ab April 1943 zu sporadischen Kontakten mit der Familie und auch zu Geldtransfers.

S. 79: Pittler sieht in Becketts Roman *Watt* deutliche „Anklänge an Kafka [...], denn auch Watt weiß nicht, wie er überhaupt ins Haus des Knott gekommen ist, und so ist seine Suche nach einer Antwort auch gleichzeitig eine Pilgerfahrt um Erlösung." Tatsächlich beschreibt Watt in dem Roman, dessen Titelheld er ist, recht ausführlich, wie er zum Haus von Knott und in dieses hinein gelangt. Möglicherweise verwechselt Pittler das Buch hier mit Becketts späterem Roman *Molloy*, dessen Erzähler gleich zu Anfang sagt, er wisse nicht, wie er ins Haus seiner Mutter gekommen sei.

S. 81: Pittler schreibt, Beckett habe seine Erzählung „Erste Liebe" noch „in Saint Lô [...] begonnen" und sie „nach nur zwei Wochen Arbeit Mitte November 1945" abgeschlossen; tatsächlich entstand der Text genau ein Jahr später in Paris.

S. 81: Auf einige anekdotische Anmerkungen zu „Erste Liebe" folgt der Passus: „Wenig später begann er eine weitere Erzählung, ‚Das Beruhigungsmittel'. Schließlich folgen ‚Der Ausgestoßene' und ‚Das Ende'". Tatsächlich schreibt Beckett zuerst „Das Ende", dann „Der Ausgestoßene", als dritte Erzählung „Erste Liebe" und zum Schluß „Das Beruhigungsmittel".

S. 85: Pittler zufolge schrieb Beckett sein Theaterstück *Eleutheria* „bis Mai 1947"; tatsächlich war es am 24. Februar jenes Jahres fertig.

S. 87: Laut Pittler ist der Roman *Molloy* zwischen September 1947 und Januar 1948 entstanden; tatsächlich dauerte die Niederschrift vom 2.5. bis zum 1.11.1947.

S. 94: Über den „Sommer 1948" heißt es: „zwei Neffen und eine Nichte kamen aus Irland, um in Paris zu studieren." Tatsächlich sind Becketts (einziger) Neffe Edward und seine Nichte Caroline dafür viel zu jung; Edward kommt später tatsächlich zum Studium nach Paris, allerdings erst 1961.

S. 101: Pittler kommentiert die Schlußsequenz des Romans *Der Namenlose*: „Nun ist Mahood am Ende, weiter bleibt nichts zu sagen: ‚Es wird das Schweigen sein, da wo ich bin, ich weiß nicht, ich werde es nie wissen, im Schweigen weiß man nicht, man muß weitermachen, ich werde weitermachen.' Die deutsche und die französische Version des Schlußsatzes unterscheiden sich dabei ein wenig im Vergleich zur englischen Übersetzung, die Beckett selbst vornahm. Dort heißt es: ‚I can't go on, I will go on', was auf die prinzipielle Unmöglichkeit weiterzumachen verweist, während das ‚Ich' dessen ungeachtet eben trotzdem weitermacht, dieweilen sich deutsche Übersetzung und französisches Original ebendarauf berufen, daß man weitermachen müsse und ebendarum auch tatsächlich weitermachen werde." Pittler zitiert hier die englische Fassung (wie schon auf S. 73) nicht ganz korrekt, statt „I will go on" muß es richtig heißen: „I'll go on." Zudem werden die Überlegungen zu den Differenzen zwischen den unterschiedlichen Fassungen gegenstandslos, sobald man nicht nur die Schlußzeile beachtet, sondern die auch in der deutschen und französischen Fassung zehn Zeilen darüber zu findenden Formulierungen berücksichtigt: „man muß weitermachen, ich kann nicht weitermachen, man muß weitermachen, ich werde also weitermachen".

S. 101: Pittler zufolge „schreibt Beckett Anfang 1950 noch dreizehn kurze Prosastücke, die er unter dem Titel ‚Texte um Nichts' zusammenfassen wird"; tatsächlich entstehen diese Texte zwischen Dezember 1950 und Dezember 1951.

S. 123: Als einen von mehreren autobiographischen Hinweisen in *Das letzte Band* erwähnt Pittler „eine metaphorische Darstellung des Spaziergangs entlang der Küste während eines Sturmes, bei dem Beckett den Entschluß faßte, sein Schreiben grundlegend zu ändern"; dies bezieht sich offenbar auf den von allen Beckett-Biographen außer Pittler ausführlich geschilderten Vorfall einer ‚Erleuchtung' Becketts kurz nach dem Krieg; man glaubte lange, Schauplatz dieses Vorfalls sei der Hafen von Dun Laoghaire gewesen – tatsächlich fand er jedoch im Haus von Becketts Mutter (keineswegs an der Küste und auch nicht auf einem Spaziergang) statt.

S. 125: Pittler datiert Becketts Hörspiel *Aschenglut* auf 1959; tatsächlich entstand es Anfang 1958.

S. 137: Pittler schreibt: „Im Juni 1964 befindet er [Beckett] sich gerade in London [...], als die Idee entsteht, Beckett könnte nach der Bühne und dem Radio nun auch die Leinwand für seine Zwecke nutzen." Tatsächlich schreibt Beckett das Skript *Film*, von dem hier die Rede ist, schon Anfang 1963.

S. 139: Pittler erwähnt ein „Interview", das Beckett 1965 gegeben habe, und zitiert daraus; das selbe Zitat bringt er auch schon auf S. 110, dort allerdings datiert auf 1972. Tatsächlich handelt es sich um eine Äußerung Becketts von 1965 – freilich nicht aus einem Interview, denn Interviews gab Beckett grundsätzlich nicht.

S. 140: Pittler erwähnt Becketts Liaison mit Barbara Bray und schreibt, daß „die Beziehung zwischen den beiden erst nach 1964 wirklich zu einem Ende kam"; tatsächlich endete die Beziehung erst mit Becketts Tod 1989.

S. 155, 156, 161, 178: Pittler nennt ein kurzes Theaterstück Becketts durchgängig „Geister Trio" (ohne Bindestrich); tatsächlich heißt das Stück zwar im Englischen *Ghost Trio* (ohne Bindestrich), in der deutschen Fassung jedoch selbstverständlich *Geister-Trio* mit Bindestrich.

S. 156: Pittler erwähnt „das Stück ‚Nur noch Gewölk'"; der deutsche Titel des Stücks lautet korrekt ... *nur noch Gewölk* ... (mit jeweils drei Punkten an Anfang und Ende).

S. 158: Es wird erwähnt, Beckett habe „einige seiner früheren Gedichte" schließlich zu dem Band *Flötentöne* zusammengestellt; tatsächlich sind dies keine frühen Gedichte, sondern sie sind in den Jahren vor Erscheinen des Bandes erst entstanden.

S. 159: Pittler zitiert aus *Gesellschaft* eine Passage in notdürftigem Deutsch, das nicht aus Elmar Tophovens autorisierter Übersetzung stammt.

S. 161: Pittler zufolge schreibt Beckett „im Oktober 1980 ‚Rockaby'"; tatsächlich ist das Stück bereits Anfang August fertig.

S. 161: Pittler zitiert Textstellen aus *Rockaby* in englischer Sprache, obwohl es eine autorisierte deutsche Fassung gibt.

S. 162: Pittler gibt (ohne Quellenverweis) die von James Knowlson in seiner Biographie zusammengetragene Liste der Bildvorlagen für *Rockaby* wieder und formuliert: „Neu an ‚Rockaby' sind zudem die zahlreichen Bezugnahmen auf Maler wie McNeill Whistler's [sic] ‚Mother'"; einmal abgesehen davon, daß der genannte Maler korrekt James McNeill Whistler heißt („McNeill" ist nicht Teil des Nachnamens), handelt es sich hier keineswegs um einen neuen Zug an Becketts Spätwerk, sondern solche „Bezugnahmen" sind für fast alle Stücke Becketts ab *Warten auf Godot* nachgewiesen worden.

S. 164 und 165: Pittler zitiert ein Prosabuch Becketts unter dem Titel „Schlecht gesehen, schlecht gesagt"; tatsächlich schreibt sich der Titel ohne das Komma.

S. 165: Pittler zitiert aus dem genannten Prosatext: „Ein Moment mehr. Ein letzter. Die Zeit diese Leere zu atmen. Das Glück kennen." Gemeint sind die Schlußformulierungen, die in der autorisierten deutschen Fassung folgendermaßen lauten: „Noch eine Sekunde. Nur noch eine. Lang genug, diese Leere zu atmen. Es kennenzulernen, das Glück."

S. 165: Pittler erwähnt den „US-amerikanischen Roman ‚Westward Ho'"; tatsächlich gemeint ist wohl Charles Kingsleys durch und durch englisches Buch *Westward Ho!*, ein historischer Roman über die britisch-spanischen Auseinandersetzungen im 16. Jahrhundert.

S. 165: Pittler zitiert aus Becketts *Aufs Schlimmste zu*: „Versuche. Scheitere. Versuche abermals. Scheitere abermals. Scheitere besser." Diese notdürftige Übersetzung entspricht nicht der autorisierten deutschen Fassung, in der die Stelle folgendermaßen lautet: „Wieder versuchen. Wieder scheitern. Wieder besser. Oder besser schlimmer. Wieder schlimmer scheitern."

S. 167: Pittler schreibt über Beckett: „Erst im letzten Jahr seines Lebens sollte er noch zwei kurze Prosatexte zu Papier bringen, von denen der zweite posthum 1990 veröffentlicht wurde"; vermutlich meint er *Immer noch nicht mehr* (das jedoch nicht erst in Becketts letztem Lebensjahr entstand), vielleicht außerdem „what is the word" (das jedoch kein Prosatext ist); Beckett schrieb in seinem letzten Lebensjahr gar keinen Prosatext mehr.

S. 168: Pittler zitiert den Schlußsatz von *Immer noch nicht mehr*: „Oh, daß alles enden möge"; der Satz lautet in der deutschen Fassung korrekt: „Oh alles enden."

S. 169 und 170; außerdem Zeittafel unter 1989: Die Rede ist von Becketts letztem Text „Was ist das Wort"; gemeint ist Becketts Selbstübersetzung des zuvor auf französisch geschriebenen „Comment dire" ins Englische als „what is the word"; die von Pittler gegebene Titelübersetzung ist sinnentstellend, richtig wäre „Wie heißt das Wort". (Die offizielle deutsche Fassung, die freilich nach der Urfassung erstellt wurde, trägt den Titel „Wie soll man sagen".)

Zeittafel, 1937: Pittler faßt das Jahr zusammen: „Nach sechs Monaten in Deutschland zurück nach Dublin, stellt ‚Murphy' fertig"; tatsächlich hatte Beckett den Roman bereits im Juni 1936 (vor der Deutschland-Reise) fertiggestellt und mit der Verlagssuche begonnen.

Zeittafel, 1938: Pittler faßt das Jahr zusammen: „Opfer eines Messerattentats, beginnt Beziehung mit Suzanne Deschevaux-Dumesnil"; Becketts Umsiedelung nach Frankreich Ende 1937 wird überhaupt nicht erwähnt, so daß man ohne Kenntnis der korrekten Sachlage aus dem

Eintrag für 1939 („Bei Kriegseinbruch in Dublin, kehrt nach Frankreich zurück") folgern muß, Beckett sei die ganze Zeit in Irland gewesen, und das „zurück" beziehe sich auf viel frühere Aufenthalte.

Zeittafel, 1967: Pittler faßt das Jahr zusammen: „Schreibt ‚Le Depeupleur' (Der Verwaiser)"; tatsächlich beginnt Beckett die Arbeit an diesem Text Ende 1965, unterbricht sie jedoch dann für fast fünf Jahre und bringt sie erst 1970 zum Abschluß.

Zeittafel, 1982: In Pittlers Titelnennung „‚Mal vu, mal dit' (‚Schlecht gesehen, schlecht gesagt')" sind die Kommata zu streichen; zudem erscheint der Text bereits 1981.

Bibliographie, S. 179: Pittler zufolge ist *Quadrat* eines der „Werke", die als Hardcover erschienen; tatsächlich wurde das nur wenige Seiten umfassende Skript *Quadrat* nie als eigenständiger Band publiziert, doch der Band *Quadrat, Geister-Trio,... nur noch Gewölk..., Nacht und Träume* mit Becketts späten TV-Stücken trägt auf dem Umschlag den Kurztitel „Quadrat".

Bibliographie, S. 179: Pittler schreibt: „Die englischen Ausgaben der Werke von Samuel Beckett werden bei Faber & Faber, die amerikanischen bei Grove Press verlegt"; nicht erwähnt wird, daß bei Faber nur die dramatischen Werke erschienen sind; tatsächlich sind die Prosatexte in England durchweg beim Verlag von John Calder herausgekommen, den Pittler verschweigt.

Bibliographie, S. 180: Der von Pittler aufgeführte „Archibald Cronin" heißt korrekt Anthony Cronin.

Bibliographie, S. 180: Die Bände *Beckett zur Einführung* von Friedhelm Rathjen und *Beckett* von Alfred Simon werden unter „Biografien" geführt, beides sind jedoch Werkeinführungen.

Bibliographie, S. 180: Das unter dem Titel „The Beckett-Country" notierte Buch von Eoin O'Brien wird korrekt ohne den Bindestrich geschrieben; zudem ist eine deutsche Ausgabe erschienen, die Pittler nicht aufführt..

James Joyce

Finnegans Wake undeutsch I

Knapp fünfzig Jahre nach dem Erscheinen im Original gibt's 1987 plötzlich und unverhofft die erste deutsche Ausgabe des Joyceschen Alterswerkes. Der Suhrkamp-Verlag versucht uns in unüblicher Bescheidenheit weiszumachen, es handele sich hier[41] um den unübersetzten Text, was Anlaß zu billigem Spott geben könnte – aber es stimmt eben gar nicht. Der Übersetzer, der unbegreiflicherweise nicht genannt wird (ich verdächtige den GASL-Hausübersetzer, Herrn Dr. McIntosh, habe aber keine Beweise), muß fortan als Genie der Übertragungskunst gelten: er hat das *Wake* aus dem Nichtenglischen ins Nichtdeutsche übertragen und bewiesen, daß die ideale Übersetzung des 40-Sprachen-Werkes nur seine detailgetreue Abschrift sein kann. Es behaupte niemand mehr, *Finnegans Wake* sei unübersetzbar!

Finnegans Wake undeutsch II

Unbeabsichtigte Witze sind stets die besten, gemäß dieser Maxime gäb's in Dieter Stündels Joyce-Untersetzung[42] viel zu lachen – wenn's nicht insgesamt eher zum Weinen wäre. Pars pro toto nur ein Kleinstbeispiel für das, was Stündel macht: Seite 302 steht bei Joyce der Tripelname „Smith-Jones-Orbison"; Stündel macht daraus „Schmidt-Jones Robinson". Was sieht man daran? Erstens: Stündel kann nicht lesen. Zweitens: Stündel kann nicht einmal fehlerlos abschreiben. Drittens: da, wo Joyce mehrdeutig ist, macht Stündel ihn eindeutig („Orbison" zu „Robinson"); da, wo Joyce eindeutig ist, pfropft Stündel ihm eigene Einfälle auf („Smith" zu „Schmidt"). Beispiele dieser Art finden sich auf jeder Seite im Dutzend. Stündel versteht nichts, macht dies aber wett, indem er zum einen behauptet, es gebe gar nichts zu verstehen, und zum andern wie besessen alles, aber auch wirklich alles entstellt – bis hin zu den Kommata, die er streicht, wo sie stehen, und setzt, wo sie fehlen; bis hin zu Ortsnamen wie „Enniskerry", den er „Enniskärri" schreibt, ohne irgendwelchen Nutzen draus ziehen zu können. Allein diese Sorglosigkeit im Umgang mit einem hochpräzise durchkalkulierten Text disqualifiziert Stündel hinreichend; daß seine Nicht-Übersetzung noch andere, grundsätzlichere Defekte hat, sei hier nur versichert und nicht umständlich erläutert.

Fritz Senn: *Inductive Scrutinies*

Es ist logischerweise völlig überflüssig, die in diesem Band[43] versammelten Joyce-Aufsätze noch eigens zu loben, denn der Name Senn spricht bekanntlich für sich. (Tut er das? Senn nennt einige der Fehlschreibungen, die seinem Namen von anglophonen Leuten angetan wurden: „Sin, Sen, Zen, Zimm, Senft, etc."). Ich möchte daher nur auf den raren Sachverhalt hinweisen, daß Senn sich weigert, etwas Mitteilenswertes mitzuteilen. Im vorangestellten Interview mit der Editorin sagt er: „I could provide you with a handy rule of thumb to find out who does not care about language." Sie: „And will you?"

---

41 James Joyce, *Finnegans Wake* (Frankfurt a.M.: Suhrkamp 1987).

42 Dieter H. Stündel, Finnegans Wehg. Keinnäh ÜbelSätzZung des Wehrkeß fun Schämes Scheuß (Darmstadt: Häusser 1993).

43 Fritz Senn, *Inductive Scrutinies. Focus on Joyce*, edited by Christine O'Neill (Dublin: Lilliput Press 1995).

Er: „No." (Mir hat er seine Faustregel mal unter der Hand verraten, aber natürlich posaune ich an dieser Stelle gar nichts aus.)

James Joyce schreibt seiner Verlegerin

In den Jahren 1969 bis 1974 erschienen innerhalb der Frankfurter Werkausgabe drei (im Taschenbuchnachdruck der Werke leider nicht enthaltene) Bände mit Briefen von und an James Joyce. Daß diese Sammlung der Korrespondenz (und die ihr vorausgegangene englischsprachige) keineswegs komplett ist, dürfte sich unter Joyce-Enthusiasten schon lange herumgesprochen haben: viele Briefe fehlen und viele sind gekürzt. Vor diesem Hintergrund zeigt der Band mit Joycens sämtlichen erhaltenen Briefen an Sylvia Beach[44] zweierlei. Erstens: der Korpus dessen, was noch zu edieren ist, ist sehr umfangreich, denn von den hier versammelten 250 Briefen, Karten und Telegrammen waren bisher nicht mehr als 13 gedruckt. Und zweitens: wenn Briefe zurückgehalten werden, so muß das nicht in jedem Fall ein Zeichen für deren Brisanz sein wie bei jenen, die der übereifrige Dichterenkel Stephen Joyce unter Verschluß halten möchte – manchmal liegt es im Gegenteil an der simplen Bedeutungslosigkeit des Mitgeteilten.

Die Amerikanerin Sylvia Beach, die in Paris die berühmte Buchhandlung ‚Shakespeare and Company' betrieb, trat Mitte 1920 in das Joycesche Leben; zwei Jahre später war sie auf recht blauäugige Weise zur Verlegerin geworden und hatte mit dem *Ulysses* den Roman des Jahrhunderts in Druck befördert; von diesem Zeitpunkt an benutzte Joyce sie zusehends als unbezahlte literarische Agentin, Chefsekretärin, Beraterin, Arbeitsverteilerin und Nachrichtenbörse, bis sich das höchst einseitige Verhältnis anfangs der 30er Jahre abkühlte. Für Joyce war der Umgang mit Sylvia Beach durchweg von Kategorien der Nützlichkeit bestimmt, und entsprechend pragmatisch klingen seine Briefe: hier wird kein feinsinniger Gedankenaustausch zu Fragen der Ästhetik gepflegt und auch niemals ein wirklich persönliches Wort geäußert, sondern es werden Bitten, Besorgungsaufträge und geschäftliche Direktiven übermittelt.

Die Herausgeberin schreibt in ihrem Vorwort: „Von Joyce in Klartext verfaßt, oftmals in Eile, sind diese Briefe Zeugnisse von unbedachten Momenten." Wer daraus falsche Erwartungen schöpft, kommt schnell auf den Boden der Tatsachen zurück. Klartext liest sich so: „Kehren nach Zürich zurück. Adresse. Elite Hotel, für etwa 6 Tage", Gruß, Unterschrift, keine Anrede. Und unbedachte Momente? Das sind diese: „Mein Sohn wird etwa am 8. oder 9. dieses Monats in Paris sein. Ich erwarte, daß er als erstes Geld brauchen wird." Unter Geldmangel leidet vor allem Joyce selber ständig, und Sylvia Beach ist zwar auch – wie er sehr wohl weiß – selten gut bei Kasse, muß ihm aber immer wieder etwas vorschießen.

---

[44] James Joyce, *Briefe an Sylvia Beach. 1921-1940*, hg. v. Melissa Banta u. Oscar A. Silverman, üb. v. Claudia Bodmer u. Michel Bodmer (Frankfurt a.M.: Suhrkamp 1991).

Manchmal immerhin scheint Joyce doch zu spüren, wie sehr er die Kräfte seiner wagemutigen jungen Verlegerin überstrapaziert, und fügt seinen Anweisungen kokettierende Selbstbezichtungen an:

> sagen Sie mir in gutem Amörikanisch, was Sie von mir halten, von meinem Geld, meinen Plänen, meinem Geburtstag, meinem Durcheinander, meinen Darlehen, meinen Versprechungen, meinen Suppengesellen usw.

Das schreibt er Ende Januar 1927; zehn Wochen später antwortet Sylvia Beach:

> Ich habe bereits eine Menge Auslagen für Sie, von denen Sie nicht einmal träumen, und alles, was ich habe, gebe ich Ihnen bereitwillig. Manchmal glaube ich, daß Sie sich darüber gar nicht im klaren sind, wie als Sie Miss Weaver sagten, daß meine Arbeit „weniger streng" werde. Die Wahrheit ist, daß genau wie meine Zuneigung und Bewunderung für Sie grenzenlos sind, es auch die Arbeit ist, die Sie auf meine Schultern laden. Wenn Sie abwesend sind, ist jedes Wort, das ich von Ihnen erhalte, ein Befehl. Die Belohnung meiner unaufhörlichen Arbeit für Sie ist zu sehen, wie Sie sich zu einer Schleife verstricken und sich beklagen. (Auch ich bin arm und müde) und ich habe bemerkt, jedesmal, wenn mir eine neue schreckliche Anstrengung abverlangt wird [...] und ich es fertigbringe, die mir gestellte Aufgabe zu erfüllen, probieren Sie aus, wieviel mehr ich noch tun kann, wenn ich gerade dabei bin. Ist das menschlich?

Den Brief freilich schickt Miss Beach nicht ab (nur deshalb übrigens konnte er hier abgedruckt werden), und die Schleife dreht weiter.

Überhaupt vermißt der Leser der Joyceschen Briefe schmerzlich die Beachschen Erwiderungen, und nicht nur aus diesem Grunde wird ihm bei der Lektüre vieles dunkel bleiben müssen. Dem Experten mag diese Ausgabe die eine oder andere neue Detailerkenntnis vornehmlich zu textgenetischen oder Datierungsfragen geben, doch der an Joyce interessierte Laie wird kaum Gewinn aus der Lektüre ziehen können. Dazu trägt bei, daß die Kommentierung seitens der Herausgeber beim flüchtigen Durchblättern umsichtiger scheint, als sie tatsächlich ist. Zwar sind Personen wie Valery Larbaud, die Druckgeschichte einzelner Joyce-Texte oder die meisten auftauchenden Kürzel mit pedantischer Akribie annotiert, doch andere Dinge, die für den Zusammenhang oftmals wichtiger wären, bleiben ungesagt. So erfährt man beispielsweise aus den den Anmerkungen nicht, worum es sich bei „Dublin (Ga)" handelt (nämlich um das Kleinstädtchen Dublin im US-Staat Georgia) und warum es Joyce so wichtig ist, das Wort „*madeleine*" aus der französischen *Ulysses*-Ausgabe zu tilgen (nämlich wegen eines unbeabsichtigten Proust-Anklanges). Manche Person wird erst erläutert, als sie zum dritten Mal auftaucht; andere sind im Register nur mit einer Fundstelle vermerkt, obwohl sie mindestens ein halbdutzendmal genannt werden. All das sind methodisch-technische Unsauberkeiten, die in einer Publikation wie dieser nicht passieren dürfen, und die extrem benutzerunfreundliche Placierung der Anmerkungen, die zwar für jeden einzelnen Brief neu numeriert, aber keineswegs direkt hinter den jeweiligen Brief gestellt sind und deswegen zu ständigem blätternden Suchen zwingen, ist ein Schildbürgerstreich ersten Ranges. In der deutschen Ausgabe, die wenigstens die Anmerkungen zu den Einleitungen der Herausgeber an die ihnen angemessenen Stellen tut (was in der Originalausgabe ebenfalls ungeschickt vermieden wurde), wäre es im übrigen sinnvoll gewesen, den drittsprachigen – meist französischen – Passagen einiger Briefe, die im Original belassen wurden, wenigstens in den Anmerkungen deutsche Übersetzungen beizugeben.

Wer Sensationelles sucht, wird in den Joyceschen Briefen an Sylvia Beach gewiß nicht fündig werden; traurig genug, daß diese Edition dennoch schon an die Grenzen der höchst restriktiven Duldungsspielräume der Joyce-Erben heranreicht. In einem unscheinbaren Satz der Einleitung wird darauf hingewiesen, daß ein „gewisser Teil der Korrespondenz von Miss Beach an James Joyce [...] in der Familie Joyce", die dafür natürlich noch nicht einmal das Urheberrecht besitzt, „unter Verschluß gehalten" wird. Dies ist der eigentliche Skandal: jene Teile des Joyceschen Briefwechsels, die wirklich mehr mitteilen als nebensächliche Detailfragen, werden noch lange unzugänglich bleiben.

Joyce ➔ Koeppen, Schmidt, Johnson, Hildesheimer

Maren Jägers Buch *Die Joyce-Rezeption in der deutschsprachigen Erzählliteratur nach 1945*[45] ist, auch wenn es nirgendwo vermerkt ist, aus einer Dissertation hervorgegangen; die naheliegende Sorge, wir würden mit akademischer Umstandskrämerei und verklausulierter Diktion traktiert, stellt sich freilich rasch als unbegründet heraus. Maren Jäger schreibt einen zugänglichen, jargonfreien und, wenn man von einigen irritierenden Kleinigkeiten (etwa dem penetranten Gebrauch der unflektierten Namensformen „Joyce", „Odysseus", „Grass" und „Drews" auch als Genitiv) absieht, sicheren Stil, und sie kommt ohne die üblichen Präliminarien (Forschungsberichte, Themenrechtfertigungen, theoretische Exkurse) sogleich zur Sache. Diese Sache ist keine Kleinigkeit, wie schon am erklecklichen Umfang des Buches ersichtlich; tatsächlich wäre es ja nicht allzu verwegen, fast die komplette deutschsprachige Erzählliteratur der letzten sechzig Jahre als von Joyce beeinflußt zu begreifen. Maren Jäger geht es freilich nicht um eine (immer pauschalisierende und folglich vom Einzelfall absehende) Gesamtschau, sondern sie bearbeitet ihr Thema „anhand von vier

45 Maren Jäger, *Die Joyce-Rezeption in der deutschsprachigen Erzählliteratur nach 1945* (Tübingen: Niemeyer 2009).

Fallstudien", nämlich zu Wolfgang Koeppen, Arno Schmidt, Uwe Johnson und Wolfgang Hildesheimer.

Am wenigsten Mühe bereitet Koeppen. Nachdem Jäger Koeppens frühe Karriere nachgezeichnet, seine Hochachtung des Expressionismus als „Stil des zwanzigsten Jahrhunderts" referiert und seine Selbstaussagen über die frühe Kenntnis des *Ulysses* beigebracht hat, konzentriert sie sich ganz darauf, den ersten Nachkriegsroman *Tauben im Gras* als Umsetzung Joycescher Darstellungs- und Textorganisationstechniken zu analysieren. Koeppens Roman mute „wie eine Adaption der ‚Wandering-Rocks'-Experimente an die Gesamtstruktur eines Romans an", befindet Jäger und stellt diesen Befund unter Konzentrierung auf den „chronotopologischen" Detailrealismus, Sukzessions- und Simultaneitätsarrangements, filmische Techniken und die jeweilige mythologische Unterfütterung auf eine breit angelegte analytische Basis, die – ganz unabhängig von der Joyceschen Vergleichsfolie – als profunde erzähltechnische Einführung in Koeppens Roman dienen kann.

Eine ähnliche Einführung gibt sie im Johnson-Kapitel gleich für zwei Romane, nämlich zunächst für Johnsons erstes veröffentlichtes Buch *Mutmassungen über Jakob* und dann für sein Opus Magnum, die *Jahrestage*. Auch diese Kapitel können als gute Einführungen in die benutzten Erzähltechniken gelten; nicht ganz so klar bleibt allerdings über weite Strecken, was das nun alles konkret mit Joyce zu tun hat. Johnson selbst hat sich bekanntlich oft und gern auf Faulkner berufen, aber natürlich auch den *Ulysses* gekannt (anhand unveröffentlichter Briefwechsel sucht Jäger zu ermitteln, wann die Erstlektüre stattfand, kann aber den Zeitpunkt nur ungefähr eingrenzen). Im offensichtlichen Bemühen, den Einfluß Faulkners (auch als Zwischenträger) herunterzuspielen und denjenigen von Joyce zu unterstreichen, koppelt Maren Jäger all das, was sie bei Johnson vorfindet, grundsätzlich an das Modell Joyce: „Polyphonie, Polyperspektivik und repetitives Erzählen sind die folgerichtigen narrativen Erscheinungsformen der ‚Mutmassungen über Jakob', die Uwe Johnson in der epischen Avantgarde im Allgemeinen und im ‚Ulysses' im Besonderen vorfand." Noch vager werden die Verknüpfungen im Fall der *Jahrestage*; Johnsons „Vorliebe für Listen und Register", sein „enzyklopädischer Anspruch" und die „Suggestion von Mündlichkeit", etwa durch den Einsatz von Dialekt, werden reflexartig als Joycesches Erbe gelesen, was vielleicht doch etwas zu monokausal gedacht ist, und auch die Tatsache, daß „in den ‚Jahrestagen' [...] thematische und motivische Verknüpfungen als wesentlicher Stilzug" vorkommen, „der auch ein Wesensmerkmal des ‚Ulysses' darstellt", scheint als eindeutiges Rezeptionsindiz wohl doch überbewertet. Bei aller Detailliertheit der Beobachtungen, die Jäger in den *Jahrestagen* anstellt, bleiben die behaupteten „Parallelen" und „Kongruenzen" zwischen Johnson und Joyce doch recht pauschal: „Beide eint ein ‚episch-totaler' Ansatz zur Bewältigung einer Metropole wie des ‚Welt-Alltags der Epoche'."

Maren Jäger attestiert Johnson und Joyce einen „avantgardistischen Realismus"; auch Koeppen und Schmidt passen in diese begriffliche Schablone, und zudem sind für Jäger diese Autoren (wie übrigens auch Homer) „allesamt Regionalisten". Aus dieser Phalanx fällt der letzte Autor, der behandelt wird, heraus, es ist Wolfgang Hildesheimer, der sich in den hier untersuchten Prosamonologen *Tynset* und *Masante* ganz vom Außenweltrealismus verabschiedet. Damit liegt der Vergleich mit dem *Ulysses* (auf andere Bücher von Joyce bezieht sich Jäger nur am Rande) zunächst weniger nahe als bei den anderen behandelten Autoren; ein Konnex zu Joyce findet sich bei Hildesheimer zunächst nur in Essays und außerliterarischen Äußerungen, in denen er seine Hochachtung vor Joyce wiederholt wortreich bekundet hat – allerdings auch behauptet, sein eigenes Werk habe damit nichts zu tun. Jäger hält das für eine Finte und will den Nachweis erbringen, daß Hildesheimers Monologe Joyce eben doch in starkem Maße verpflichtet sind – die Monologform schließe an das „Penelope"-Kapitel im *Ulysses* an, Hamlet und das Labyrinth seien Themen, die bei beiden Autoren vorkommen, und auch die musikalische Organisation der Hildesheimerschen Prosa wird auf Joyce zurückgeführt. Andere Einflüsse auf Hildesheimer werden heruntergespielt, namentlich derjenige des „Absurden Theaters", dem Jäger auch Beckett zuschlägt, dessen „Romane" (sie erwähnt sie nur einmal pauschal und setzt die Gattungsbezeichnung in Anführungszeichen) sie kaum zu kennen scheint. Dabei ist unter den vielen Passagen aus Hildesheimers Monologromanen, die Jäger zitiert, kaum einmal eine, die *nicht* wie die Paraphrase oder Variation Beckettscher Sprechfloskeln klingt. In ihrem Bemühen, möglichst viel von den Befunden, die sich bei ihren Textanalysen ergeben, an Joyce zurückzubinden, übersieht die Autorin allzu eifrig alle anderen Einflüsse.

Das gilt leider auch für das Schmidt-Kapitel. Nach einem knappen Überblick über Schmidts schriftstellerischen Werdegang und seine diversen teils hymnisch lobenden, teils (vor allem, wenn es um *Finnegans Wake* geht) auch äußerst skeptischen Urteile über Joyce wählt Jäger für ihre Textanalysen „vier Zeitbilder" aus, nämlich *Brand's Haide*, *Die Umsiedler*, den *Faun* und *Das steinerne Herz*. Wie sie die Erzähl- und Suggestionstechniken dieser vier Texte konzis und engagiert analysiert und plausibilisiert, das ist unbedingt lesenswert – aber was haben ausgerechnet diese Texte mit Joyce zu tun? Bisher waren wir uns doch immer einig, daß Schmidts erste Joyce-Lektüre (eine mögliche frühe, aber offenbar folgenlose Kurzbekanntschaft durch Vermittlung von Johannes Schmidt vor dem Krieg einmal ausgenommen) Ende 1956 stattfand. Gegen diese „von Drews, Weninger, Rathjen und Gradmann", wie Jäger meint, „zum unkritisch weitergegebenen Gemeinplatz" gemachte Datierung bringt sie diverse Argumente in Anschlag, etwa das, Schmidt sei „ein Meister im Spurenverwischen" gewesen, „der die Wahrheitsliebe stets gegenüber dem Ziel der Selbststilisierung, der Wunschbiographie hintanstellte". Schmidt, so müssen wir das verstehen, hat seinen Joyce ein, zwei Jahrzehnte lang intus gehabt, ohne es irgendwem zu verraten, sich in seinem Werk aber in dieser Zeit schon heftig beeinflussen lassen. (Der einzige ‚stichhaltige' Beweis, den Jäger anführt, ist die Wendung „plain Jane" in *Brand's Haide*, „ein direktes Zitat aus dem ‚Ulysses'" – leider ist ihr entgangen, dass auch Dickens den Terminus schon verwendet.) Schmidt, so meint Jäger, habe den *Ulysses* doch sicherlich „in der Stadtbibliothek Laubans" lesen können; zumindest habe er das Buch „vermutlich noch während der Kriegsjahre gelesen".

Und welche „Parallelen der Romane Schmidts mit [...] Merkmalen des ‚Ulysses'" ermittelt Jäger nun? Es sind fünf. Erstens: Joycens und Schmidts „chronotopologische Fixierung" (ihre Zeitabläufe und Ortsverhältnisse sind präzis realistisch – was Jäger u.a. damit belegt, daß die (in Wahrheit fiktiven) Dörfer Brommelsen und Krumau „Orte im näheren Umkreis" der Schmidtschen Heideschauplätze seien). Zweitens: Joyce und Schmidt schreiben aus radikal subjektiven Perspektiven (wobei Jäger präzis erkennt, daß Schmidt keine „inneren", sondern „erzählte Monologe" entwirft). Drittens: Schmidt stellt „Stilexperimente à la ‚Ulysses'" an, nämlich in Gestalt „abbreviatorischer Suggestivkomposita", einer „wechselseitigen Verfremdung von Belebtem und Unbelebtem" und „quasi lyrischer Bildlichkeit". Viertens: Beide Autoren brillieren in der „Transkription von Klängen". Und fünftens der Zitatismus: „Sowohl der ‚Ulysses' als auch die erzählende Prosa Schmidts erheben den Anspruch, eine Art Gedächtnis der Menschheit zu sein und die literarische Tradition fortzuschreiben". Aber was belegt das? Eine „Joyce-Rezeption" durch Schmidt? Wohl doch eher, daß hier jemand in grandioser Unkenntnis etwas zum zweiten Mal noch einmal erfunden hat. Maren Jäger fragt: „Warum fällt Schmidt nicht auf, dass [...] Joyce in seinem ‚Ulysses' bereits 1922 die eindrucksvollste Komposition von ‚Versuchen einer konformen Abbildung von Gehirnvorgängen durch besondere Anordnung von Prosaelementen' vorgelegt hat?" Ich würde sagen, es ist ihm ja aufgefallen, aber spät, weil er Joyce spät gelesen hat – und als er ihn las, setzte er (mit *Kaff*) in der Tat neu an. (Kurioserweise ist Jäger der Meinung, gerade *Kaff* basiere *nicht* auf Schmidts Joyce-Lektüre, sondern dezidiert auf seinen „Berechnungen II".)

Anregend, das sei betont, ist Maren Jägers materialreiches Buch, gerade weil hier allgemeine Übereinkünfte infragegestellt werden. Die Autorin stellt risikofreudig Thesen auf, die – leider – kaum haltbar sind. Am Wert und der Brauchbarkeit der meist recht emphatisch vorgetragenen erzähltechnischen Analysen ändert das nichts, sie lohnen die Lektüre unbedingt.

Joycekörper, Rushdiekörper – religiös?

Über das vergangene Vierteljahrhundert hinweg ist der Joyce-Rushdie-Konnex in einem runden Dutzend gelehrter Artikel bearbeitet worden (nämlich von Feroza Jussawalla, Sadik J. al-Azm, M. Keith Booker, Susan Cannon Harris, Ronald Bush, Andreas Höfele, Michael Tratner, Jean Kane und mir selbst[46]), außerdem sind mindestens zehn Dissertation zum Thema entstanden, von denen eine (Gaurav Majumdar, *Migrant Form: Anti-Colonial Aesthetics in Joyce, Rushdie, and Ray*[47]) auch als Buch erschienen ist. Von all diesen Veröffentlichungen zitiert oder erwähnt Jean Kane in ihrem Buch *Conspicuous Bodies: Provincial Belief and the Making of Joyce and Rushdie*[48] keine einzige. Was als unentschuldbares Versäumnis begriffen werden könnte, sollte

---

46 Vgl. Feroza Jussawalla, „Post-Joycean / Sub-Joycean: The Reverses of Mr. Rushdie's Tricks in *The Satanic Verses*", in Viney Kirpal (Hg.), *The New Indian Novel in English: A Study of the 1980s* (New Delhi: Allied Publishers 1990) S. 227-237. – Sadik J. al-Azm, „The Importance of Being Earnest about Salman Rushdie", in *Die Welt des Islams* N.S. 31.1 (1991), S. 1-49. – M. Keith Booker, „*Finnegans Wake* and *The Satanic Verses*: Two Modern Myths of the Fall", in *Critique* 32.3 (Spring 1991), S. 190-207. – Friedhelm Rathjen, „Umziehn: Von Findelkindern der Wurzellosigkeit. Schmidt, Rushdie und Joyce wider den Kulturpurismus", in Rolf Lettner-Zimsäckerl (Hg.), *Zettelkasten 13. Aufsätze und Arbeiten zum Werk Arno Schmidts. Jahrbuch der Gesellschaft der Arno-Schmidt-Leser 1994* (Frankfurt a.M. / Wiesenbach: Bangert & Metzler 1994), S. 225-271; Nachdruck in Friedhelm Rathjen, *Bargfeld Transfer. Studien zu Arno Schmidt als Übersetzer und Transformator* (Scheeßel: Edition ReJoyce 2010) S. 81-109. – Sadik Jalal al-Azm, „The Importance of Being Earnest about Salman Rushdie", in *Reading Rushdie: Perspectives on the Fiction of Salman Rushdie* (Amsterdam / Atlanta: Rodopi 1995), S. 255-292. – Friedhelm Rathjen, „Literatur der Migration: Joyce und Rushdie", in *Merkur* 50.4 (April 1996), S. 367-371; Nachdruck in ders., *Dritte Wege. Kontexte für Arno Schmidt und James Joyce* (Scheeßel: Edition ReJoyce 2005), S. 127-135. – Susan Cannon Harris, „Invasive Procedures: Imperial Medicine and Population Control in *Ulysses* and *The Satanic Verses*", in *James Joyce Quarterly* 35.2/3 (Winter / Spring 1998), S. 373-399. – Ronald Bush, „Monstrosity and Representation in the Postcolonial Diaspora: *The Satanic Verses, Ulysses*, and *Frankenstein*", in Elazar Barkan / Marie-Denise Shelton (Hg.), *Borders, Exiles, Diasporas* (Stanford: Stanford University Press 1998) S. 234-256. – Ronald Bush, „Rereading the Exodus: *Frankenstein, Ulysses, The Satanic Verses*, and Other Postcolonial Texts", in Karen R. Lawrence (Hg.), *Transcultural Joyce* (Cambridge: Cambridge University Press 1998) S. 129-147. – Andreas Höfele, „Wasteland Sprouting: Salman Rushdie's *The Satanic Verses* and the Cityscapes of Modernism", in Richard Todd / Luisa Flora (Hg.): *Theme Parks, Rainforests and Sprouting Wastelands: European Essays on Theory and Performance in Contemporary British Fiction* (Amsterdam / Atlanta: Rodopi 2000) S. 41-54. – Friedhelm Rathjen, „Silence, Migration, and Cunning: Joyce and Rushdie in Flight", in *James Joyce Quarterly* 39.3 (Spring 2002), S. 553-558; Nachdruck in ders., *Irish Company. Joyce & Beckett and more* (Scheeßel: Edition ReJoyce 2010), S. 151-155. – Michael Tratner, „What's Wrong with Hybridity? The Impotence of Postmodern Political Ideals in *Ulysses* and *Midnight's Children*", in *In-Between: Essays and Studies in Literary Criticism* 12.1/2 (March-September 2003), S. 113-125; Nachdruck in Leonard Orr (Hg.), *Joyce, Imperialism, & Postcolonialism* (Syracuse: Syracuse University Press 2008), S. 112-126. – Jean Kane, „Embodied Panic: Revisiting Modernist 'Religion' in the Controversies of *Ulysses* and *The Satanic Verses*", in *Textual Practice* 20.3 (September 2006), S. 419-440.

47 Vgl. Gaurav Majumdar, *Migrant Form: Anti-Colonial Aesthetics in Joyce, Rushdie, and Ray* (New York: Peter Lang 2010).

48 Jean Kane, *Conspicuous Bodies: Provincial Belief and the Making of Joyce and Rushdie* (Columbus: Ohio State University Press 2014).

man aber vielleicht als Zeichen dafür ansehen, daß die Autorin nicht daran interessiert ist, verbreitete Lehrmeinungen zu wiederholen oder zu rekapitulieren. Sie will Neuland beackern, und dies selbst auf die Gefahr hin, auf ein Feld zu geraten, das eher obsolet und überholt scheint.

In ihrem fünften und in gewisser Hinsicht zentralen Kapitel „Embodied Panic: Modernist 'Religion' in the Controversies over *Ulysses* and *The Satanic Verses*" greift Kane auf frühe Rezensionen und (vornehmlich negative) kritische Studien zum *Ulysses* zurück, um an den Kern dessen heranzukommen, was sie als „Panik" der Lektüre bezeichnet. In ihren Augen hat die Beschäftigung mit dem *Ulysses* aus rein ästhetischer Sichtweise zu „the transmutation of Joyce's dirty profanity into sacred artistry" geführt und auf diese Weise die ursprüngliche Wirkung des Romans auf seine ersten Leser verwischt. Die unmittelbaren Auswirkungen der Lektüre, die sie als „bodily regulation and disciplinary control" faßt, sieht sie „dispelled from the realm of 'art' in the later reception of *Ulysses*", insbesondere durch die Errichtung einer „binary of art and religion", die jene Themen, um die es Kane geht, überdeckt habe. Im Verlauf ihres Versuchs, besagte Binarität wieder aus der Welt zu schaffen, charakterisiert Kane die frühe Rezeption des *Ulysses* folgendermaßen: „In dominating his readers, Joyce acts as a punitive deity who abases his subjects to demonstrate his own mastery. He is free to reduce them to excrement and protoplasm, grotesque and reactive organic stuff." Kane zufolge besteht der „true 'scandal' of *Ulysses*" in dessen „denial of a transcendental subjectivity that clearly exists, on the evidence of the author's genius. Joyce turns readers into the miserable subjects of an exacting God who annihilates the individual and hence human agency as such, leaving in its wake mere protoplasm." Konsequenterweise weitet sich der „Skandal" aus, als Salman Rushdies *The Satanic Verses* ins Spiel kommt; hier gehören nun „regulation and disciplinary control entirely to 'religion'", und genau daher rühre die „Panik" bei den Nichtlesern Rushdies (im Gegensatz zu den Lesern von Joyce). Diese ganze Argumentation gründet sich auf Kanes genereller Auffassung: „Joyce and Rushdie pushed toward fuller investigation and exposure of the spiritually disciplined bodies that they identified as fundamental to their aesthetic practice and provincial identity. At the same time the writers denied that the knowledge generated by these representations was grounded in the productive capacities of belief."

Ich zitiere hier so ausführlich aus Kanes Kapitel „Embodied Panic", um einigermaßen zu vermitteln, worum es der Autorin geht, obwohl ich selbst es äußerst schwer finde, der Argumentation zu folgen, was womöglich einfach an meinem unentschuldbaren Mangel an Interesse an Fragen der Religion liegt und an meinem mangelnden Glauben an „the centrality of belief to Joyce's modernism". Zugegebenermaßen bin ich über diesen Teil von Kanes Buch fast ebenso entsetzt, wie es die ersten Leser von Joyce und die ersten Nichtleser von Rushdie Kane zufolge in ihren anfänglichen Reaktionen auf den

Ulysses und die *Satanic Verses* gewesen sein müssen. Und leider wird mein Entsetzen durch das sechste und abschließende Kapitel („The Religion of Celebrity“) nicht gerade gelindert, in dem Kane sich mit späteren Werken von Joyce und Rushdie auseinandersetzt, nämlich mit *Finnegans Wake* und *The Ground beneath Her Feet*, und den letztgenannten Roman mit dem Argument verdammt, er „suggests an exhaustion of the sublime that Joyce devised and Rushdie adapted. The 'ground' of disciplinary religious performativity ends, not in natural disaster, cosmic apocalypse, historical cycle, or ghosts, but in the more banal circularity of simulation and exploitation.“ Typisch für Kanes Wortwahl und Sichtweise ist hier der Begriff „simulation“; durch das ganze Buch hindurch benutzt sie ihn mit abfälligem Gestus zur Beschreibung einer postreligiösen Ästhetik, indem sie (zumeist im Rushdie-Kontext) von „commodified simulation“, „migrant simulation“ oder „the production of postmodern simulation“ spricht und ihr Urteil über den Roman *The Satanic Verses* formuliert: „The novel makes explicit Rushdie's investment in Joycean modernism, in which religious practice funds the 'style' of performative embodiment endangered by the spectacle of simulation as deracination.“ Dies ist mehr oder weniger das Hauptergebnis von Kanes Kapitel über Rushdies berühmtberüchtigten Roman, überschreiben „Muslim Simulation and the Limits of the 'Star Text'“.

Zum Glück zumindest für diesen Rezensenten gehen den genannten Kapiteln in Kanes Buch weitaus genießbarere voraus. Ihr Ausgangspunkt ist die Differenzierung zwischen der Orthodoxie der meisten Formen des westlichen Christentums und einer orthopraktischen Ausprägung von Spiritualität, wie sie in der jüdischen, der hinduistischen und der muslimischen Religion zu finden sei, aber auch im irischen Katholizismus des 19. Jahrhunderts. Kane zufolge wurzeln sowohl die Joyceschen als auch die Rushdieschen Werke in den „minority spiritual practices“ eines „orthopractic spiritual model“, für das „somatic representations“ charakteristisch seien. Deswegen dürfe Religion bei Joyce und bei Rushdie nicht als „a ritualistic and symbolic phenomenon largely divorced from physicality“ begriffen werden, wie dies bislang der Fall sei, sondern als somatisches Phänomen körperlicher Disziplin, argumentiert Kane. Ihr Test- und Anschauungsfall für diese Vorherrschaft körperlicher Praxis über Doktrin ist eine aufs Thema „chronic drunkenness“ konzentrierte Lektüre der *Dubliners*, von Kane begriffen als Versinnbildlichung oder vielmehr Verkörperung einer „Irish stasis by rendering material an abstracted spiritual decline“. Das mag zunächst abschreckend abstrakt klingen, aber Kane schafft es, in der Anwendung ihres Modells etliche bisher übersehene Gesichtspunkte der *Dubliners* herauszuarbeiten, und ähnliches gelingt ihr in der Anwendung auf Rushdies frühen Roman *Midnight Children*. In Rushdies Romanen, so kann Kane zeigen, konstituiert das Kino eine „arena of community“, die dem allgegenwärtigen Pub in den Büchern von Joyce vergleichbar ist.

Jean Kanes *Conspicuous Bodies* ist ein verstörendes Buch, das nicht ignoriert werden sollte, auch wenn so vieles an der übergreifenden Argumentation der Autorin arg weit hergeholt oder fehlgehend erscheint. Immer dann, wenn sie ihre Theorie auf konkrete Textstellen anwendet (was sie leider nur recht selten tut), kommt sie zu anregenden und provozierenden Ergebnissen. Selbst wenn wir nicht wie die Autorin glauben, Ziel von Joyce wie von Rushdie sei es, „to portray a body made by religious praxis", erfahren wir doch viel neues über Körper und Religion – innerhalb wie außerhalb der Bücher beider Autoren.

Nachweise

„Warum Joyce?“: Geschrieben 2012 für die Website des Manesse-Verlags aus Anlaß der Veröffentlichung des Joyce-Neuübersetzung *Ein Porträt des Künstlers als junger Mann.*

„Ein Roman wird begangen“: Aktualisierte und (auch um die Abbildungen) ergänzte Fassung eines Textes, dessen Vorfassung u.d.T. „James Joyce und seine Stadt“ erstgedruckt wurde in Friedhelm Rathjen, *Irische Reise* (Göttingen: Lamuv 1999).

„Die erzähltechnische Handhabung des ‚interior monologue‘ in der ‚Telemachus‘-Episode des *Ulysses*“: Geschrieben 1982 als Seminararbeit bei Bernfried Nugel.

„Namen, Titel, Zitate übersetzen“: Erstdruck in deutscher Sprache in Friedhelm Rathjen, *Quadratur des Kreises. Zum Übersetzen* (Scheeßel: Edition ReJoyce); Übersetzung des ursprünglich in englischer Sprache geschriebenen Aufsatzes „Translating Names, Titles and Quotations. Ten Practitioner's Rules Derived from and applied to German Renderings of Ulysses and Finnegans Wake“, erstgedruckt in dem von Ruth Frehner und Ursula Zeller herausgegebenen Band *A Collideorscape of Joyce. Festschrift for Fritz Senn* (Dublin: Lilliput Press 1998).

„‚The Writing Beatle!‘“: Geschrieben 2012 für *literaturkritik.de.*

„Hölle aus Ohnmacht und blinder Wut“: Erstdruck in der *Neuen Zürcher Zeitung*, 6. September 2014.

„Weh dem Übersetzer, der deutet!“: In dieser Form Erstdruck; eine mit Billigung des Autors redaktionell gekürzte Fassung erschien u.d.T. „Die Integrität des Werks in seiner vielfältig deutbaren Offenheit“ in der von der Stiftung Kulturfonds der ProLitteris herausgegebenen *Gazzetta*, Ausgabe 53 (2013).

„Von der Zeit angefressen“: Erstdruck in *Griffel* 5 (Juni 1997), wieder abgedruckt in Friedhelm Rathjen, *Die Kunst des Lebens. Biographische Nachforschungen zu Arno Schmidt & Consorten* (Scheeßel: Edition ReJoyce 2007).

„Radikale Kunst“: Geschrieben im Frühjahr 1986 auf Bestellung des „sozialistische Studentenmagazins“ *frontal*, das aber dann doch von einer Veröffentlichung absah; Erstdruck.

„Unseld / Beckett“: Vortrag auf der Tagung *Samuel Beckett and German Culture / Samuel Beckett und die deutsche Kultur* in Darmstadt am 24. September 2011, gedruckt in Jan Wilm / Mark Nixon (Hg.), *Samuel Beckett und die deutsche Literatur* (Bielefeld: transcript 2013).

„Joycebücher, Beckettbücher“: Die hier zusammengetragenen Rezensionen waren bisher teils ungedruckt, teils wurden sie in den Jahre 1984-2015 publiziert in: *Bargfelder Bote*, *James Joyce Broadsheet*, *literaturkritik.de*, *Neue Zürcher Zeitung*, *Der Rabe*, *Süddeutsche Zeitung*, *Die Zeit*, *Zeitschrift des Vereins für Hamburgische Geschichte.*

Joyce, Beckett, Irland, Glücksland, Amiland, Musikland in der

EDITION ReJOYCE

James Joyce: *Winnegans Fake. Aus dem Spätwerk.* ISBN 978-3-00-037359-6, € 50,-.
Passagen aus *Finnegans Wake* und zwei kleinere Texte im Stil des *Wake*, präsentiert im Original und in deutscher Übersetzung. Die Ausg ist limitiert auf 111 numerierte und vom Übersetzer Friedhelm Rathjen signierte Exemplare.

James Joyce: *Irland auf der Anklagebank. Reportagen aus der irischen Wirklichkeit.* ISBN 978-3-00-042744-2, € 35,-.
Reportagen zur Kultur, Literatur und Politik Irlands aus der Zeitung *Il Piccolo della Sera*, präsentiert im italienischen Original un deutscher Übersetzung. Die Ausgabe ist limitiert auf 111 numerierte und vom Übersetzer Friedhelm Rathjen signierte Exemplare.

James Joyce: *Mamalujo. Drei Fassungen eines Kapitels aus „Finnegans Wake".* ISBN 978-3-00-047620-4, € 35,-.

Friedhelm Rathjen: *Beckett. Eine Einführung ins Werk.* ISBN 978-3-00-020690-0, € 17,-. – Die ergänzte Neuauflage Standardwerks *Beckett zur Einführung.*
„Terminologisch kompakt und präzis, wissenschaftlich anspruchsvoll, aber von überflüssigem Jargon unbelastet, verschaffen die ca. Seiten dieses Büchleins Zugang zu hermetisch anmutenden, komplizierten und verschachtelten Gedankengängen im Gesamtw Becketts." – *irland journal*

Friedhelm Rathjen: *weder noch. Aufsätze zu Samuel Beckett.* ISBN 3-00-016654-8, € 17,-. – Beiträge aus 20 Jahren ü Fahrräder, Wüsten und Literatur.
„Schon oft hat Friedhelm Rathjen das diffiziele Œuvre Samuel Becketts klug zerlegt. [...] Beckett, der zeitlebens unter Herzra Schlaflosigkeit und Depressionen litt, offenbart sich in Rathjens zuweilen koketten Betrachtungen ferner keineswegs als pessimistisc Misanthrop, sondern als Kämpfer. Er konnte unmöglich weitergehen – und tat es doch" – *Neue Zürcher Zeitung*

Friedhelm Rathjen: *Doublin' Dublin. Vorträge und anderes zu James Joyce und Samuel Beckett.* ISBN 978-3-00-038603-9, € 2
Vorträge, Aufsätze und Miszellen zu James Joyce und Samuel Beckett mit Seitenblicken auf Marcel Proust, Herman Melville, Edw Thomas, Arno Schmidt und Jürg Laederach.

Friedhelm Rathjen: *Flußgefließe. Aufsätze zu James Joyce.* ISBN 978-3-00-023428-6, € 17,-.
Flüssige Aufsätze, Miszellen und Rezensionen über den Joyceschen Umgang mit Homer und der irischen Literaturszene, über den Umg nachgeborener Autoren, Musiker, Künstler und Übersetzer mit Joyce, über Vorbloom und Nachbloom, Blooms Tierleben und Mc Pflanzennamen, über die Triebe von Shem und Shaun, das Treiben der Joyceaner und mancherlei mehr.

Friedhelm Rathjen: *Quadratur des Kreises. Zum Übersetzen.* ISBN 978-3-00-028428-1, € 17,-.
Ziele, Chancen und Risiken literarischen Übersetzens, dargelegt anhand kniffliger Texte von Herman Melville, Mark Twain, James Jo William Faulkner, Samuel Beckett und anderen.

Friedhelm Rathjen: *Irish Company. Joyce & Beckett and more.* ISBN 978-3-00-031353-0, € 34,-. – Doppelband; gebunden
22 essays and notes on Joyce & Beckett, cycling & walking, Wicklow & Connemara, Molly & Bloom, horses & cattle, trivia & tota translation & migration, ashplants & annotations, long ways & short cuts, connections & distractions.

Friedhelm Rathjen: *Singende Fahrradreifen in Ulster. Eine irische Grenzerfahrung.* ISBN 3-00-013551-0, € 17,-. – Bericht einem Grenzland; mit 95 Abbildungen und 13 Karten.
„Spuren suchen entlang der Grenze zwischen der Republik Irland und Nordirland: Friedhelm Rathjen, Literaturwissenschaftler Übersetzer, ist auch begeisterter Radfahrer. Auf einer über 500 Kilometer langen Fahrradreise nimmt er mit genauem Blick und Neugie Land und Leute entlang der ehemalig scharf bewachten, inneren Grenze der Grünen Insel in Augenschein." – *Trekkingbike*

Friedhelm Rathjen: *Irish Stew. Irland und Leute.* ISBN 3-00-019304-9, € 34,-. – Doppelband; gebunden, mit 252 Fa fotos, einer Land- und einer Lennon-Karte.
Streifzüge an irischen Küsten und über irische Berge, Begegnungen mit irischen Helden des Wortes und der Tat, topographis Erkundungen auf den Spuren von Samuel Beckett, Colm Tóibín, John Lennon.

Friedhelm Rathjen: *Vom Glück. Prosa 1983-1989.* ISBN 978-3-00-022085-2, € 24,-. – Gebunden.
„Ihren WART habe ich mit ausschweifender Phantasie gelesen: ein schönes, hintersinniges Stück Prosa." – Hans Wollschläger n Lektüre eines dieser Texte.

Friedhelm Rathjen: *Fünfzig. Neunundvierzig Gedichte und ein Echotext.* ISBN 978-3-00-025304-1, € 25,-. – Gebunden.
Texte in deutscher und in englischer Sprache: Komprimate & Abbreviaturen; Anlässe & Scheinfährten; Translatorisches & ein „I Circuit"; dazu ein 111teiliges „Capriccio Oregano", das die Tendenz zur Verknappung gewissermaßen umkehrt.

Friedhelm Rathjen: *Ach, Amerika! Literatur, Leben, Landschaft.* ISBN 978-3-00-033739-0, € 25,-.
23 Berichte von der anderen Seite des Atlantischen Ozeans.

Friedhelm Rathjen: *Poets, Books & Rock'n'Roll. Literatur und Rockmusik: ein Alphabet querbeet.* ISBN 978 3 00-040879-3 17,-.
Gesichtet und bewertet werden literarische Bezugnahmen auf Rock- und Popmusik und rockmusikalische Bezugnahmen auf die Literatu

Details im Internet unter http://tinyurl.com/22fybo
Bestellungen und Anfragen an rejoyce@gmx.de

Arno Schmidt in der

EDITION ReJOYCE

iedhelm Rathjen: *Arno Schmidt auf Fanø. Der Schulausflug der Atheisten.* ISBN 3-00-017456-7, € 24,-. – Mit über hundert bbildungen.

n Buch, das „sehr lebendig geschrieben ist und das durch sein reiches Bildmaterial geradezu entzückt. Es finden sich neue und historische nsichten von Fanø (in sehr gutem Farbdruck), Wiedergaben von Prospekten und Landkarten aus Schmidts Bargfelder Bibliothek (Rathjen : sogar Schmidts Anstreichungen gesichtet), Rathjens eigene Fotos an Ort und Stelle und vielerlei anderes." – Martin Lowsky, *IRAS*

iedhelm Rathjen: *Arno Schmidt lesen! Orientierungshilfe für Erstleser und Wegweiser im Literaturdschungel.* ISBN 978-3-00-6048-7, € 17,-.

eser Band will an Schmidt heranführen, ohne den Spaß, das Vergnügen, die Erfahrung eigener Lektüre zu verderben oder zu ersetzen.

iedhelm Rathjen: *Textarbeit, Textvergnügen. Einzeltextstudien zu Arno Schmidt.* ISBN 978-3-00-025022-4, € 17,-.

ıfsätze und Miszellen zu *Arno Schmidts Wundertüte, Schwarze Spiegel, Die Umsiedler, Aus dem Leben eines Fauns, Seelandschaft mit Pocahontas, Das inerne Herz, Das heulende Haus, Die Gelehrtenrepublik, Hundert Jahre, Kaff auch Mare Crisium, Kühe in Halbtrauer, Großer Kain* und *Zettel's Traum.*

iedhelm Rathjen: *Der Bücherfresser. Arno Schmidt als Wiederverwerter.* ISBN 978-3-00-027277-6, € 17,-.

ıf der Speisekarte: 9 Regalhüter, 94 Rowohlt-Bücher, 50 nicht übersetzte Bücher, 34 Joyce-Bücher, 40 Topmodernisten.

iedhelm Rathjen: *Westwärts. Arno Schmidt und die amerikanische Literatur.* ISBN 978-3-00-021252-9, € 34,-. – Gebunden.

ıdien zu Schmidts Umgang mit Poe und Cooper, Mark Twain und Henry David Thoreau, Lewis & Clark, Thorne Smith und James ıurber; dazu ein ausführlich kommentiertes Register aller einhundert Autoren aus Amerika, auf die Schmidt sich in der einen oder deren Weise bezieht.

iedhelm Rathjen: *Inselwärts. Arno Schmidt und die Literaturen der britischen Inseln.* ISBN 978-3-00-023771-3, € 55,-. – ebunden.

ıdien zu Schmidts Umgang mit englischen, schottischen und irischen Autoren; dazu ein kommentiertes Register aller dreihundert ıtoren von den britischen Inseln, auf die Schmidt sich bezieht.

iedhelm Rathjen: *Der Klütenpedder-Komplex. Arno Schmidt und ein falscher Peadar O'Donnell – eine über Gebühr lückenlose okumentation samt Seitenblicken auf Dylan Thomas und Uwe Johnson.* ISBN 978-3-00-045194-2, € 17,-.

cht immer kann der Zusammenhang klar sein, aber klar ist: immer gibt es ihn.

iedhelm Rathjen: *Der Ernst des Lesens. Beinharte Forschung zu Arno Schmidt & Consorten.* ISBN 3-00-020219-6, € 17,-.

ıtwort auf die wirklich wichtigen Fragen relevanter Rezeptionsweisen von Literatur und Kunst überhaupt. Nämlich: Wo und warum tflammte Arno Schmidt für Wishbone Ash? Wie weit kam James Joyce mit dem Fahrrad? Was sagt John Lennon zu Oscar Wilde? Wieso Jimi Hendrix verschieden? Wessen Enkel weiß Bescheid? Wohingegen Amanda Ros? Wiegewiehert?

iedhelm Rathjen: *Die Kunst des Lebens. Biographische Nachforschungen zu Arno Schmidt & Consorten.* ISBN 978-3-00-:2856-8, € 17,-.

ıtwort auf wohl doch eher irrelevante Fragen aus dem Leben derer, die in der Kunst zu Hause waren. Nämlich: Wo und warum wollte hmidt Küster werden? Wie weit kam Schmidt in Norwegen herum? Was verhinderte seine Irlandreise? Wieso leben wir alle wie Bloom? elcher Thomas las Joyce? Weswegen im Kreis? Wiedingharde? Und mancherlei mehr.

iedhelm Rathjen: *Dritte Wege. Kontexte für Arno Schmidt und James Joyce.* ISBN 3-00-016090-6, € 17,-. – 13 Essays (drei ıvon in englischer Sprache).

must say, right away, that I thoroughly enjoyed reading this book. [...] Rathjen's interest in Schmidt is more than casual. Despite hmidt's attitude of competitiveness with and disdain toward Joyce, Rathjen believes this mid-twentieth-century German author is of gnificance to Joyceans. Whether or not that is the case [...] the book is fun to read, his wordplays clever, and I often found myself ıghing out loud, something I have rarely done when reading literariy criticism." – *James Joyce Quarterly*

iedhelm Rathjen: *Bargfeld Transfer. Studien zu Arno Schmidt als Übersetzer und Transformator.* ISBN 978-3-00-030163-6, € 17,-.

hmidt als Transtextit – im Transferkontext von Hammond Innes, R.G. Waldeck, Hassoldt Davis, Fouqué & Stevenson, Rushdie & yce, Laurence Sterne, *Finnegans Wake*, Flann O'Brien, Annotationen & Hypermedia.

iedhelm Rathjen: *Bargfeld und die Welt. Ein Arno-Schmidt-Bildatlas.* ISBN 978-3-00-032782-7, € 35,-. – Gebunden.

& 50 Schmidt-Ziele, vorgestellt in Bild und Text: von Achill Island bis Zürich, von Görlitz bis Cádiz und Triest.

iedhelm Rathjen: *Immerfort mitlebend. Arno Schmidt und die deutsche Literatur des 20. Jahrhunderts.* ISBN 978-3-00-035650-6, € 17,-.

on Tucholsky bis Kronauer, von Expressionismus bis zu Schmidts Nachgeborenen.

iedhelm Rathjen: *Traumzettel. Verstreutes zu Arno Schmidt.* ISBN 978-3-00-036668-0, € 17,-.

on Tucholsky bis Kronauer, von Expressionismus bis zu Schmidts Nachgeborenen.

Details im Internet unter http://tinyurl.com/22fybo

Bestellungen und Anfragen an rejoyce@gmx.de

Stevensons Meisterwerke, Schmidts Gedichte, Rathjens Rezensionen, Jefferies' Utopien und mancherlei mehr in der

EDITION REJOYCE

Robert Louis Stevenson: *Schatzinsel. Mit dem Essay „Mein erstes Buch".* ISBN 978-3-00-046690-8, € 50,-.
Die Ausgabe ist limitiert auf 99 numerierte und vom Übersetzer Friedhelm Rathjen signierte Exemplare.

Robert Louis Stevenson: *Stimmen.* 978-300-04179-1-7, € 25,-.
Ebenfalls limitiert auf 99 numerierte und vom Übersetzer Friedhelm Rathjen signierte Exemplare.

Friedhelm Rathjen (Ed.): *Music at Night. Arno Schmidt's Garden of Verses.* ISBN 3-00-014265-7, € 17,-. – Einhun Gedichte und Lieder, die Arno Schmidt früh kennenlernte.
„All dies ist in der von Rathjen nun schon seit Jahren gewohnten akribischen Manier dargeboten, die sich – wie stets – mit einer von je Forschenden sicherlich dankbar entgegengenommenen Detailfülle und dem schon erwähnten, aber immer wieder hervorzuhebe Kenntnisreichtum paart." – Uwe Schwagmeier, *IRAS*

Friedhelm Rathjen (Ed.): *Ships in the Night. Arno Schmidt's Second Garden of Verses.* ISBN 978-3-00-029369-6, € 17,-.
Einhundert weitere Gedichte aus Arno Schmidts Kanon.

Friedhelm Rathjen: *Kuckuckseier und Nestbeschmutzer. Literarische Heimaterkundungen zwischen Ems und Elbe.* ISBN 3-015073-0, € 17,-. – Radiodialoge über Arno Schmidt, Amtmann Schroeter, Ferdinand Hardekopf und andere.
„So spannend habe ich noch nie über Rolf Dieter Brinkmanns Vechta gelesen, so gut gelaunt selten über die sonderbaren Eigensch Arno Schmidts. Ein einziger Lesespaß: der Text ‚Nestbeschmutzer – Wie Dichter ihrer Heimat höhnen'." – Klaus Seehafer, *Kein Tag Zeile*

Friedhelm Rathjen: *Tandems und Migranten. Literatur im Dialog.* ISBN 978-3-00-037950-5, € 17,-. – Radiodialoge.
Dialoge zur Weltliteratur: James Joyce / Arno Schmidt / Samuel Beckett / Marianne Fritz / Salman Rushdie. Und Dialoge im Kopfthe Vom Hörensagen / Von der Kälte.

Friedhelm Rathjen: *Rejoyce! Kleiner Leitfaden durch die irische Literatur.* ISBN 978-3-00-043280-4, € 40,-. – Gebun kritische Einzelporträts über 108 Bücher von 45 irischen Autoren. Erweiterte Ausgabe des Bandes *Die Grüne Tinte.*
„Angesprochen – und zum Lesen ‚anregend angeregt' – wird mit der *Grünen Tinte* der allgemein an irischer Literatur interessierte Lese bekommt einen erfreulich jargonfreien, informativen, teilweise blendend und scharf formulierten Leitfaden in die Hand, der ihm Auswahl leichter machen dürfte, was denn als nächstes in den heimischen Bücherschrank gehört." – *irland journal*

Friedhelm Rathjen: *Kurs Island! Mit der Lesefähre durch Golfstromeuropa.* ISBN 978-3-00-034446-6, € 30,-. – Kritische Ein porträts über Bücher von 31 Autoren aus Holland, England, Wales, Schottland, Dänemark, Färöer, Island, Finnland
Die Ergänzung zu *Die grüne Tinte*; Neufassung des vergriffenen Bandes *Tintenkurs Nordwest.*

Friedhelm Rathjen: *Das war's. Strandfunde am Meer des Lesens. Rezensionen zur deutschsprachigen Literatur 1984-2007.* IS 978-3-00-022085-2, € 25,-.
Hundert Bücher, besprochen in einem Vierteljahrhundert.

Friedhelm Rathjen: *Durch dick und dünn. Über Marianne Fritz, Gertrude Stein, Arno Schmidt, António Lobo Antunes und an Autoren von Gewicht.* ISBN 3-00-018816-9, € 17,-.
Dicke Literatur, schwere Literatur: hier werden Wege aufgezeigt, ihr beizukommen. Und sich mit komplizierten Wälzern anzufreunden.

Friedhelm Rathjen: *Crisis? What Crisis? Handreichungen und Fußnoten zur Weltliteratur.* ISBN 978-3-00-032069-9, € 17,-.
Über deutsche, irische, englische Literatur heute; Robert Wienes, Robert Musil, Siegfried Lenz, Marianne Fritz; James Joyce und Sea Heaney als Lyriker; Salman Rushdie und Juan Goytisolo als Wandler; Rudolf Erich Raspe als Inspirator Walter Scotts; Robert Pinget Halldór Laxness als Prosameister. Und: Books, Books, Books (Håkan Anderson, Samuel Beckett, André Brink, Michel Butor, Umb Eco, J.V. Foix, Patrick Grainville, Paavo Haavikko, Jürg Laederach, Robert Pinget, Ronald Pohl, Claude Simon, Gertrude Stein, J Philippe Toussaint, William Butler Yeats).

Richard Jefferies: *Herz & Barbarei. Die Geschichte meines Herzens* und *Der Rückfall in die Barbarei.* ISBN 3-00-015463-17,-. – Mit einem Nachwort von Edward Thomas.
„John Fowles hielt ihn für den Verfasser wenigstens eines viktorianischen Schlüsseltexts, und James Joyce übernahm einige se Formulierungen in den *Ulysses*. ‚Top secret' ist der Engländer Richard Jefferies (1848-1887) dennoch geblieben, ein Schriftsteller jen aller Konvention – sozial, formal, weltanschaulich und eben auch in der Rezeption. Dabei ist der Autodidakt aus armen Verhältni vielleicht Großbritanniens Thoreau: ein Naturmystiker und radikaler Individualist." – *Die Welt*

Friedhelm Rathjen: *Literatur als Kommunikation. Zur kommunikativen Dimension literarischer Erzähltexte.* ISBN 978-3-039702-8, € 17,-.
Ein Versuch, Literatur als Möglichkeit der Kommunikation zu beschreiben, terminologisch zu erfassen und zu systematisieren.

Details im Internet unter http://tinyurl.com/22fybo
Bestellungen und Anfragen an rejoyce@gmx.de